企业会计准则与企业所得税法差异分析及纳税调整

■ 范颖茜　著

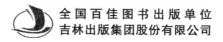

全国百佳图书出版单位
吉林出版集团股份有限公司

图书在版编目（ＣＩＰ）数据

企业会计准则与企业所得税法差异分析及纳税调整 / 范颖茜著 . -- 长春：吉林出版集团股份有限公司，2022.10

ISBN 978-7-5731-2261-2

Ⅰ．①企… Ⅱ．①范… Ⅲ．①企业－会计制度－研究－中国②企业所得税法－研究－中国 Ⅳ．① F279.23 ② D922.222.4

中国版本图书馆 CIP 数据核字 (2022) 第 175830 号

QIYE KUAIJI ZHUNZE YU QIYE SUODESHUIFA CHAYI FENXI JI NASHUI TIAOZHENG

企业会计准则与企业所得税法差异分析及纳税调整

著　　者	范颖茜	
责任编辑	杨　爽	
装帧设计	优盛文化	

出　　版　吉林出版集团股份有限公司
发　　行　吉林出版集团社科图书有限公司
地　　址　吉林省长春市南关区福祉大路 5788 号　邮编：130118
印　　刷　定州启航印刷有限公司
电　　话　0431-81629711（总编办）
抖 音 号　吉林出版集团社科图书有限公司　37009026326

开　　本　710 mm×1000 mm　1 / 16
印　　张　15
字　　数　260 千
版　　次　2022 年 10 月第 1 版
印　　次　2022 年 10 月第 1 次印刷

书　　号　ISBN 978-7-5731-2261-2
定　　价　88.00 元

如有印装质量问题，请与市场营销中心联系调换。0431-81629729

前　言

　　会计与税法是两个不同的领域，两者之间必然存在着联系和差异。企业既要按照《企业会计准则》的要求对会计要素进行确认、计量和报告，又要严格按照税法的规定，准确计算应纳税额，办理纳税申报。

　　本书以最新的《企业会计准则》和《中华人民共和国企业所得税法》为依据，对存货、固定资产、收入等会计处理方法与税务处理方法进行比较分析，深层次挖掘会计准则与企业所得税法的差异，并对差异进行纳税调整。同时，通过对大量案例进行贴近实务的剖析与诠释，力争帮助读者解决实务中的困惑，快速提高业务水平。

　　纵观全书，本书具有以下特点：①体系完整，内容充实，覆盖面广，几乎涵盖了企业日常税会差异的全部问题，并对之逐一进行分析，提出差异调整的具体办法；②时效性强，以最新的会计准则和企业所得税法为依据，重点关注 2017 年修订的收入准则、金融工具准则的变化，能满足执行新收入准则企业的需求；③形式新颖，行文简洁易懂，始终站在企业实际工作的角度阐述问题，针对性强，有利于读者的理解。

　　在本书中，笔者将自己多年来从事教学、培训以及作为注册税务师的实际财税工作经验融入其中，列举了大量的具有很强的实践性和可操作性的案例。因此，本书可作为企业会计人员日常必备的工作手册，也可作为会计人员提高涉税业务水平的指导用书。

　　笔者在写作过程中，参考、借鉴了大量文献资料，在此谨向它们的作者致以最诚挚的谢意。由于笔者水平有限，书中尚有不足之处，恳请广大读者批评指正。

范颖茜

2022 年 1 月

目　录

第一章　企业会计准则与企业所得税法的基本差异

第一节　企业会计准则框架

2006 年 2 月 15 日，中华人民共和国财政部颁布了《企业会计准则》，目的是实现我国企业会计准则与国际财务报告准则的持续趋同。因为如果各个国家或地区的会计语言、会计标准各不相同、各自为重，相互之间就无法交流会计信息。

我国企业会计准则体系共包括三个层次：基本准则；具体准则；应用指南及解释公告。

一、基本准则

基本准则包括总则、会计信息质量要求、会计要素、会计计量和财务会计报告。

（一）总则

（1）财务会计报告目标。财务会计报告的目标是向财务会计报告使用者提供与企业财务状况、经营成果和现金流量等有关的会计信息，反映企业管理层受托责任履行情况，有助于财务会计报告使用者作出经济决策。

（2）会计假设。会计主体、持续经营、会计分期、货币计量。

（3）企业应当以权责发生制为基础进行会计确认、计量和报告。一般采用"借贷记账法"记账。

（二）会计信息质量要求

（1）真实性。企业应当以实际发生的交易或者事项为依据进行会计确认、计量和报告，如实反映符合确认和计量要求的各项会计要素及其他相关信息，保证会计信息真实可靠、内容完整。

（2）相关性。企业提供的会计信息应当与财务会计报告使用者的经济决策需要相关，有助于财务会计报告使用者对企业过去、现在或者未来的情况作出评价或者预测。

（3）可理解性。企业提供的会计信息应当清晰明了，便于财务会计报告使用者理解和使用。

（4）可比性。企业提供的会计信息应当具有可比性。同一企业不同时期发生的相同或者相似的交易或者事项，应当采用一致的会计政策，不得随意变更。确需变更的，应当在附注中说明。不同企业发生的相同或者相似的交易或者事项，应当采用规定的会计政策，确保会计信息口径一致、相互可比。

（5）实质重于形式。企业应当按照交易或者事项的经济实质进行会计确认、计量和报告，不应仅以交易或者事项的法律形式为依据。

（6）重要性。企业提供的会计信息应当反映与企业财务状况、经营成果和现金流量等有关的所有重要交易或者事项。

（7）谨慎性。企业对交易或者事项进行会计确认、计量和报告应当保持应有的谨慎，不应高估资产或者收益、低估负债或者费用。

（8）及时性。企业对于已经发生的交易或者事项，应当及时进行会计确认、计量和报告，不得提前或者延后。

（三）会计要素

（1）资产。资产是指企业过去的交易或者事项形成的、由企业拥有或者控制的、预期会给企业带来经济利益的资源。

（2）负债。负债是指企业过去的交易或者事项形成的、预期会导致经济利益流出企业的现时义务。

（3）所有者权益。所有者权益是指企业资产扣除负债后由所有者享有的剩余权益。

（4）收入。收入是指企业在日常活动中形成的、会导致所有者权益增加的、与所有者投入资本无关的经济利益的总流入。

（5）费用。费用是指企业在日常活动中发生的、会导致所有者权益减少的、与向所有者分配利润无关的经济利益的总流出。

（6）利润。利润是指企业在一定会计期间的经营成果。利润包括收入减去费用后的净额、直接计入当期利润的利得和损失等。

（四）会计计量

会计计量属性主要包括历史成本、重置成本、可变现净值、现值、公允价值。企业在对会计要素进行计量时，一般应当采用历史成本，采用重置成本、可变现净值、现值、公允价值计量的，应当保证所确定的会计要素金额能够取得并可靠计量。

（五）财务会计报告

财务会计报告是指企业对外提供的反映企业某一特定日期的财务状况和某一会计期间的经营成果、现金流量等会计信息的文件。

财务会计报告包括会计报表及其附注和其他应当在财务会计报告中披露的相关信息和资料。会计报表至少应当包括资产负债表、利润表、现金流量表等。

二、具体准则

具体准则共有 42 项内容，包括反映一般经济业务的会计准则、特殊行业业务准则、报告准则三个类别。具体内容如表 1-1 所示。

表1-1　具体准则一览表

序号	准则名称	颁布时间	序号	准则名称	颁布时间
1	《企业会计准则第 1 号——存货》	2006 年	22	《企业会计准则第 22 号——金融工具确认和计量》	2006 年（2017 年修订）
2	《企业会计准则第 2 号——长期股权投资》	2006 年（2014 年修订）	23	《企业会计准则第 23 号——金融资产转移》	2006 年（2017 年修订）
3	《企业会计准则第 3 号——投资性房地产》	2006 年	24	《企业会计准则第 24 号——套期会计》	2006 年（2017 年修订）
4	《企业会计准则第 4 号——固定资产》	2006 年	25	《企业会计准则第 25 号——原保险合同》	2006 年（2020 年修订）
5	《企业会计准则第 5 号——生物资产》	2006 年	26	《企业会计准则第 26 号——再保险合同》	2006 年
6	《企业会计准则第 6 号——无形资产》	2006 年	27	《企业会计准则第 27 号——石油天然气开采》	2006 年
7	《企业会计准则第 7 号——非货币性资产交换》	2006 年（2019 年修订）	28	《企业会计准则第 28 号——会计政策、会计估计变更和差错更正》	2006 年

序号	准则名称	颁布时间	序号	准则名称	颁布时间
8	《企业会计准则第8号——资产减值》	2006年	29	《企业会计准则第29号——资产负债表日后事项》	2006年
9	《企业会计准则第9号——职工薪酬》	2006年（2014年修订）	30	《企业会计准则第30号——财务报表列报》	2006年（2014年修订）
10	《企业会计准则第10号——企业年金基金》	2006年	31	《企业会计准则第31号——现金流量表》	2006年
11	《企业会计准则第11号——股份支付》	2006年	32	《企业会计准则第32号——中期财务报告》	2006年
12	《企业会计准则第12号——债务重组》	2006年（2019年修订）	33	《企业会计准则第33号——合并财务报表》	2006年（2014年修订）
13	《企业会计准则第13号——或有事项》	2006年	34	《企业会计准则第34号——每股收益》	2006年
14	《企业会计准则第14号——收入》	2006年（2017年修订）	35	《企业会计准则第35号——分部报告》	2006年
15	《企业会计准则第15号——建造合同》	2006年	36	《企业会计准则第36号——关联方披露》	2006年
16	《企业会计准则第16号——政府补助》	2006年（2017年修订）	37	《企业会计准则第37号——金融工具列报》	2006年（2014年、2017年修订）
17	《企业会计准则第17号——借款费用》	2006年	38	《企业会计准则第38号——首次执行企业会计准则》	2006年
18	《企业会计准则第18号——所得税》	2006年	39	《企业会计准则第39号——公允价值计量》	2014年
19	《企业会计准则第19号——外币折算》	2006年	40	《企业会计准则第40号——合营安排》	2014年
20	《企业会计准则第20号——企业合并》	2006年	41	《企业会计准则第41号——在其他主体中权益的披露》	2014年

续　表

序号	准则名称	颁布时间	序号	准则名称	颁布时间
21	《企业会计准则第21号——租赁》	2006 年（2018 年修订）	42	《企业会计准则第42号——持有待售的非流动资产、处置组和终止经营》	2017 年

三、应用指南及解释公告

（一）应用指南

应用指南就是教人们如何运用会计准则及在运用过程中应该注意哪些核算问题。

（二）解释公告

随着国际财务报告准则的不断更新、变更，不断有生效的新内容涌现，这些内容都会以企业解释公告的形式颁布，即把对新的经济业务如何进行会计核算写在企业会计准则解释中。从 2007 年开始，我国每年都颁布一个企业会计准则解释，例如，2007 年第 1 号、2008 年第 2 号等。

第二节　企业所得税法律制度

一、《中华人民共和国企业所得税法》

《中华人民共和国企业所得税法》（以下简称《企业所得税法》）于 2007 年 3 月 16 日第十届全国人民代表大会第五次会议通过，第二次修正时间为 2018 年 12 月 29 日。共八章，六十条，现总结如下：

（一）总则

总则共四条，主要对企业所得税的基本要素及纳税人纳税义务和法定税率等进行了规定。

（二）应纳税所得额

应纳税所得额共十七条，主要明确了应纳税所得额；企业收入；不征税收入；准予和不得企业扣除的成本、费用、税金、损失和其他支出；公益性捐赠扣除比例；固定资产的折旧和无形资产的摊销；亏损结转等方面的规定。

（三）应纳税额

应纳税额共三条，对应纳税额的概念、境外所得已缴所得税、抵免和间接抵免等进行了规定。

（四）税收优惠

税收优惠共十二条，对企业所得税的优惠范围、优惠内容、优惠方式等进行了规定。

（五）源泉扣缴

源泉扣缴共四条，对非居民企业实行源泉扣缴的范围、扣缴人的义务、扣缴办法和时间等进行了规定。

（六）特别纳税调整

特别纳税调整共八条，对企业的关联交易、成本分摊协议、预约定价、核定程序和一般反避税条款、资本弱化条款、一般反避税规则及法律责任等进行了规定，强化了反避税手段。

（七）征收管理

征收管理共八条，对企业纳税地点、汇总纳税、纳税年度、汇算清缴以及货币计量单位等进行了规定。

（八）附则

附则共四条，对可享受过渡性税收优惠的企业范围、税收的协定与本法的关系、授权国务院制定实施条例以及本法施行日期进行了规定。

二、《中华人民共和国企业所得税法实施条例》

《中华人民共和国企业所得税法实施条例》（以下简称《企业所得税法实施条例》）根据《企业所得税法》制定，于 2007 年 11 月 28 日国务院第 197 次常务会议通过，根据 2019 年 4 月 23 日《国务院关于修改部分行政法规的决定》修订。

《企业所得税法实施条例》是在符合税法规定的前提下，将现行有效的企业所得税政策内容纳入其中，体现了政策的连续性。实施条例还结合经济活动、经济制度发展的新情况，对税法条款进行了细化，体现了政策的科学性。此外，新修订的实施条例还借鉴了国际通行所得税政策和国际税制改革的新经验，体现了前瞻性。《企业所得税法实施条例》共有八章一百三十二条，主要细化了《企业所得税法》的有关规定，可以保证《企业所得税法》的顺利实施。

第三节　基本准则与企业所得税法的差异

基本准则具体包括会计目标、会计基本假设、会计基础、会计信息质量要求、会计要素确认、会计计量、财务会计报告。下面分别分析各方面和企业所得税法的差异。

一、会计目标与税法目标的差异

《企业会计准则——基本准则》（以下简称《基本准则》）规定，财务会计报告的目标是向财务会计报告使用者提供与企业财务状况、经营成果和现金流量等有关的会计信息，反映企业管理层受托责任履行情况，有助于财务会计报告使用者作出经济决策。

《企业所得税法》以保证财政收入、调节经济等作为目标，其主要在于满足国家自身的需要，通过税收杠杆对国家的经济进行宏观调控，以实现国家经济实力的提高。

二、会计基本假设与税法相关规定的差异

（一）会计主体与企业所得税纳税主体

会计主体是指会计核算和监督的特定单位或组织，是会计确认、计量和报告的空间范围。一般来说，只要是有独立核算能力的经济组织，都可以成为会计主体。企业所得税的纳税主体是指税收法律关系中负有纳税义务的一方当事人。两者的差异主要体现在，作为纳税主体的法人一般也是会计主体。但会计主体不一定是法人，如分公司、企业集团、某个车间等可以作为会计主体，但不是纳税主体。

（二）持续经营

持续经营是指在可以预见的将来，企业将会按当前的规模和状态继续经营下去，不会停业，也不会大规模削减业务。企业需要定期对持续经营假设进行分析和判断，如果不能持续经营，应当改变会计核算的原则和方法，并在企业财务会计报告中进行相应披露。

《企业所得税法》也以企业持续经营这一假设为前提，但当企业确定不能持续经营而改变会计核算的原则和方法时，税法的规定是不变的。

（三）会计分期与纳税期限

会计分期是指将企业持续经营的生产活动划分为一个个连续的、长短相同的期间，又称会计期间。《基本准则》第七条规定，企业应当划分会计期间，分期结算账目和编制财务会计报告。会计期间分为年度和中期。中期是指短于一个完整的会计年度的报告期间。

纳税期限是指纳税人按照税法规定缴纳税款的期限。《企业所得税法》第五十三条规定，企业所得税按纳税年度计算。纳税年度自公历1月1日起至12月31日止。《企业所得税法》第五十四条规定，企业所得税分月或者分季预缴。企业应当自月份或者季度终了之日起十五日内，向税务机关报送预缴企业所得税纳税申报表，预缴税款。企业应当自年度终了之日起五个月内，向税务机关报送年度企业所得税纳税申报表，并汇算清缴，结清应缴应退税款。

（四）货币计量

《基本准则》第八条规定，企业会计应当以货币计量。货币计量是指会计主体在会计核算过程中采用货币作为计量单位，计量、记录和报告会计主体的生产经营活动。企业的会计核算一般以人民币为记账本位币，业务收支以人民币以外的货币为主的企业，可以选定其中一种货币为记账本位币，但在编制财务会计报告时应折算为人民币。

《企业所得税法》第五十六条规定，依照本法缴纳的企业所得税，以人民币计算。所得税以人民币以外的货币计算的，应当折合成人民币计算并缴纳税款。

三、会计基础与税法的差异

《基本准则》第九条规定，企业应当以权责发生制为基础进行会计确认、计量和报告。按照权责发生制，凡是本期已经实现的收入和已经发生或应当负担的费用，不论其款项是否已经收付，都应作为当期的收入和费用处理。凡是不属于当期的收入和费用，即使款项已经在当期收付，都不应作为当期的收入和费用。

《企业所得税法实施条例》第九条规定，企业应纳税所得额的计算，以权责发生制为原则，属于当期的收入和费用，不论款项是否收付，均作为当期的收入和费用；不属于当期的收入和费用，即使款项已经在当期收付，均不作为当期的收入和费用。本条例和国务院财政、税务主管部门另有规定的除外。

会计和税法上一般均采用权责发生制，不存在差异。但是也有特殊情况，会计上除在编制现金流量表时采用收付实现制，其余都采用权责发生制。而税法上着重强调实际发生原则，很多情况都以收付实现制为基础。

四、会计信息质量要求与税法相关规定的差异

（一）可靠性与真实性

《基本准则》第十二条规定，企业应当以实际发生的交易或者事项为依据进行会计确认、计量和报告，如实反映符合确认和计量要求的各项会计要素及其他相关信息，保证会计信息真实可靠、内容完整。税法的课税原则要求业应纳税额的计算必须以真实的交易为基础，各项会计记录必须完整、准确，有合法凭证作为记账依据。

（二）相关性

《基本准则》第十三条规定，企业提供的会计信息应当与财务会计报告使用者的经济决策需要相关，有助于财务会计报告使用者对企业过去、现在或者未来的情况作出评价或者预测。

纳税人可扣除的费用，从性质和根源上必须与取得应税收入相关，与免税收入直接相关的费用，不得申报扣除。

（三）可理解性

《基本准则》第十四条规定，企业提供的会计信息应当清晰明了，便于财务会计报告使用者理解和使用。在税法上没有可理解性的规定。但税法对纳税人和税务机关来讲都应该是可理解的。

（四）可比性与稳定性、灵活性、公平性

《基本准则》第十五条规定，企业提供的会计信息应当具有可比性。同一企业不同时期发生的相同或者相似的交易或者事项，应当采用一致的会计政策，不得随意变更。确需变更的，应当在附注中说明。不同企业发生的相同或者相似的交易或者事项，应当采用规定的会计政策，确保会计信息口径一致、相互可比。

稳定性原则要求企业采用的税收政策前后一致，便于征管。公平性原则要求不同地区、不同行业间及多种经济成分之间的实际税负必须尽可能

公平。但根据社会经济情况的变化以及征管过程中出现的问题，对税收政策进行修订，会影响税收政策的稳定性。同样，出于税收调节社会经济的需要，税法可能对特定地区、特定企业、特定事项给予税收优惠，而与公平性原则相背离，这都体现为税法的灵活性。

（五）实质重于形式原则

《基本准则》第十六条规定，企业应当按照交易或者事项的经济实质进行会计确认、计量和报告，不应仅以交易或者事项的法律形式为依据。会计上的实质重于形式原则主要靠财务人员依据职业判断。

税法中的实质重于形式原则主要运用于反避税当中，主要是根据此原则制定出具体规定，而绝不能由税务人员根据此原则对经济业务进行判断，以防止滥用。

（六）重要性与法定性

《基本准则》第十七条规定，企业提供的会计信息应当反映与企业财务状况、经营成果和现金流量等有关的所有重要交易或者事项。

法定性原则是指税法主体的权利和义务必须由法律加以规定，包括课税要素法定、课税要素明确和依法稽征三个具体原则。纳税人在记录、计算和缴纳税款时，必须以法律为准绳。企业的税款计算正确与否，必须以税法为判断标准。

（七）谨慎性与确定性

《基本准则》第十八条规定，企业对交易或者事项进行会计确认、计量和报告应当保持应有的谨慎，不应高估资产或者收益、低估负债或者费用。

税法规定纳税人可扣除的费用，不论何时支付，其金额必须是确定的。但也有例外，考虑到金融保险行业高风险性，允许扣除一定比例的呆账准备金。

（八）及时性

《基本准则》第十九条规定，企业对于已经发生的交易或者事项，应当及时进行会计确认、计量和报告，不得提前或者延后。

税法中的及时性原则表现在两个方面：一是对企业发生的涉税事项，必须及时确认计税收入或损失，不得提前或者滞后；二是应纳税额必须及时申报缴纳，延期会加收滞纳金并处以罚款。

五、会计要素确认与税法相关规定的差异

会计要素是根据交易或者事项的经济特征所确定的财务会计对象的基

本分类。《基本准则》第十条规定，企业应当按照交易或者事项的经济特征确定会计要素。会计要素包括资产、负债、所有者权益、收入、费用和利润。会计要素与计算企业应纳税所得额关系密切，但会计要素的确认与企业所得税法的税务处理有一定差异。

（一）资产

《基本准则》第二十条规定，资产是指企业过去的交易或者事项形成的、由企业拥有或者控制的、预期会给企业带来经济利益的资源。《基本准则》第二十一条规定，符合本准则第二十条规定的资产定义的资源，在同时满足以下条件时，确认为资产：与该资源有关的经济利益很可能流入企业；该资源的成本或者价值能够可靠地计量。

资产在税务处理方面可分为固定资产、生物资产、无形资产、长期待摊费用、投资资产、存货等几个主要类别。根据《企业所得税法》第十一条、第十二条规定，与经营活动无关的资产不得计算折旧、摊销费用扣除。

资产税务处理的扣除方法包括固定资产和生物资产的折旧、无形资产和长期待摊费用的摊销、存货成本的结转、投资资产成本的扣除等。资产处置收入扣除账面价值和相关税费后所产生的所得应并入资本利得，征收企业所得税；所产生的损失，可冲减资本利得。根据《企业所得税法》第十条第七款规定，未经核定的准备金支出，在计算应纳税所得额时不允许在税前扣除，应进行纳税调整。

（二）负债

《基本准则》第二十三条规定，负债是指企业过去的交易或者事项形成的、预期会导致经济利益流出企业的现时义务。根据《基本准则》第二十四条规定，符合负债定义的义务，在同时满足"与该义务有关的经济利益很可能流出企业"，以及"未来流出的经济利益的金额能够可靠地计量"两个条件时，确认为负债。

《企业所得税法》对负债的处理，区分负债的法定义务和推定义务。法定义务是指企业具有约束力的合同或者法律、法规规定的义务所形成的负债，一般不允许负债本身直接在税前扣除，但由于负债而产生的费用，符合税法规定的，允许在税前扣除。推定义务是指根据企业的经营习惯、对客户的承诺或者公开宣布的政策而导致企业将承担的义务所形成的负债，一般不允许这些负债在税前扣除，如预计的售后保修服务费。

（三）所有者权益

《基本准则》第二十六条规定，所有者权益是指企业资产扣除负债后由所有者享有的剩余权益。《基本准则》第二十七条规定，所有者权益的来源包括所有者投入的资本、直接计入所有者权益的利得和损失、留存收益等。针对不同的来源，其税务处理也不同。

所有者投入的资本包括构成企业注册资本或者股本的金额和投入资本超过注册资本或者股本部分的金额，这部分资本不缴纳企业所得税；直接计入所有者权益的利得和损失主要有可供出售金融资产的公允价值变动净额、同一控制下企业合并等，这部分所有者权益不缴纳企业所得税；留存收益是企业历年实现的净利润留存于企业的部分，主要包括盈余公积和未分配利润，属于企业的税后利润，不再缴纳企业所得税。

（四）收入

《基本准则》第三十条规定，收入是指企业在日常活动中形成的、会导致所有者权益增加的、与所有者投入资本无关的经济利益的总流入。《基本准则》第三十一条规定，收入只有在经济利益很可能流入从而导致企业资产增加或者负债减少，且经济利益的流入额能够可靠计量时才能予以确认。

《企业所得税法》规定的收入包括收入总额、不征税收入和免税收入。收入总额是企业以货币形式和非货币形式，从各种来源取得的收入，主要包括，销售货物收入，提供劳务收入，转让财产收入，股息、红利等权益性投资收益，利息收入，租金收入，特许权使用费收入，接受捐赠收入和其他收入。不征税收入包括，财政拨款，依法收取并纳入财政管理的行政事业性收费、政府性基金，国务院规定的其他不征税收入。免税收入包括国债利息收入，符合条件的居民企业之间的股息、红利收入，在中国境内设立机构、场所的非居民企业从居民企业取得的与该机构、场所有实际联系的股息、红利收入，符合条件的非营利组织的收入。

（五）费用

《基本准则》第三十三条规定，费用是指企业在日常活动中发生的、会导致所有者权益减少的、与向所有者分配利润无关的经济利益的总流出。《基本准则》第三十四条规定，费用只有在经济利益很可能流出从而导致企业资产减少或者负债增加，且经济利益的流出额能够可靠计量时才能予以确认。

在企业所得税中，与费用对应的概念是扣除。《企业所得税法》第八条规定，企业实际发生的与取得收入有关的、合理的支出，包括成本、费用、税金、损失和其他支出，准予在计算应纳税所得额时扣除。在确定企业的应税收入后，企业会计处理的成本费用项目，哪些不允许扣除。哪些有限额扣除、哪些允许扣除是企业所得税税务处理的核心问题。由于企业的成本费用支出项目多、差别大，所以企业所得税的扣除较为复杂。《企业所得税法》主要明确哪些项目不允许扣除、哪些项目有限额扣除，也就是说，《企业所得税法》没有规定不允许扣除、有限额扣除的，都允许在税前扣除。

（六）利润

《基本准则》第三十七条规定，利润是指企业在一定会计期间的经营成果。利润包括收入减去费用后的净额、直接计入当期利润的利得和损失等。《基本准则》第三十九条规定，利润金额取决于收入和费用、直接计入当期利润的利得和损失金额的计量。

在企业所得税中与利润对应的概念是应纳税所得额。《企业所得税法》第五条规定，企业每一纳税年度的收入总额，减除不征税收入、免税收入、各项扣除以及允许弥补的以前年度亏损后的余额，为应纳税所得额。

六、会计的计量属性与税法相关规定的差异

根据《基本准则》第四十二条规定，会计计量属性主要包括历史成本、重置成本、可变现净值、现值和公允价值。《基本准则》第四十三条规定，企业在对会计要素进行计量时，一般应当采用历史成本，采用重置成本、可变现净值、现值、公允价值计量的，应当保证所确定的会计要素金额能够取得并可靠计量。

《企业所得税法实施条例》第五十六条规定，企业的各项资产，包括固定资产、生物资产、无形资产、长期待摊费用、投资资产、存货等，以历史成本为计税基础。非现金资产在未转让情况下，无论其增值或减值均不确认所得税或损失。初始计税成本以历史成本为原则，剩余计税成本为初始计税成本减去按税法规定可以税前扣除的折旧或摊销。根据《企业所得税法实施条例》第五十八条、第六十二条、第六十六条、第七十一条、第七十二条规定，通过捐赠、投资、非货币性资产交换、债务重组等方式取得的各项资产，以该资产的公允价值和支付的相关税费为计税基础，通过这些方式取得的资产，应当参照当时的市场价格计算或估定计税基础，这里采用的是公允价值。《企业所得税法实施条例》第五十八条规定，盘盈的固定资产，以同类固定资产的重置完全价值为计税基础。

七、财务会计报告与企业所得税纳税申报表的差异

《基本准则》第四十四条规定，财务会计报告是指企业对外提供的反映企业某一特定日期的财务状况和某一会计期间的经营成果、现金流量等会计信息的文件。财务会计报告包括会计报表及其附注和其他应当在财务会计报告中披露的相关信息和资料。会计报表至少应当包括资产负债表、利润表、现金流量表等报表。

《企业所得税法》第五十四条规定，企业所得税分月或者分季预缴。企业应当自月份或者季度终了之日起十五日内，向税务机关报送预缴企业所得税纳税申报表，预缴税款。企业应当自年度终了之日起五个月内，向税务机关报送年度企业所得税纳税申报表，并汇算清缴，结清应缴应退税款。企业在报送企业所得税纳税申报表时，应当按照规定附送财务会计报告和其他有关资料。

第二章　存货的会计处理与税务处理差异分析及纳税调整

存货是企业重要的流动资产，为了规范存货的确认、计量和相关信息的披露，中华人民共和国财政部制定了《企业会计准则第1号——存货》。由于《企业会计准则——基本准则》与《企业所得税法》的制定目的不同、制定部门不同，所以存货准则与税法规定存在一定的差异，主要体现在初始计量、存货发出、期末计量、盘亏与毁损等方面。

第一节　存货初始计量的会计处理与税务处理差异分析及纳税调整

一、外购存货的初始计量

（一）会计处理

存货是指企业在日常活动中持有以备出售的产成品或商品、处在生产过程中的在产品、在生产过程或提供劳务过程中耗用的材料和物料等。存货的采购成本包括购买价款、相关税费、运输费、装卸费、保险费以及其他可归属于存货采购成本的费用。商品流通企业在采购商品过程中发生的运输费、装卸费、保险费以及其他可归属于存货采购成本的费用等应当计入存货的采购成本，也可以先进行归集，期末再根据所购商品的存销情况进行分摊。对于已售商品的进货费用，计入当期损益；对于未售商品的进货费用，计入期末存货成本。企业采购商品的进货费用金额较小的，可以在发生时直接计入当期损益。

企业在存货采购过程中，如果发生了存货短缺、毁损等情况，应及时查明原因，区别情况进行会计处理。

（1）属于运输途中的合理损耗，应计入有关存货的采购成本。

（2）属于供货单位或运输单位的责任造成的存货短缺，应由责任人补足存货或赔偿货款，不计入存货的采购成本。

（3）属于自然灾害或意外事故等非常原因造成的存货毁损，报经批准处理后，将扣除保险公司和过失人赔款后的净损失，计入营业外支出。

（二）税务处理与税会差异分析

《企业所得税法实施条例》规定，通过支付现金方式取得的存货，以购买价款和支付的相关税费为成本。商业企业外购存货发生的费用，已计入存货成本的，不再作为营业费用扣除。由此可见，外购存货的计税基础采取了与会计准则一致的规定。但需注意，如果存货未按规定取得合法的税前扣除凭证，则其计税基础为零。

二、自制存货的初始计量

（一）会计处理

《企业会计准则第1号——存货》规定，存货应当按照成本进行初始计量。自制存货成本包括采购成本、加工成本和其他成本。其中，采购成本包括购买价款、相关税费、运输费、装卸费、保险费以及其他可归属于存货采购成本的费用。加工成本包括直接人工以及按照一定方法分配的制造费用。制造费用是指企业为生产产品和提供劳务而发生的各项间接费用，企业应当根据制造费用的性质，合理地选择制造费用分配方法。在同一生产过程中，同时生产两种或两种以上的产品，并且每种产品的加工成本不能直接区分的，其加工成本应当按照合理的方法在各种产品之间进行分配。其他成本是指除采购成本、加工成本以外的，使存货达到目前场所和状态所发生的其他支出。

另外，需要经过相当长时间（1年或1年以上）的购建或生产活动才能达到可使用或者可销售状态的存货，如大型设备、造船、开发产品等，也属于借款费用资本化的资产范围，在资本化期间内的借款费用应当计入资产的成本。

（二）税务处理与税会差异分析

根据《企业所得税法实施条例》，企业的各项存货应当以历史成本作为计税基础，历史成本是指企业取得该项资产时实际发生的支出。企业经过

12 个月以上的建造才能达到预定可销售状态的存货发生借款的，在有关资产购置、建造期间发生的合理的借款费用，应当作为资本性支出计入有关资产的成本，并按照规定扣除。由此可见，自制存货的计税基础与会计成本基本是一致的。但是，出现下列情况时，存货的计税基础会小于其会计成本。

（1）根据《企业所得税法实施条例》第三十八条规定，非金融企业向非金融企业借款的利息支出，不超过按照金融企业同期同类贷款利率计算的数额的部分，允许在税前扣除，超过部分的利息支出不得在税前扣除。

（2）《企业所得税法》第四十六条规定，企业从其关联方接受的债权性投资与权益性投资的比例超过规定标准而发生的利息支出，不得在计算应纳税所得额时扣除。

（3）《国家税务总局关于企业投资者投资未到位而发生的利息支出企业所得税前扣除问题的批复》（国税函〔2009〕312 号）规定，凡企业投资者在规定期限内未缴足其应缴资本额的，该企业对外借款所发生的利息，相当于投资者实缴资本额与在规定期限内应缴资本额的差额应计付的利息……不得在计算企业应纳税所得额时扣除。

当存在上述情况时，会计将符合资本化条件的借款费用全额计入存货成本，但税法规定"超额部分"不允许税前扣除，这必然会导致存货的计税基础小于其会计成本，从而产生应纳税暂时性差异，在未来结转处置存货成本时需要进行纳税调整。

三、接受投资取得的存货

（一）会计处理

《企业会计准则第 1 号——存货》规定，投资者投入存货的成本，应当按照投资合同或协议约定的价值确定，但合同或协议约定价值不公允的除外。

（二）税务处理

接受投资取得的存货，其初始计量与计税基础相同。但是，如果纳税人通过非商业目的实施避税，由减免税或实行核定征收方式的企业通过非法手段提高评估价格，来增加被投资方资产的计税基础，税务机关可以依据《企业所得税法》第四十一条、第四十七条等规定，对接受投资资产的计税基础进行合理调整。会计上也应按公允价值调整账面成本。

企业以资产收购方式取得的存货，若适用特殊性税务处理办法，则收购方取得存货的计税基础按照转让方原持有存货的计税基础确定。另外，按照《财政部、国家税务总局关于促进企业重组有关企业所得税处理问题的通知》（财税〔2014〕109号）的规定，对100%直接控制的居民企业之间，以及受同一或相同多家居民企业100%直接控制的居民企业之间按账面净值划转存货且符合相关条件的，则划入方企业取得被划存货的计税基础，以被划转存货的原计税基础确定。

第二节　存货发出的会计处理与税务处理差异分析及纳税调整

一、存货发出的计价

（一）会计处理

企业应当采用先进先出法、加权平均法或者个别计价法确定发出存货的实际成本。已售存货应当将其成本结转为当期损益，相应的存货跌价准备也应当予以结转。对于性质和用途相似的存货，应当采用相同的成本计算方法确定发出存货的成本。对于不能替代使用的存货、为特定项目专门购入或制造的存货以及提供劳务的成本，通常应当采用个别计价法确定发出存货的成本。企业发出的存货可以按实际成本核算，也可以按计划成本核算，但资产负债表日均应调整为实际成本。商品流通企业发出的存货通常还可以采用毛利率法或售价金额核算法等方法进行核算。存货计价方法一经确定，不得随意变更，如确需变更的，应当在会计报表附注中说明变更的原因，并采用未来适用法处理。

（二）税务处理与税会差异分析

《企业所得税法实施条例》第七十三条规定，企业使用或者销售的存货的成本计算方法，可以在先进先出法、加权平均法、个别计价法中选用一种。计价方法一经选用，不得随意变更。由此可见，税法规定与会计准则基本一致。

但企业会计准则没有对企业存货计价方法变更的程序进行明确的规定和具体要求。税法规定，纳税人的成本计算方法、间接成本分配方法和存货计价方法一经确定，不得随意变更。如确需变更的，应在下一纳税年度开始前报主管税务机关批准。否则，对应纳税所得额造成影响的，税务机关有权调整。

而税务机关可以要求纳税人在年度纳税申报时，附报改变计算方法的具体情况，说明改变计算方法的原因，并附股东大会或董事会、经理（厂长）会议等类似机构批准的文件。如果纳税人改变成本计算方法、间接成本分配方法、存货计价方法，主管税务机关应当重点审查。审查内容包括以下几点：①纳税人改变计算方法的原因、程序；②改变成本计算方法前后衔接是否合理；③有无计算错误等有关事项。

纳税人年度纳税申报时，如果未说明上述计算方法变更的原因、不能提供有关资料，或者虽然提供说明，但此项变更没有合理的经营需要或会计核算需要，改变计算方法前后衔接不合理、存在计算错误的，主管税务机关应对纳税人由于改变计算方法而减少的应纳税所得额进行纳税调整，并补征税款。

二、存货摊销方法

（一）会计处理

《企业会计准则第1号——存货》规定，企业应当采用一次转销法或者五五摊销法对低值易耗品和包装物进行摊销，计入相关资产的成本或者当期损益。

（二）税务处理与税会差异分析

《企业所得税法》第十五条规定，企业使用或者销售存货，按照规定计算的存货成本，准予在计算应纳税所得额时扣除。由此可见，包装物和低值易耗品等存货可以在实际领用时一次性扣除。

会计与税务处理方法的不同会导致会计利润与应纳税所得额之间存在差异。例如，会计选择五五摊销法，而税法按一次转销法，若该项低值易耗品或包装物领用与报废分属于两个不同的年度，则领用年度应当调减应纳税所得额，而实际报废的年度应当调增应纳税所得额。

第三节　存货期末计量的会计处理与税务处理差异分析及纳税调整

一、会计处理

（一）存货期末计量的会计原则

《企业会计准则第 1 号——存货》规定，资产负债表日，存货应当按照成本与可变现净值孰低计量。存货成本高于其可变现净值的，应当计提存货跌价准备，计入当期损益。

成本是指期末存货的实际成本，即按照先进先出法或加权平均法等对发出存货进行计量所确定的期末存货成本，如果采用计划成本法核算存货的，应将其期末计划成本调整为实际成本。

可变现净值是指在日常活动中，存货的估计售价减去至完工时将要发生的成本、估计的销售费用以及相关税费后的金额。企业确定存货的可变现净值，应当以取得的确凿证据为基础，并且考虑持有存货的目的、资产负债表日后事项的影响等因素。为生产而持有的材料等，用其生产的产成品的可变现净值高于成本的，该材料仍然应当按照成本计量；材料价格的下降表明产成品的可变现净值低于成本的，该材料应当按照可变现净值计量。为执行销售合同或者劳务合同而持有的存货，其可变现净值应当以合同价格为基础计算。企业持有存货的数量多于销售合同订购数量的，超出部分的存货的可变现净值应当以一般销售价格为基础计算。用于出售的材料等，其可变现净值应当以市场价格为基础计算。

（二）存货期末计量的会计处理

企业通常应当按照单个存货项目计提存货跌价准备。即资产负债表日，企业将每个存货项目的成本与其可变现净值逐一进行比较，按较低者计量存货。其中可变现净值低于成本的，两者的差额即为应计提的存货跌价准备。对于数量繁多、单价较低的存货，可以按照存货类别计提存货跌价准备。

每一会计期末，比较成本与可变现净值计算出"存货跌价准备"科目应有的余额，然后与"存货跌价准备"科目已有的余额进行比较，若应提数大于已提数，应予补提；反之，应冲销部分已提数。提取和补提存货跌价准备时，借记"资产减值损失——计提的存货跌价准备"科目，贷记"存货跌价准备"科目；冲回或转销存货跌价准备，作相反会计分录。但是，当已计提跌价准备的存货的价值以后又得以恢复，其冲减的跌价准备金额应以"存货跌价准备"科目的余额冲减至零为限。需要说明的是，减值的转回要以"以前减值存货价值的影响因素已经消失"为前提，否则不得转回。

企业计提了存货跌价准备，如果其中有部分存货已经销售，那么企业在结转销售成本时，应同时结转对其已计提的存货跌价准备。对于因债务重组、非货币性资产交换转出的存货，也应同时结转已计提的存货跌价准备。如果按存货类别计提存货跌价准备的，应当按照发生销售、债务重组、非货币性资产交换等而转出存货的成本占该存货未转出前该类别存货成本的比例结转相应的存货跌价准备。

二、税务处理与税会差异分析

我国企业所得税税前允许扣除的项目遵循据实扣除的原则。依据税法规定，企业提取的各种跌价、减值准备在计算应纳税所得额时不得扣除。只有在该项资产实际发生损失时，其损失金额才能从应纳税所得额中扣除。根据会计信息质量要求的谨慎性原则，为了避免高估资产和收益，当存货发生减值时要求提取存货跌价准备。因此，对于企业已提取跌价准备的存货，其账面价值会小于其计税基础，从而产生可抵扣暂时性差异。如果在纳税申报时已调增所得，因价值恢复或转让处置有关资产而冲销的准备允许企业进行相反的纳税调整。当存货发生法定资产损失（虽未实际处置、转让上述资产，但损失已实际发生），且在会计处理上已作损失，当年度允许扣除。以后年度取得的变价收入或赔偿收入等应直接并入取得的年度应纳税所得额征税。

存货跌价准备的纳税调整方法如下：

年末余额－年初余额＞0，应调增应纳税所得额＝年末余额－年初余额。

年末余额－年初余额＜0，应调减应纳税所得额＝年初余额－年末余额。

【例2-1】甲公司是一家上市公司，为增值税一般纳税企业。该公司对存货采用单项计提存货跌价准备，并按年计提，A产品存货跌价准备年初余额为零。

（1）2018年12月31日，A产品账面余额为1 100万元，按照一般市场价格预计售价为1 050万元，预计销售费用和相关税金为20万元。

①会计处理。

A 产品的可变现净值 =1 050-20=1 030（万元）。

应计提的存货跌价准备 =1 100-1 030=70（万元）。

借：资产减值损失——计提的存货跌价准备　　700 000

　　贷：存货跌价准备——A 产品　　　　　　　　　　700 000

②税务处理及纳税调整。A 产品存货跌价准备不允许税前扣除，所以在计算当期应纳税所得额时调增 70 万元。

（2）2019 年 12 月 31 日，假设 A 产品账面余额仍为 1 100 万元，由于市场价格有所上升，A 产品的可变现净值上升为 1 080 万元。

①会计处理。

存货跌价金额 =1 100-1 080=20（万元）。

原计提的存货跌价准备应当转回 50 万元。

借：存货跌价准备——A 产品　　　　　　　　500 000

　　贷：资产减值损失——计提的存货跌价准备　　　500 000

②税务处理及纳税调整。因可变现净值回升而转回的存货跌价准备在计算应纳税所得额时应当调减，所以本期应调减应纳税所得额 50 万元。

（3）2020 年 3 月，将该批 A 产品的 50% 对外出售，取得收入 560 万元，增值税税率为 13%，收回全部款项，存入银行。

①会计处理。销售 A 产品：

借：银行存款　　　　　　　　　　6 328 000

　　贷：主营业务收入　　　　　　　　　　　5 600 000

　　　应交税费——应交增值税（销项税额）　　728 000

结转产品销售成本 =1 100×50%=550（万元）。

结转存货跌价准备 =20×50%=10（万元）。

借：主营业务成本　　　　　　　　5 400 000

　　存货跌价准备　　　　　　　　　100 000

　　贷：库存商品　　　　　　　　　　　　5 500 000

②税务处理及纳税调整。按税法规定允许税前扣除的已销售 A 产品成本为 550 万元，会计上确认的主营业务成本为 540 万元，在计算当期应纳税所得额时应当调减 10 万元。

第四节 存货盘亏与毁损的会计处理与税务处理差异分析及纳税调整

一、会计处理

为了加强对存货的控制，维护存货的完整，企业应当定期或不定期对存货的实物进行盘点和抽查，并与账面记录进行核对，确保存货账实相符。企业至少应当在编制年度财务会计报告之前，对存货进行一次全面的清查盘点。在进行存货清查盘点时，如果发现存货盘盈或盘亏，应于期末前查明原因，并根据企业的管理权限，报经股东大会或董事会，或经理（厂长）会议或类似机构批准后，在期末结账前处理完毕。盘盈或盘亏的存货，如在期末结账前尚未经批准处理的，应在对外提供财务会计报告时先按上述规定进行处理，并在会计报表附注中进行说明；如果其后批准处理的金额与已处理的金额不一致，应按其差额调整会计报表相关项目的年初数。盘盈的存货应冲减当期的管理费用；盘亏的存货，属于自然损耗产生的定额内损耗，经批准后转作管理费用；属于计量收发差错和管理不善等原因造成的存货短缺或毁损，应先扣除残料价值、可以收回的保险赔偿和过失人的赔偿，然后将净损失计入管理费用；属于自然灾害或意外事故造成的存货毁损，应先扣除残料价值和可以收回的保险赔偿，然后将净损失转作营业外支出。

二、税务处理

根据《财政部 国家税务总局关于企业资产损失税前扣除政策的通知》（财税〔2009〕57号）的规定，对企业盘亏的存货，以该存货的成本减除责任人赔偿后的余额，作为存货盘亏损失在计算应纳税所得额时扣除；对企业毁损、报废的存货，以该存货的成本减除残值、保险赔款和责任人赔偿后的余额，作为存货毁损、报废损失在计算应纳税所得额时扣除；对企业被盗的存货，以该存货的成本减除保险赔款和责任人赔偿后的余额，作为存货被盗损失在计算应纳税所得额时扣除；企业因存货盘亏、毁损、报废、被盗等原因不得从增值税销项税额中抵扣的进项税额，可以与存货损失一起在计算应纳税所得额时扣除；企业在计算应纳税所得额时已经扣除的资产损失，在以后纳税年度全部或者部分收回时，其收回部分应当作为收入计入收回当期的应纳税所得额。

依据《企业资产损失所得税税前扣除管理办法》（国家税务总局公告2011年第25号）、《国家税务总局关于企业所得税资产损失资料留存备查有关事项的公告》（国家税务总局公告2018年第15号）规定，存货损失应将下列证据资料留存备查。

（1）存货盘亏损失应依据以下证据材料确认：

①存货计税成本确定依据。

②企业内部有关责任认定、责任人赔偿说明和内部核批文件。

③存货盘点表。

④存货保管人对于盘亏的情况说明。

（2）存货报废、毁损或变质损失应依据以下证据材料确认：

①存货计税成本的确定依据。

②企业内部关于存货报废、毁损、变质、残值情况说明及核销资料。

③涉及责任人赔偿的，应当有赔偿情况说明。

④该项损失数额较大的（指占企业该类资产计税成本10%以上，或减少当年应纳税所得、增加亏损10%以上），应有专业技术鉴定意见或法定资质中介机构出具的专项报告等。

（3）存货被盗损失应依据以下证据材料确认：

①存货计税成本的确定依据。

②向公安机关的报案记录。

③涉及责任人和保险公司赔偿的，应有赔偿情况说明等。

三、税会差异分析

《企业会计准则第1号——存货》规定，企业发生的存货毁损，应当将处置收入扣除账面价值和相关税费后的金额计入当期损益；税法规定纳税人的存货损失为处置收入扣除存货成本和相关税费后的金额，并报经主管税务机关批准，方可税前扣除。针对这一差异，企业依然按照《企业会计准则第18号——所得税》的规定，参见存货发出计价方法方面规定差异的处理方法进行处理。

【例2-2】甲公司是一般纳税人，采用实际成本法对存货进行计价。2018年末，盘点存货时发现10 000元的B材料因管理不善发生毁损，其对应的进项税额为 1 600 元。经批准的处理意见是由保管员赔偿 20%，其余部分计入当期损益。

（1）会计处理。

①原材料盘亏时：

借：待处理财产损溢——待处理流动资产损溢　　　　10 000

　　贷：原材料　　　　　　　　　　　　　　　　　　　　10 000

②查明原因后，对因保管不善造成的原材料变质，其进项税不得抵扣，应作进项税额转出：

借：待处理财产损溢——待处理流动资产损溢　　　　1 600

　　贷：应交税费——应交增值税（进项税额转出）　　　　1 600

③根据企业内部的管理权限，报经股东大会或董事会，或经理（厂长）会议或类似机构批准后，在期末结账前处理完毕。

借：其他应收款——保管员　　　　　　　　　　2 320

　　管理费用　　　　　　　　　　　　　　　　9 280

　　贷：待处理财产损溢——待处理流动资产损溢　　　　11 600

（2）税务处理。资产损失允许税前扣除，企业应将相关证据资料留存备查。

第三章 长期股权投资的会计处理与税务处理差异分析及纳税调整

根据《企业会计准则第 2 号——长期股权投资》，长期股权投资是指投资方对被投资单位实施控制、重大影响的权益性投资，以及对其合营企业的权益性投资。对于不构成控制、共同控制或重大影响的股权投资，按照持有目的和意图、持有时间长短、公允价值能否确定，划分为以公允价值计量且其变动计入当期损益的金融资产或者以公允价值计量其变动计入其他综合收益的金融资产，不作为长期股权投资进行核算。

《企业会计准则——基本准则》与《企业所得税法》对长期股权投资的计量存在差异，企业每年度与股权投资相关的会计损益和应纳税所得额的差异，需要在年度申报企业所得税时进行纳税调整。需要说明的是，由于企业所得税纳税人以法人为单位，故长期股权投资的税会差异是指《企业所得税法》与个别财务报表会计处理方法的差异。

第一节 长期股权投资初始计量的会计处理与税务处理差异分析及纳税调整

一、对子公司投资的初始计量

企业合并形成的长期股权投资可以分为同一控制下控股合并形成的长期股权投资和非同一控制下控股合并形成的长期股权投资，下面分别分析两种长期股权投资在初始计量环节会计处理与税务处理的差异。

（一）同一控制下控股合并形成的长期股权投资

1. 会计处理

根据《企业会计准则第 2 号——长期股权投资》，同一控制下的企业合并，合并方以支付现金、转让非现金资产或承担债务方式作为合并对价的，应当在合并日按照被合并方所有者权益在最终控制方合并财务报表中的账面价值的份额作为长期股权投资的初始投资成本。长期股权投资初始投资成本与支付的现金、转让的非现金资产以及所承担债务账面价值之间的差额，应当调整资本公积（资本溢价或股本溢价）；资本公积（资本溢价或股本溢价）不足冲减的，调整留存收益。其会计分录如下：

借：长期股权投资

应收股利

贷：相关资产或负债

资本公积——资本溢价 / 股本溢价

或：

借：长期股权投资

应收股利

资本公积——资本溢价 / 股本溢价

盈余公积

利润分配——未分配利润

贷：相关资产或负债

合并方以发行权益性证券作为合并对价的，应当在合并日按照被合并方所有者权益在最终控制方合并财务报表中的账面价值的份额作为长期股权投资的初始投资成本。按照发行股份的面值总额作为股本，长期股权投资初始投资成本与所发行股份面值总额之间的差额，应当调整资本公积；资本公积不足冲减的，调整留存收益。其会计分录如下：

借：长期股权投资

应收股利

贷：股本

资本公积——资本溢价 / 股本溢价

或：

借：长期股权投资

应收股利

资本公积——资本溢价 / 股本溢价

　　盈余公积

　　利润分配——未分配利润

　　　贷：股本

　　需要注意以下几点：

　　（1）被合并方的会计政策与合并方的会计政策、会计期间应当一致，如果合并前合并方与被合并方的会计政策、会计期间不一致，应当按照合并方的会计政策与会计期间对被合并方的资产、负债的账面价值进行调整，在此基础上确定被合并方的所有者权益账面价值，并计算长期股权投资的初始投资成本。

　　（2）被合并方在合并日的净资产账面价值为负数的，长期股权投资成本按零确定，同时在备查账簿中登记。

　　（3）如果子公司按照改制时确定的资产、负债经评估确认的价值调整资产、负债账面价值的，合并方应当按照取得子公司经评估确认的可辨认净资产账面价值的份额作为长期股权投资的初始投资成本。

　　（4）合并方发生的审计、法律服务、评估咨询等中介费用以及其他相关管理费用，于发生时计入当期损益。但以下两种情况除外：一是与发行债务性工具作为合并对价直接相关的佣金或手续费，应当计入债务性工具的初始确认金额；二是与发行的权益性工具作为合并对价直接相关的股票承销费或佣金，应当冲减资本公积（资本溢价或股本溢价），资本公积（资本溢价或股本溢价）不足冲减的，依次冲减盈余公积和未分配利润。

　　（5）通过多次交换交易，分步取得股权最终形成控股合并的，应区别情况进行处理：属于"一揽子交易"的，合并方应当将各项交易作为一项取得控制权的交易进行会计处理；不属于"一揽子交易"的，取得控制权日，投资企业应按照以下步骤进行会计处理：一是确定同一控制下企业合并形成的长期股权投资的初始投资成本，在个别财务报表中，应当以持股比例计算的合并日应享有被合并方账面所有者权益份额作为该项投资的初始投资成本；二是长期股权投资初始投资成本与合并对价账面价值之间的差额，调整资本公积（资本溢价或股本溢价），资本公积不足冲减的，冲减留存收益；三是合并日之前持有的股权投资，因采用权益法核算或金融工具确认和计量准则核算确认的其他综合收益，暂不进行会计处理。

　　2. 税务处理

　　通常情况下，在股权收购中，收购方取得股权的计税基础应以股权的公允价值为基础确定，被收购方应当确认股权转让所得或损失，被收购企业的相关所得税事项原则上保持不变。

根据《财政部 国家税务总局关于企业重组业务企业所得税处理若干问题的通知》（财税〔2009〕59号），股权收购是指收购企业购买转让企业的股权，以实现对被收购企业控制的交易。收购企业支付对价的形式包括股权支付、非股权支付或两者的组合。通知指出，企业重组同时符合下列条件的，适用特殊性税务处理规定：具有合理的商业目的，且不以减少、免除或者推迟缴纳税款为主要目的；被收购、合并或分立部分的资产或股权比例符合本通知规定的比例；企业重组后的连续12个月内不改变重组资产原来的实质性经营活动；重组交易对价中涉及股权支付金额符合本通知规定比例；企业重组中取得股权支付的原主要股东，在重组后连续12个月内，不得转让所取得的股权。通知中的特殊规定如下：

（1）企业合并，企业股东在该企业合并发生时取得的股权支付金额不低于其交易支付总额的85%，以及同一控制下且不需要支付对价的企业合并，可以选择按以下规定处理：合并企业接受被合并企业资产和负债的计税基础，以被合并企业的原有计税基础确定；被合并企业合并前的相关所得税事项由合并企业承继；可由合并企业弥补的被合并企业亏损的限额＝被合并企业净资产公允价值×截至合并业务发生当年年末国家发行的最长期限的国债利率；被合并企业股东取得合并企业股权的计税基础，以其原持有的被合并企业股权的计税基础确定。

（2）股权收购，收购企业购买的股权不低于被收购企业全部股权的75%，且收购企业在该股权收购发生时的股权支付金额不低于其交易支付总额的85%，可以选择按以下规定处理：被收购企业的股东取得收购企业股权的计税基础，以被收购股权的原有计税基础确定；收购企业取得被收购企业股权的计税基础，以被收购股权的原有计税基础确定；收购企业、被收购企业的原有各项资产和负债的计税基础和其他相关所得税事项保持不变。

3. 税会差异分析

通常情况下，同一控制下控股合并形成的长期股权投资的计税基础与会计初始计量金额不同，计税基础按照合并方实际支付对价的公允价值及增值税（销项税额或简易计税金额）确定，其中以非货币资产作为对价的，应作视同销售处理，相应地，合并方实际支付对价的公允价值应以非货币资产的公允价值为基础确定。合并方发生的费用的税务处理与会计处理一致，即审计、评估等中介费用及其他相关管理费用，可在发生的当期据实扣除，但支付给券商的股票承销费、佣金不得在企业所得税税前扣除。长期股权投资的计税基础与初始计量的差异在处置股权时进行纳税调整。

如果股权收购符合《财政部 国家税务总局关于企业重组业务企业所得税处理若干问题的通知》（财税〔2009〕59 号）规定的条件，按特殊规定处理，即合并企业接受被合并企业资产和负债的计税基础，以被合并企业的原有计税基础确定，此时会计准则与税法规定无差异。

【例 3-1】2017 年 1 月 1 日，大通公司支付银行存款 5 000 万元，取得迅达公司 20% 的股份，能够对迅达公司施加重大影响，同日迅达公司可辨认净资产账面价值为 25 000 万元（账面价值与公允价值相等）。2017 年及 2018 年度，迅达公司共实现净利润 2 000 万元，所有者权益无其他变动。

2019 年 1 月 1 日，大通公司以定向增发股票的方式购买同一集团内另一企业持有的迅达公司 40% 股权。大通公司增发 2 000 万股普通股，每股面值为 1 元，每股公允价值为 5 元。进一步取得投资后，大通公司能够对迅达公司实施控制。2019 年 1 月 1 日，迅达公司在最终控制方合并财务报表中的净资产的账面价值为 28 000 万元。大通公司和迅达公司一直受同一最终控制方控制。上述交易不属于一揽子交易。假定大通公司和迅达公司采用的会计政策和会计期间相同，按照 10% 的比例提取盈余公积，不考虑相关税费等其他因素影响。

（1）会计处理。

①大通公司合并日长期股权投资的初始成本 =28 000×60%=16 800（万元）。

②长期股权投资初始投资成本与合并对价账面价值之间的差额的处理：

原 20% 股权投资在合并日的原账面价值 =5 000+2 000×20%=5 400（万元）。

追加投资所支付对价的账面价值 =2 000×1=2 000（万元）。

合并对价账面价值 =5 400+2 000=7 400（万元）。

长期股权投资初始投资成本与合并对价账面价值的差额 =16 800-7 400=9 400（万元）。

③2019 年 1 月 1 日，大通公司会计处理如下：

借：长期股权投资　　　　　168 000 000

　　贷：长期股权投资——投资成本　　　　50 000 000

　　　　　　　　——损益调整　　　　　　4 000 000

股本	20 000 000
资本公积——股本溢价	94 000 000

（2）税务处理。

长期股权投资的计税基础 = 初始投资计税基础 + 追加投资计税基础 = 5 000+2 000×5=15 000（万元）。

大通公司的股权投资未处置，所以不确认投资所得。

（二）非同一控制下控股合并形成的长期股权投资

1. 会计处理

具体处理方法如下：

（1）非同一控制下企业合并中，购买方应当按照确定的企业合并成本作为长期股权投资初始成本，合并成本包括购买方付出的资产、发生或承担的负债、发行的权益性证券的公允价值之和。

（2）非同一控制下的控股合并取得长期股权投资，投出的资产为非货币性资产时，投出资产公允价值与账面价值的差额应区分不同资产进行会计处理：

①合并对价为固定资产、无形资产的，公允价值与账面价值的差额，计入资产处置损益。

②合并对价为长期股权投资、债权投资、以公允价值计量其变动计入当期损益的金融资产的，公允价值与其账面价值的差额，计入投资损益；将记入"其他综合收益"（可以转损益部分）、"资本公积——其他资本公积"科目金额对应部分转入"投资收益"科目。

③合并对价为存货的，应当作为销售处理，以其公允价值确认收入，同时结转相应的成本。

④合并对价为投资性房地产的，以其公允价值确认其他业务收入，同时结转其他业务成本；原确认的"公允价值变动损益"和"其他综合收益"转入"其他业务成本"科目。

⑤换出资产为其他权益工具投资的，换出资产公允价值与账面价值的差额计入"盈余公积"和"利润分配——未分配利润"科目，还应将原记入"其他综合收益"科目金额对应部分转入"留存收益"。

（3）为合并发生的相关费用会计处理与同一控制下企业合并的处理相同。

（4）企业合并成本与合并中取得的被购买方可辨认净资产公允价值份

额的差额，个别财务报表不进行处理，合并报表正差列示为商誉，负差计入合并当期损益（营业外收入）。

（5）多次交易分步实现非同一控制下企业合并的会计处理：

①购买日之前持有的股权采用权益法核算的，应当按照原持有股权投资的账面价值加上新增投资成本之和，作为改按成本法核算的初始投资成本；相关其他综合收益和其他所有者权益变动暂不进行会计处理。

②购买日之前持有的股权投资采用公允价值计量的，应当将按照原持有股权投资的公允价值加上新增投资成本之和，作为改按成本法核算的初始投资成本；原持有股权的公允价值与账面价值之间的差额以及原计入其他综合收益的累计公允价值变动应当全部转入改按成本法核算的当期投资收益。

2. 税务处理与税会差异分析

通常情况下，非同一控制下企业合并形成的长期股权投资的计税基础与个别财务报表初始计量金额一致，会计准则与税法规定无差异。但下列情形除外：

（1）多次交易分步实现非同一控制下的企业合并，其长期股权投资计税基础按照原计税基础与追加投资计税基础之和确定，原计税基础与追加投资计税基础均按照为取得股权实际支付对价的公允价值确定。购买日之前持有的股权投资采用公允价值计量的，会计上视同"先卖出，再买入"确认投资收益，不确认应税所得，需进行纳税调减处理。

（2）根据财税〔2009〕59号通知规定，适用特殊性税务处理的企业合并或股权收购，合并企业接受被合并企业资产和负债的计税基础，以被合并企业的原有计税基础确定；收购企业取得被收购企业股权的计税基础，以被收购股权的原有计税基础确定。依据会计准则，非同一控制下企业合并取得长期股权投资的初始成本为合并对价的公允价值，税法规定与会计准则会产生差异，需要进行纳税调整。

（3）如果以非货币性资产（包括长期股权投资）作为合并对价按视同销售处理且适用递延纳税政策的，其取得长期股权投资的计税基础按照财税〔2009〕59号、财税〔2014〕116号、财税〔2016〕101号文件执行。

【例3-2】大同公司于2018年5月以1 500万元取得甲上市公司5%的股权，对甲公司不具有重大影响，大同公司将其分类为其他权益工具投资，按公允价值计量。2019年3月1日，大同公司又投资20 000万元自乙公司取得甲公司另外50%的股权。假定大同公司在取得对甲公司长期股权投资后，甲公司未宣告发放现金股利。大同公司原持有甲公司 5% 的股权于 2019 年 3 月 1 日的公允价值为 2 100 万元（与账面价值相等），累计计入其他综合收益的金额为 600 万元。大同公司与乙公司不存在任何关联方关系，大同公司按净利润的 10% 提取法定盈余公积。

（1）2019 年 3 月 1 日，大同公司取得甲公司 55% 的股权，其会计处理如下。

长期股权投资初始投资成本 =2 100+20 000=22 100（万元）。

借：长期股权投资——投资成本　　　　　221 000 000
　　贷：其他权益工具投资　　　　　　　　　　21 000 000
　　　　银行存款　　　　　　　　　　　　　200 000 000
借：其他综合收益　　　　　　　　　　　　6 000 000
　　贷：盈余公积（或借）　　　　　　　　　　　600 000
　　　　利润分配——未分配利润（或借）　　　5 400 000

（2）税务处理与税会差异分析。会计处理上，视同大同公司按公允价值 2 100 万元转让甲公司 5% 的股权，再以 22 100 万元购入甲公司 55% 的股权，但实际甲公司 5% 的股权并未转让，而是增持了 50%，故投资收益 600 万元不确认所得，2019 年度申报企业所得税时不进行纳税调整。

税务处理上，大同公司持有甲公司 55% 的股权的计税基础 = 原计税基础 + 追加投资计税基础 =1 500+20 000=21 500（万元）。

长期股权投资的账面价值与其计税基础的差额 =22 100−21 500=600（万元）。

该项长期股权投资会计账面价值与其计税基础之间存在 600 万元的应纳税暂时性差异，在未来处置长期股权投资期间需要进行纳税调整。

二、对合营企业、联营企业投资的初始计量

（一）会计处理

对联营企业、合营企业的投资成本，遵循市场交易理念，按照公允价值计量。支付对价中包含的已宣告但尚未发放的现金股利或利润，应计入"应收股利"，不计入投资成本。为取得长期股权投资而发生的审计、评估等费用，应理解为沉没成本，并非购买过程中发生的必要手续费，不应计入投资成本，应与合并方式取得的长期股权投资的处理方式一致，计入当期损益（管理费用）。

（1）支付现金取得的长期股权投资。初始投资成本包括实际支付的价款、直接相关费用（如股票交易手续费）、税金及其他必要支出。

（2）发行权益性证券取得的长期股权投资。初始投资成本按照发行的权益性证券的公允价值计量，为发行权益性证券支付给有关证券承销机构的手续费、佣金等与权益性证券发行直接相关的费用，不构成取得长期股权投资的成本，该部分费用应在权益性证券的溢价收入中扣除，溢价收入不足冲减的，冲减盈余公积和未分配利润。

（3）以非货币性资产对外投资取得的长期股权投资，在公允价值模式下，应当以公允价值和应支付的相关税费作为换入的长期股权投资的成本，公允价值与换出资产账面价值的差额计入当期损益；在账面价值模式下，应按照换出资产的账面价值和应支付的相关税费作为换入的长期股权投资的成本，不确认换出资产处置损益。另外，涉及补价的，还需要考虑补价。

（4）以债务重组方式取得的长期股权投资的投资成本，按照长期股权投资的公允价值确定。

（二）税务处理

根据《企业所得税法实施条例》第七十一条，投资资产按照以下方法确定成本：

（1）通过支付现金方式取得的投资资产，以购买价款为成本。

（2）通过支付现金以外的方式取得的投资资产，以该资产的公允价值和支付的相关税费为成本。

《财政部 国家税务总局关于企业手续费及佣金支出税前扣除政策的通知》（财税〔2009〕29号）规定，企业为发行权益性证券支付给有关证券承销机构的手续费及佣金不得在税前扣除。

（三）税会差异分析及纳税调整

对合营企业、联营企业的长期股权投资计税基础与会计上初始计量成本基本是一致的，均以投资资产的公允价值和支付的相关税费之和确定，下列情形除外：

（1）企业改制按照评估价值调整长期股权投资成本的，长期股权投资的计税基础不变，仍按照原有计税基础确定。

（2）以非货币性资产交换和非货币性资产抵偿债务方式取得的长期股权投资，在交易不具有商业实质或公允价值无法取得的情况下，会计上以投出资产的账面价值与相关税费之和进行初始计量，而税法上分为转让非货币资产和购买长期股权投资两项交易进行处理，相应地，长期股权投资的计税基础应当按照非货币资产的公允价值与相关税费之和确定。

（3）以非货币性资产（包括长期股权投资）作为对价取得长期股权投资需划分为视同销售和购买长期股权投资处理，当视同销售处理且适用递延纳税政策时，其取得长期股权投资的计税基础按照下列情形执行：

①以非货币性资产增资方式取得长期股权投资，符合资产收购特殊性税务处理条件的，长期股权投资计税基础按照投出资产的原计税基础确定；以控股子公司的股权作为对价取得的长期股权投资，符合股权收购特殊性税务处理条件的，取得长期股权投资的计税基础按照转让方原持有该项股权的计税基础确定。

②以非货币性资产对外投资选择按五年平均确认资产转让所得的，长期股权投资的计税基础按照投出非货币性资产的计税基础与已确认应税所得之和确定。

③企业以技术成果投资入股到境内居民企业，被投资企业支付的对价全部为股票（权）的，经向主管税务机关备案，投资入股当期可暂不纳税，长期股权投资的计税基础按照技术成果原值确定。

第二节　长期股权投资后续计量的会计处理与税务处理差异分析及纳税调整

投资企业对子公司的长期股权投资应当采用成本法核算，编制合并财务报表时，应当按照权益法进行调整；投资企业对被投资单位具有共同控制或重大影响的长期股权投资，应当采用权益法核算。下面分别说明这两种核算方法下的税会差异及纳税调整方法。

一、成本法

（一）会计处理

（1）在追加投资时，按照追加投资支付成本的公允价值及发生的相关交易费用增加长期股权投资的账面价值。

（2）被投资单位宣告分派现金股利或利润的，投资方根据应享有的部分确认当期投资收益；不再划分是否属于投资前和投资后被投资单位实现的净利润。投资企业按照上述规定确认自被投资单位应分得的现金股利或利润后，应当考虑长期股权投资是否发生减值。在判断该类长期股权投资是否存在减值迹象时，应当关注长期股权投资的账面价值是否大于享有被投资单位净资产（包括相关商誉）账面价值的份额等类似情况。

（3）子公司将未分配利润或盈余公积直接转增股本（实收资本），且未向投资方提供等值现金股利或利润的选择权时，投资方并没有获得收取现金股利或者利润的权利，该类交易通常属于子公司自身权益结构的重分类，投资方不应确认相关的投资收益。

（二）税务处理

（1）根据《企业所得税法实施条例》第十七条，股息、红利等权益性投资收益，除国务院财政、税务主管部门另有规定外，按照被投资方作出利润分配决定的日期确认收入的实现。

（2）根据《国家税务总局关于贯彻落实企业所得税法若干税收问题的通知》（国税函〔2010〕79号），企业权益性投资取得股息、红利等收入，应以被投资企业股东会或股东大会作出利润分配或转股决定的日期，确定收入的实现。

被投资企业将股权（票）溢价所形成的资本公积转为股本的，不作为投资方企业的股息、红利收入，投资方企业也不得增加该项长期投资的计税基础。

（3）根据《企业所得税法》第二十六条，符合条件的居民企业之间的股息、红利等权益性投资收益为免税收入；在中国境内设立机构、场所的非居民企业从居民企业取得与该机构、场所有实际联系的股息、红利等权益性投资收益免征企业所得税。

（4）根据《企业所得税法实施条例》第八十三条，符合条件的居民企业之间的股息、红利等权益性投资收益，是指居民企业直接投资于其他居民企业取得的投资收益。该股息、红利等权益性投资收益，不包括连续持有居民企业公开发行并上市流通的股票不足12个月取得的投资收益。

（三）税会差异分析

（1）企业在追加投资时应按照实际出资额的公允价值追加投资计税基础，此时税务处理与会计处理是一致的。

（2）当被投资方宣告分配股息时，投资方确认股息所得。居民企业从直接投资的另一居民企业取得的股息，除持有上市公司股票不满12个月期间宣告分配的股息外，均可免征企业所得税。对于免税的股息，在计算应纳税所得额时应将"投资收益"科目的金额进行纳税调减处理。

（3）居民企业从境外取得的股息所得按税法规定计算应纳税额，并允许按税法规定计算抵免境外已纳税款。计算企业应纳税所得额时，应将"投资收益"科目的金额进行纳税调减处理，同时计算境外所得应纳税额及抵免税额。

（4）被投资方用留存收益转增股本（实收资本），投资方不进行账务处理，税务上视同"先分配，再增资"，按股息所得进行税务处理，计算应纳税所得额时应进行调增处理。同时，可按税法规定，追加投资的计税基础。

（5）根据税法规定，本期计提的长期股权投资减值准备不得在企业所得税税前扣除，如果长期股权投资计提了减值准备，那么会出现可抵扣暂时性差异，在计算本期应纳税所得额时需要进行调增处理，此项投资的计税基础不改变。

【例3-3】2018年1月，兴旺股份有限公司以支付现金方式自非关联方取得通达股份有限公司60%的股权，相关手续于当日完成，能够对通达公司实施控制。此项股权投资业务共支付款项8 200万元，其中包括审计费、评估费用200万元。2018年6月，兴旺公司追加对通达公司投资，又取得通达公司20%股权，支付现金2 500万元，其中包含交易手续费80万元。2019年2月，通达公司宣告分派现金股利，兴旺公司按其持股比例可取得50万元。

（1）会计处理。2018年1月，兴旺公司取得通达公司60%的股权，能够对该公司实施控制，所以应采用成本法核算该项长期股权投资，其初始投资成本为8 000万元，审计、评估费用200万元应计入当期损益（管理费用）。2018年6月，兴旺公司追加投资时，按照追加投资支付成本的公允价值及发生的相关交易费用增加长期股权投资的账面价值，则长期股权投资的账面价值=8 000+2 500=10 500（万元）。2019年2月通达公司宣告分配现金股利时，兴旺公司应将50万元应收股利确认为投资收益。

（2）税务处理及纳税调整。2018年1月，兴旺公司取得通达公司60%的股权时，支付的审计费、评估费用200万元在发生时一次性税前扣除，其长期股权投资的计税基础为8 000万元。2018年6月，兴旺公司追加投资时，将追加投资支付成本的公允价值及发生的相关交易费用计入计税基础，则长期股权投资的计税基础=8 000+2 500=10 500（万元），与会计处理一致，无差异。2019年2月，兴旺公司获得投资收益50万元，该收益免征企业所得税，在计算2019年度应纳税所得额时需要调减50万元。

二、权益法

权益法是指长期股权投资以初始投资成本计量后，在持有期间根据投资企业享有或应分担的被投资单位所有者权益份额的变动对投资的账面价值进行调整的方法。权益法适用于对合营企业和联营企业投资的后续计量。

（一）会计处理

1. 初始投资成本的调整

投资方取得对联营企业或合营企业的投资以后，对于取得投资时初始投资成本与应享有被投资单位可辨认净资产公允价值份额之间的差额，应区别处理，具体方法如下：

（1）初始投资成本大于取得投资时应享有被投资单位可辨认净资产公允价值份额的，该部分差额是投资方在取得投资过程中通过对价体现出的与所取得股权份额相对应的商誉价值，这种情况下不要求对长期股权投资的成本进行调整。

（2）初始投资成本小于取得投资时应享有被投资单位可辨认净资产公允价值份额的，两者之间的差额体现为双方在交易作价过程中转让方的让步，该部分经济利益流入应计入取得投资当期的营业外收入，同时调整增加长期股权投资的账面价值。

2. 投资损益的确认

资产负债表日，企业应按被投资单位实现的净利润（以取得投资时被投资单位可辨认净资产的公允价值为基础）中企业享有的份额，借记"长期股权投资——损益调整"科目，贷记"投资收益"科目；被投资单位发生净亏损时，按应承担的亏损份额，借记"投资收益"科目，贷记"长期股权投资——损益调整"科目。但以长期股权投资账面价值减记至零为限。

权益法将投资企业与被投资单位作为一个整体对待，作为一个整体其所产生的损益，应当在一致的会计政策基础上确定，被投资企业采用的会计政策与投资企业不同的，投资企业应当基于重要性原则，按照本企业的会计政策对被投资单位的损益进行调整。另外，投资企业与被投资单位采用的会计期间不同的，也应进行相关调整。在实务中，如果净利润无法调整或调整意义不大时，可以不调整。此外，由于被投资方的企业所得税是按个别财务报表中资产的计税基础计算的，所以按可辨认净资产公允价值为基础计算净利润时，通常不涉及企业所得税的调整。另外，对于投资企业与其联营企业及合营企业之间发生的未实现内部交易损益应予以抵销。

3. 取得现金股利或利润的处理

投资方自被投资单位取得的现金股利或利润，应抵减长期股权投资的账面价值。被投资方宣告分配现金股利时，投资方按应分得的现金股利，借记"应收股利"科目，贷记"长期股权投资——损益调整"科目。被投资企业分派股票股利，不影响被投资企业所有者权益总额，投资企业不进行账务处理。

4. 超额亏损的处理

（1）投资企业确认应分担被投资单位发生的亏损时，应当按照以下顺序进行处理：首先，减记长期股权投资的账面价值；其次，在长期股权投资的账面价值减记至零的情况下，对于未确认的投资损失，应当以其他实质上构成对被投资单位净投资的长期权益账面价值（不包括企业与被投资单位之间因销售商品、提供劳务等日常活动所产生的长期债权）为限继续确认投资损失，冲减长期权益的账面价值；再次，在进行上述处理时，按照投资合同或协议约定企业仍承担额外义务的，应按预计承担的义务确认负债，计入当期投资损失；最后，按上述顺序确认投资损失后仍有未确认的亏损分担额，应在账外备查登记。其会计分录如下：

借：投资收益
　　贷：长期股权投资——损益调整
　　　　长期应收款
　　　　预计负债

（2）被投资单位以后期间实现盈利的，扣除未确认的亏损分担额后，应按与上述相反的顺序处理，即先冲减原已确认的预计负债，再恢复长期权益的账面价值，最后恢复长期股权投资的账面价值。

5. 被投资方"其他综合收益"变动的处理

被投资单位其他综合收益发生变动的，投资方应当按照归属于本企业的部分，相应调整长期股权投资的账面价值，同时增加或减少其他综合收益。当被投资方其他综合收益增加时，投资方应当借记"长期股权投资——其他综合收益"科目，贷记"其他综合收益"科目；当被投资方其他综合收益减少时，投资方应作相反分录。

投资方全部处置权益法核算的长期股权投资的，原权益法核算的相关其他综合收益应当在终止采用权益法核算时全部计入投资收益；投资方部分处置权益法核算的长期股权投资，剩余股权仍采用权益法核算的，原权益法核算的相关其他综合收益按比例结转计入投资收益，但由于被投资方重新计量设定受益计划净负债或净资产变动而产生的其他综合收益除外。

6. 被投资单位除净损益、其他综合收益以及利润分配以外的所有者权益的其他变动的处理

（1）被投资单位除净损益、其他综合收益以及利润分配以外的所有者权益其他变动的因素主要包括被投资单位接受其他股东的资本性投入、被投资单位发行可分离交易的可转债中包含的权益成分、以权益结算的股份支付等。

（2）投资方应按所持股权比例计算应享有的份额，借记"长期股权投资——其他权益变动"科目，贷记"资本公积——其他资本公积"科目。投资方在后续处置股权投资但对剩余股权仍采用权益法核算时，应按处置比例将这部分资本公积转入当期投资收益，对剩余股权终止权益法核算时，将这部分资本公积全部转入当期投资收益。

（3）若在投资后被投资单位仅就所有者权益各项目进行调整，并不影响所有者权益总额的变化，则长期股权投资账面价值保持不变。

（二）税务处理

从税法角度看，对于股权投资业务而言，持有股权期间只涉及股息、红利所得的处理。当被投资方宣告分配现金股利或用留存收益转增股本（实收资本）时，投资方按照股息、红利所得进行税务处理。投资计税基础 = 初始投资计税基础 + 追加投资计税基础（含被投资方用留存收益转增股本的金额）。

（三）税会差异分析及纳税调整

投资方采用权益法核算长期股权投资时，税务处理与会计处理存在差异，涉及纳税调整的主要有以下情形：

（1）当初始投资成本小于被投资方可辨认净资产公允价值份额时，会计上将其差额记入营业外收入，而税务处理时不确认应税所得，所以在投资企业进行所得税年度申报时要作纳税调减处理。

（2）被投资方宣告分配股利或用留存收益转增股本（实收资本）时，会计上不确认投资收益，但税务处理时投资方需调增所得，符合免税条件的，需要再作纳税调减处理。

（3）当被投资企业实现净利润或发生亏损时，投资方根据会计准则需按照份额确认投资收益或损失，但依据税法，被投资方实现净利润或净亏损时，投资方不确认所得或损失，因此需要进行纳税调整。

（4）当长期股权投资的可收回金额低于其账面价值时，依据会计准则需要计提长期股权投资减值准备，但依据税法规定，长期股权投资损失应

当在实际发生时税前扣除，企业计提的长期股权投资减值准备不得扣除，此时会形成可抵扣暂时性差异，计算应纳税所得额时需要进行纳税调增处理。

【例 3-4】2018 年 1 月，甲公司支付价款 5 000 万元，取得乙公司 30% 的股权。取得投资时，被投资单位净资产账面价值为 16 000 万元（假定被投资单位可辨认净资产的公允价值与其账面价值相等）。甲公司在取得乙公司的股权后，能够对乙公司施加重大影响。不考虑相关税费等其他因素影响。

本例中，甲公司应对该投资采用权益法核算。取得投资时，甲公司有关会计处理如下。

借：长期股权投资——投资成本　　　50 000 000
　　贷：银行存款　　　　　　　　　　　　　50 000 000

长期股权投资的初始投资成本 5 000 万元，大于取得投资时应享有被投资单位可辨认净资产公允价值的份额 4 800（16 000×30%）万元，该差额 200 万元不调整长期股权投资的账面价值。

假定本例中取得投资时被投资单位可辨认净资产的公允价值为 18 000 万元，甲公司按持股比例 30% 计算确定应享有份额为 5 400 万元，则初始投资成本与应享有被投资单位可辨认净资产公允价值份额之间的差额 400 万元，应计入取得投资当期的营业外收入。甲公司的会计处理如下。

借：长期股权投资——投资成本　　　54 000 000
　　贷：银行存款　　　　　　　　　　　　　50 000 000
　　　　营业外收入　　　　　　　　　　　　4 000 000

税务处理及纳税调整。依据《企业所得税法实施条例》，企业对外进行权益性投资和债权性投资形成的资产，通过支付现金方式取得的投资资产，以购买价款作为成本。本例中的长期股权投资的计税基础是 5 000 万元，与会计处理存在 400 万元的暂时性差异，需要进行纳税调整。

第三节　长期股权投资转换的会计处理与税务处理差异分析及纳税调整

企业取得股权投资时，根据不同情况采用不同的核算方法，对子公司的股权投资采用成本法核算，对于合营企业或联营企业的股权投资采用权益法核算，而对于无控制、无共同控制或重大影响的长期股权投资则采用公允价值计量。当股权投资发生变动时，股权投资的核算方法可能会发生变动，但在税务处理上，只需要在股权投资处置时确认收益或损失，股权投资的计税基础不会因其核算方法的改变而调整。

一、成本法转换为权益法

（一）会计处理

投资方因处置部分权益性投资等丧失对被投资单位控制，且处置后的剩余股权能够对被投资单位实施共同控制或施加重大影响的，在编制个别财务报表时，应当改按权益法核算，并对该剩余股权视同自取得时即采用权益法核算进行调整。

在具体转换时，先按处置投资的比例终止确认相应的长期股权投资成本，然后计算剩余的长期股权投资成本与按照剩余持股比例计算的原投资时应享有的被投资单位可辨认净资产公允价值份额之间的差额，若前者大于后者，则不需要调整长期股权投资的账面价值；若前者小于后者，则应当按照其差额调整长期股权投资的账面价值，同时调整留存收益。其会计处理如下：

借：长期股权投资——投资成本

贷：盈余公积

利润分配——未分配利润

对于原取得投资时至处置投资时（转为权益法核算）之间被投资单位实现净损益中投资方应享有的份额，应当调整长期股权投资的账面价值，同时对于原取得投资时至处置投资当期期初被投资单位实现的净损益（扣除已宣告发放的现金股利和利润）中应享有的份额，调整留存收益，对于处置投资当期期初至处置投资之日被投资单位实现的净损益中享有的份额，调整当期损益；在被投资单位其他综合收益变动中应享有的份额，在调整长期股权投资账面价值的同时，应当计入其他综合收益；除净损益、其他综合收益和利润分配外的其他原因导致被投资单位其他所有者权益变动中应享有的份额，在调整长期股权投资账面价值的同时，应当计入资本公积（其他资本公积）。长期股权投资自成本法转为权益法后，未来期间应当按照长期股权投资准则规定计算确认应享有被投资单位实现的净损益、其他综合收益和所有者权益其他变动的份额。其会计处理如下。

借：长期股权投资——损益调整

　　　　　　　——其他综合收益

　　　　　　　——其他权益变动

　　贷：盈余公积

　　　　利润分配——未分配利润

　　　　投资收益

　　　　其他综合收益

　　　　资本公积——其他资本公积

（二）税务处理与税会差异分析

税法上按照实际处置股权所得金额扣除处置部分股权的计税基础确认资产转让所得，剩余股权的计税基础与所处置股权的计税基础按比例划分。会计上视同处置全部股权，确认投资收益，同时再按照公允价值购买剩余股权。按税法计算的资产转让所得与会计确认的投资收益之间的差额需要进行纳税调整。

【例 3-5】A 公司拥有 B 公司 80% 的股权，并能对 B 公司实施有效控制。2018 年 12 月 31 日，A 公司对 B 公司长期股权投资的账面价值为 8 000 万元，未计提减值准备。2019 年 1 月 1 日，A 公司将其持有的对 B 公司长期股权投资的一半出售给丙公司，取得价款 8 500 万元，当日被投资单位可辨认净资产公允价值总额为 16 000 万元。股份减少以后，A 公司对 B 公司不再具有控制权，但具有重大影响。A 公司在取得 B 公司 80% 股权时，B 公司可辨认净资产公允价值总额为 8 200 万元（假定公允价值与账面价值相等）。自 A 公司取得 B 公司长期股权投资后至减少之前，B 公司实现净利润 5 000 万元。假定 B 公司一直未进行利润分配。除实现净利润外，B 公司未发生其他计入资本公积的交易或事项。A 公司按净利润的 10% 提取盈余公积。不考虑相关税费等其他因素的影响。

（1）会计处理。在本案例中，在出售 40% 股权之后，A 公司对 B 公司的持股比例是 40%，对 B 公司具有重大影响，因此对 B 公司长期股权投资应由成本法改为权益法核算。有关会计处理如下：

首先，应当确认长期股权投资处置收益。

借：银行存款　　　　　　　　　　　　　　　85 000 000

　　贷：长期股权投资——投资成本　　　　　　　40 000 000

　　　　投资收益　　　　　　　　　　　　　　　45 000 000

其次，调整长期股权投资账面价值。

剩余长期股权投资的账面价值为 4 000 万元，以与原投资时应享有被投资单位可辨认净资产公允价值份额之间的差额 720（4 000-8 200×40%）万元为商誉，该部分商誉的价值不需要对长期股权投资的成本进行调整。减少股权以后按照持股比例计算享有被投资单位自购买日到减持日之间实现的净损益为 2 000 万元（5 000×40%），应调整增加长期股权投资的账面价值，同时调整留存收益。A 公司应进行会计处理如下：

借：长期股权投资——损益调整   20 000 000

    贷：盈余公积   2 000 000

      利润分配——未分配利润   18 000 000

（2）税务处理与税会差异分析。无论会计上对"长期股权投资"的计量是采用成本法还是权益法，在税务上都属于权益性投资资产，应采用历史成本法确认计税基础。案例中原投资成本 8 000 万元就是原投资的计税基础，处置其中的 50%，处置部分及处置后剩余的股权投资的计税基础均应为 4 000 万元。

本例中"长期股权投资"处置收益虽然有 4 500 万元，但是包括了被投资单位累计实现净利润未分配 2 000（5 000×40%）万元。根据《国家税务总局关于企业所得税若干问题的公告》（国家税务总局公告 2011 年第 34 号）第五条规定，投资企业从被投资企业撤回或减少投资，其取得的资产中，相当于初始出资的部分，应确认为投资收回；相当于被投资企业累计未分配利润和累计盈余公积按减少实收资本比例计算的部分，应确认为股息所得；其余部分确认为投资资产转让所得。因此，被投资企业累计未分配利润和累计盈余公积 2 000 万元需要确认为股息所得。

二、权益法转换为成本法

（一）会计处理

1.同一控制下企业合并

（1）合并日按照合并方支付资产、承担债务或发行权益证券的公允价值确定长期股权投资的成本。

（2）合并日，长期股权投资的初始成本与达到合并前的长期股权投资的账面价值加上合并日取得股份新支付的合并对价的账面价值之和的差额，应当调整资本公积，资本公积不足冲减的，冲减留存收益。

（3）合并前持有长期股权投资而确认的其他综合收益暂不进行会计处理。

2.非同一控制下企业合并

（1）应将原长期股权投资的账面价值加上新增投资成本（公允价值）之和，作为成本法核算的长期股权投资的初始成本，同时结转权益法核算的长期股权投资各明细账户余额，其会计处理如下：

借：长期股权投资

　　贷：长期股权投资——投资成本

　　　　　　　　——损益调整

　　　　　　　　——其他权益变动

　　　　　　　　——其他综合收益

　　　　银行存款等

（2）原长期股权投资购买日前采用权益法核算时确认的其他综合收益和其他资本公积暂不进行会计处理，待实际处置该项长期股权投资时再转入处置期间的投资收益。

（二）税务处理与税会差异分析

长期股权投资由权益法转换为成本法核算时，会计上不涉及损益，税务上也不确认所得，所以不涉及纳税调整。因追加投资使权益法转换为成本法核算时，该项投资的计税基础应按照原计税基础与追加投资计税基础之和确定，处置长期股权投资时，计税基础与其账面价值的差额需要进行纳税调整。

三、权益法核算转换为公允价值计量

（一）会计处理

（1）投资方因处置部分权益性投资等导致不能再对被投资单位实施共同控制或重大影响的，应当改按《企业会计准则第22号——金融工具确认和计量》的有关规定进行会计处理，其在丧失共同控制或重大影响之日公允价值与账面价值之间的差额计入当期损益。其会计处理如下：

借：银行存款

　　其他权益工具投资

　　贷：长期股权投资

　　　　投资收益（或借记）

（2）该股权投资原采用权益法核算时确认的其他综合收益应当在转换时转入投资收益，但由于被投资方重新计量设定受益计划净负债或净资产变动而产生的其他综合收益除外。

（3）因被投资方除净损益、其他综合收益和利润分配以外的其他所有者权益变动而确认的所有者权益，应当在转换时全部转入当期损益。其会计处理如下：

借：其他综合收益

　　资本公积——其他资本公积

　　贷：投资收益

或者作相反的会计分录。

（二）税务处理与税会差异分析

税法上按照实际处置股权所得金额扣除处置部分股权的计税基础确认资产转让所得，剩余股权的计税基础与所处置股权的计税基础按比例划分。会计上视同处置全部股权，确认投资收益，同时再按照公允价值购买剩余股权。按税法计算的资产转让所得与会计确认的投资收益之间的差额需要进行纳税调整。

【例3-6】丙公司持有丁公司30%有表决权股份，能够对丁公司施加重大影响，对该股权投资采用权益法核算。2017年8月，丙公司以1 800万元的价格将该项投资中的50%出售给非关联方，相关手续于当日完成，丙公司无法再对丁公司施加重大影响，将剩余的股权投资转为其他权益工具投资。出售时，该项长期股权投资的账面价值为3 200万元，其中投资成本为2 600万元，损益调整为300万元，其他综合收益（被投资单位其他债权投资的累计公允价值变动）为200万元，除净损益、其他综合收益和利润分配外的其他所有者权益变动为100万元。剩余股权的公允价值为1 700万元。不考虑相关税费等其他相关因素影响。

（1）会计处理。

①确认有关股权投资的处置损益。

借：银行存款　　　　　　　　18 000 000

　　贷：长期股权投资——投资成本　　　　　　13 000 000

　　　　　　　　　　——损益调整　　　　　　　1 500 000

　　　　　　　　　　——其他综合收益　　　　　1 000 000

　　　　　　　　　　——其他权益变动　　　　　　500 000

　　　　投资收益　　　　　　　　　　　　　　　2 000 000

②由于终止采用权益法核算，将原确认的相关其他综合收益全部转入当期损益。

借：其他综合收益　　　　　　　　　2 000 000

　　贷：投资收益　　　　　　　　　　　　　2 000 000

③由于终止采用权益法核算，将原计入资本公积的其他所有者权益变动全部转入当期损益。

借：资本公积——其他资本公积　　　1 000 000

　　贷：投资收益　　　　　　　　　　　　　1 000 000

④剩余股权投资转为其他权益工具投资，当天公允价值为1 700万元，账面价值为1 600万元，两者差异应计入当期投资收益。

借：其他权益工具投资　　　　　　　17 000 000

　　贷：长期股权投资——投资成本　　　　　13 000 000

　　　　　　　　　　——损益调整　　　　　　1 500 000

　　　　　　　　　　——其他综合收益　　　　1 000 000

　　　　　　　　　　——其他权益变动　　　　　500 000

　　　　投资收益　　　　　　　　　　　　　1 000 000

（2）税务处理与税会差异分析。会计上无论是计入"长期股权投资"还是"其他权益工具投资"，在税务上都属于权益性投资资产，应采用历史成本法确认计税基础。案例中原投资成本2 600万元就是原投资的计税基础，处置50%时，处置部分及处置后剩余的股权投资的计税基础均应为1 300万元。

"长期股权投资"账面价值中包含的"损益调整"属于被投资单位实现利润未分配部分，根据《国家税务总局关于企业所得税若干问题的公告》（国家税务总局公告2011年第34号）第五条规定，投资企业从被投资企业撤回或减少投资，其取得的资产中，相当于初始出资的部分，应确认为投资收回；相当于被投资企业累计未分配利润和累计盈余公积按减少实收资本比例计算的部分，应确认为股息所得；其余部分确认为投资资产转让所得。会计上确认的"损益调整"就是累计的"被投资企业累计未分配利润和累计盈余公积"，需要确认为股息所得。

四、公允价值计量转换为权益法核算

（一）会计处理

投资方因追加投资等能够对被投资单位施加重大影响或共同控制但不构成控制时，应当按照《企业会计准则第22号——金融工具确认和计量》

确定的原持有股权投资的公允价值加上新增投资成本之和，作为改按权益法核算的初始投资成本。原持有的股权投资分类为以公允价值计量其变动计入其他综合收益的金融资产，其公允价值与账面价值之间的差额，以及原计入"其他综合收益"累计金额应当转入改按权益法核算的当期损益。

在具体转换时，要比较上述计算所得的初始投资成本，与按照追加投资后新的持股比例计算确定的应享有被投资方在追加投资日可辨认净资产公允价值份额之间的差额，若前者大于后者，则不需要调整长期股权投资的账面价值；若前者小于后者，则应当按照其差额调整长期股权投资的账面价值，并计入当期"营业外收入"。

（二）税务处理与税会差异分析

由于追加投资，以公允价值计量的金融资产转换为以权益法核算的长期股权投资，其计税基础按照原有计税基础与新增计税基础之和确定。由于股权投资未转让，所以不确认所得，会计上确认的投资收益与营业外收入需要进行纳税调整。

【例3-7】C公司于2017年4月取得D公司10%的股权，成本为600万元。C公司将该项股权投资划分为其他权益工具投资。2017年12月31日，该项投资的市场价值是700万元。

2018年3月1日，C公司又以1 500万元的价格取得D公司15%的股权。取得该部分股权后，按照D公司章程规定，C公司能够派人参与D公司的生产经营决策，对该项长期股权投资转换为采用权益法核算。

假定C公司在取得D公司10%股权后至2018年底，D公司未派发现金股利或利润。在追加投资日，C公司在D公司应享有可辨认净资产公允价值2 200万元。

（1）会计处理。

① 2017年4月，C公司取得D公司10%股权：

借：其他权益工具投资——成本　　　　　　　6 000 000

　　贷：银行存款　　　　　　　　　　　　　　　　6 000 000

② 2017年12月31日，确认公允价值变动损益：

借：其他权益工具投资——公允价值变动　　　1 000 000

　　贷：其他综合收益　　　　　　　　　　　　　　1 000 000

③ 2018年3月1日，新增15%股权投资：

借：长期股权投资　　　　　　　　　　　　　15 000 000

　　贷：银行贷款　　　　　　　　　　　　　　　　15 000 000

④ 2018 年 3 月 1 日，将"其他权益工具投资"转为"长期股权投资"：

借：长期股权投资　　　　　　　10 000 000

　　　贷：其他权益工具投资——成本　　　　　　　6 000 000

　　　　　　　　　　　　——公允价值变动　　　　1 000 000

　　　盈余公积——法定盈余公积　　　　　　　　 300 000

　　　利润分配——未分配利润　　　　　　　　 2 700 000

同时，将"其他综合收益"转入留存收益：

借：其他综合收益　　　　　　　1 000 000

　　　贷：盈余公积——法定盈余公积　　　　　　 100 000

　　　利润分配——未分配利润　　　　　　　　 900 000

在 2018 年 3 月 1 日追加投资后，长期股权投资初始成本为 2 500 万元，大于 C 公司在 D 公司应享有可辨认净资产公允价值 2 200 万元，因此不需要调整长期股权投资账面价值。

（2）税务处理与税会差异分析。案例中 C 公司的股权投资无论会计上如何处理，其计税基础都不会发生变化，追加投资后，该项股权投资的计税基础是在原计税基础上加上后续投资成本，即计税基础为 2 100 万元，C 公司并未处置股权投资，在追加投资过程中应税收入为 0 元。

五、公允价值计量转换为成本法核算

（一）会计处理

1.同一控制下企业合并

（1）合并日按照被合并方所有者权益在最终控制方合并财务报表中的账面价值（包括商誉）的份额确定长期股权投资的成本。

（2）合并日长期股权投资的初始成本与达到合并前的权益工具投资账面价值加上合并日取得股份新支付的合并对价的账面价值之和的差额，应当调整资本公积，资本公积不足冲减的，冲减留存收益。

（3）合并前持有的股权投资，因采用金融工具确认与计量准则核算而确认的其他综合收益，暂不进行会计处理。

2.非同一控制下企业合并

（1）应将原权益工具投资的公允价值加上新增投资成本（公允价值）之和，作为成本法核算的长期股权投资的初始成本，原持有股权投资的公允价值与其账面价值的差额转入留存收益。

借：长期股权投资

  贷：其他权益工具投资——成本

            ——公允价值变动（或记借方）

    盈余公积——法定盈余公积（或记借方）

    利润分配——未分配利润（或记借方）

（2）原权益工具投资在购买日前采用公允价值计量时确认的其他综合收益转入留存收益。

借：其他综合收益 （或记贷方）

  贷：盈余公积——法定盈余公积（或记借方）

    利润分配——未分配利润（或记借方）

（二）税务处理与税会差异分析

权益工具投资由公允价值计量转换为成本法核算时，在同一控制下企业合并中，会计上按账面价值计量，不涉及损益，税务上也不确认所得，所以不涉及纳税调整；在非同一控制下企业合并中，原公允价值计量的股权投资其公允价值与账面价值的差额应当调整留存收益，不影响合并当期的会计利润，税务上也不确认所得，所以不需要进行纳税调整。因为追加投资使权益工具投资由公允价值计量转换为成本法核算时，该项投资的计税基础应按照原计税基础与追加投资计税基础之和确定，所以处置长期股权投资时，计税基础与其账面价值的差额需要进行纳税调整。

六、成本法核算转换为公允价值计量

（一）会计处理

原采用成本法核算的长期股权投资，因部分处置等导致持股比例下降，应改按金融工具确认和计量准则进行会计处理，应按处置股权投资的比例结转应终止确认的长期股权投资成本，在丧失控制之日的公允价值与账面价值之间的差额计入当期投资收益。其会计处理如下：

借：银行存款

  其他权益工具投资

  贷：长期股权投资

    投资收益（或记借方）

（二）税务处理与税会差异分析

在会计上视同将全部股权投资按公允价值处置，并确认投资损益，然后再按公允价值取得该项权益工具投资的，其投资成本为处置剩余的权益工具的公允价值。税务上按照实际出售股权投资所得金额扣除该部分股权投资的计税基础作为资产转让所得，在计算当期应纳税所得额时，其股权转让所得与会计上的"投资收益"之间的差额需要进行纳税调整。

另外，剩余股权的投资成本为其转换时股权的公允价值，其计税基础按照股权最初投资成本中剩余的股权与处置股权的比例确定，两者之间很可能存在差异，最终处置该项股权投资时很可能需要进行纳税调整。

【例3-8】A公司持有B公司60%有表决权股份，能够对B公司实施控制，A公司对该股权投资采用成本法核算。2019年2月，A公司将该项投资中的80%出售给非关联方，取得价款7 500万元。相关手续于当日完成。A公司无法再对B公司实施控制，也不能施加共同控制或重大影响，将剩余股权投资转为以公允价值计量且其变动计入其他综合收益的金融资产。出售时，该项长期股权投资的账面价值为8 000万元，剩余股权投资的公允价值为1 875万元。不考虑相关税费等其他因素影响。

（1）会计处理。

①确认有关股权投资的处置损益。

借：银行存款　　　　　　　　　　75 000 000
　　贷：长期股权投资　　　　　　　　64 000 000
　　　　投资收益　　　　　　　　　　11 000 000

②剩余股权投资转为其他权益工具投资，当天公允价值为1 875万元，账面价值为1 600万元，两者差异应计入当期留存收益。

借：其他权益工具投资　　　　　　18 750 000
　　贷：长期股权投资　　　　　　　　16 000 000
　　　　投资收益　　　　　　　　　　2 750 000

（2）税务处理与税会差异分析。依据税法规定，A公司出售其持有的B公司股权，应确认资产转让所得。

资产转让所得=资产转让收入-计税基础=7 500-8 000×80%=1 100（万元）。

会计确认投资收益=1 100+275=1 375（万元）。

在计算当期应纳税所得额时应当调减275万元。

另外，剩余股权作为其他权益工具投资，其计税基础=8 000×20%=1 600（万元），其转换日的账面价值为1 875万元，两者之间存在应纳税暂时性差异。

第四节　长期股权投资处置的会计处理与税务处理差异分析及纳税调整

一、会计处理

企业将所持有的被投资单位的股权全部或部分对外出售时，应相应结转与所售股权相对应的长期股权投资的账面价值。一般情况下，出售所得价款与处置长期股权投资账面价值之间的差额，应确认为处置损益。

投资方全部处置权益法核算的长期股权投资的，原权益法核算的相关其他综合收益，应当在终止采用权益法核算时，采用与被投资单位直接处置相关资产或负债相同的基础进行会计处理，因被投资方除净损益、其他综合收益和利润分配以外的其他所有者权益变动而确认的所有者权益，应当在终止采用权益法核算时全部转入当期投资收益。

投资方部分处置权益法核算的长期股权投资，剩余股权仍采用权益法核算的，原权益法核算的相关其他综合收益应当采用与被投资单位直接处置相关资产或负债相同的基础处理并按比例结转，因被投资方除净损益、其他综合收益和利润分配以外的其他所有者权益变动而确认的所有者权益，应当按比例结转入当期投资收益。

二、税务处理与税会差异分析

根据《国家税务总局关于贯彻落实企业所得税法若干税收问题的通知》（国税函〔2010〕79号），企业转让股权收入，应于转让协议生效、且完成股权变更手续时，确认收入的实现。转让股权收入扣除为取得该股权所发生的成本后，为股权转让所得。企业在计算股权转让所得时，不得扣除被投资企业未分配利润等股东留存收益中按该项股权所可能分配的金额。

股权转让所得＝股权转让收入－投资计税基础。

根据《国家税务总局关于企业所得税若干问题的公告》（国家税务总局公告2011年第34号），投资企业从被投资企业撤回或减少投资，其取得的资产中，相当于初始出资的部分，应确认为投资收回；相当于被投资企业累计未分配利润和累计盈余公积按减少实收资本比例计算的部分，应确认为股息所得；其余部分确认为投资资产转让所得。

【例3-9】E公司拥有F公司30%有表决权股份，对F公司构成重大影响（已经投资3年）。2018年1月2日，E公司出售F公司的全部股权，所得价款2 500万元全部存入银行，当日该项长期股权投资的账面价值为2 200万元，其中投资成本为1 600万元（与计税基础一致），损益调整为500万元，其他权益变动为200万元，长期股权投资减值准备为100万元。假设不考虑交易中的相关税费。

（1）会计处理。

借：银行存款　　　　　　　　25 000 000
　　长期股权投资减值准备　　　1 000 000
　　贷：长期股权投资——投资成本　　　　　16 000 000
　　　　　　　　——损益调整　　　　　　　 5 000 000
　　　　　　　　——其他权益变动　　　　　 2 000 000
　　　　投资收益　　　　　　　　　　　　　 3 000 000

同时，将原计入"其他综合收益"的金额转入"投资收益"：

借：其他综合收益　　　　　　　2 000 000
　　贷：投资收益　　　　　　　　　　　　　 2 000 000

会计上确认投资收益总额=300+200=500（万元）。

（2）税务处理与税会差异分析。根据税法规定，投资资产采用历史成本作为计税基础，除了追加投资或收回投资以外，其计税基础不会发生变化，它既不考虑权益法下的变动与调整，也不考虑长期股权投资减值准备，所以该项投资的计税基础是1 600万元。对于处置收入2 500万元，要依据《国家税务总局关于企业所得税若干问题的公告》（国家税务总局公告2011年第34号）第五条进行区分。会计上确认的"损益调整"就是累计的"被投资企业累计未分配利润和累计盈余公积"，需要确认为股息所得。

因此，2 500万元应区分为股息所得500万元和处置收入2 000万元。税法规定符合条件的居民企业之间的股息、红利收益免征企业所得税，所以在计算应纳税所得额时需要调减500万元。处置股权收入2 000万元，允许扣除的计税基础为1 600万元，其应纳税所得额为400万元，会计上本期确认的投资收益为500万元，在计算应纳税所得额时需要调减100万元。

第四章 投资性房地产的会计处理与税务处理差异分析及纳税调整

第一节 投资性房地产确认、初始计量的会计处理与税务处理差异分析及纳税调整

一、投资性房地产的确认

（一）会计处理

《企业会计准则第 3 号——投资性房地产》规定，投资性房地产是指为赚取租金或资本增值，或两者兼有而持有的房地产。投资性房地产包括已出租的土地使用权、持有并准备增值后转让的土地使用权、已出租的建筑物。已出租的土地使用权是指企业通过出让或转让方式取得的、以经营租赁方式出租的土地使用权。对于以经营租赁方式租入土地使用权再转租给其他单位的，不能确认为投资性房地产。持有并准备增值后转让的土地使用权是指企业取得的、准备增值后转让的土地使用权。按照国家有关规定认定的闲置土地，不属于持有并准备增值后转让的土地使用权，也就不属于投资性房地产。已出租的建筑物是指企业拥有产权的、以经营租赁方式出租的建筑物，包括自行建造或开发活动完成后用于出租的建筑物以及正在建造或开发过程中将来用于出租的建筑物。

需要说明的是，自用房地产和作为存货的房地产不属于投资性房地产。某项房地产部分自用或作为存货出售、部分用于赚取租金或资本增值时，如果不同用途的部分能够单独计量和出售的，应当分别确认为固定资产、无形资产、存货和投资性房地产。

（二）税务处理与税会差异分析

在《企业所得税法》和《企业所得税法实施条例》中，没有专门列出

投资性房地产，而是将会计准则中所提到的投资性房地产作为固定资产和无形资产处理。

二、投资性房地产初始计量

（一）会计处理

1. 外购的投资性房地产

对于企业外购的房地产，只有在购入房地产的同时开始对外出租或用于资本增值，才能称之为外购的投资性房地产。外购投资性房地产的成本包括购买价款、相关税费和可直接归属于该资产的其他支出。

企业外购的房地产自用一段时间之后再改为出租或用于资本增值的，应当先将外购的房地产确认为固定资产或无形资产，自租赁期开始日或用于资本增值之日起，再从固定资产或无形资产转换为投资性房地产。对于已出租的土地使用权和建筑物，其作为投资性房地产的确认时点一般为租赁期开始日；对企业持有以备经营出租的空置建筑物，企业董事会或类似机构作出书面决议，明确表明将其用于经营出租且持有意图短期内不再发生变化的，即使尚未签订租赁协议，也应视为投资性房地产；对持有并准备增值后转让的土地使用权，其作为投资性房地产的确认时点为企业将自用土地使用权停止自用，准备增值后转让的日期。

2. 自行建造的投资性房地产

自行建造投资性房地产的成本由建造该项房地产达到预定可使用状态前发生的必要支出构成。企业自行建造或开发的房地产只有在自行建造或开发活动完成（达到预定可使用状态）的同时开始对外出租或用于资本增值，才能将自行建造的房地产确认为投资性房地产。企业自行建造房地产达到预定可使用状态后一段时间才对外出租或用于资本增值的，应当先将自行建造的房地产确认为固定资产、无形资产或存货，自租赁期开始日或用于资本增值之日起，从固定资产、无形资产或存货转换为投资性房地产。

（二）税务处理与税会差异分析

投资性房地产在《企业所得税法》中是作为"固定资产——房屋"和"无形资产——土地使用权"处理的。

根据《企业所得税法实施条例》，外购的固定资产，以购买价款和支付的相关税费以及直接归属于使该资产达到预定用途发生的其他支出为计税基础；自行建造的固定资产，以竣工结算前发生的支出为计税基础；外购的无形资产，以购买价款和支付的相关税费以及直接归属于使该资产达到预定用途发生的其他支出为计税基础。税法规定与会计准则相比较，两者对于投资性房地产的初始计量基本一致。

但出现以下情形时，外购或自行建造投资性房地产初始计量与计税基础是存在差异的，主要表现在以下两方面：

1. 借款费用资本化的金额超过税法规定的标准

关于借款费用资本化问题，税法中有下列规定：

（1）根据《企业所得税法实施条例》第三十八条规定，非金融企业向非金融企业借款的利息支出，不超过按照金融企业同期同类贷款利率计算的数额的部分，允许在税前扣除，超过部分的利息支出不得在税前扣除。

（2）《国家税务总局关于企业投资者投资未到位而发生的利息支出企业所得税前扣除问题的批复》（国税函〔2009〕312号）规定，凡企业投资者在规定期限内未缴足其应缴资本额的，该企业对外借款所发生的利息，相当于投资者实缴资本额与在规定期限内应缴资本额的差额应支付的利息，其不属于企业合理的支出，应有企业投资者负担，不得在计算企业应纳税所得额时扣除。

（3）《企业所得税法》第四十六条规定，企业从其关联方接受的债权性投资与权益性投资的比例超过规定标准而发生的利息支出，不得在计算应纳税所得额时扣除。

借款费用可以资本化的借款包括专门借款和一般借款，符合资本化条件的借款费用在资本化期间应计入资产的成本。上述不得扣除的借款费用，若已经按借款费用准则进行了资本化处理，则必然会导致投资性房地产的会计成本大于其计税基础，形成应纳税暂时性差异。以后期间，按照计税基础计算折旧可以在税前扣除，会计折旧超过税法规定折旧的部分在计算应纳税所得额时需要进行调整。

2. 超过正常信用条件期限付款的投资性房地产

当企业购买投资性房地产超过正常信用条件期限付款，实质上具有融资性质时，购入的投资性房地产的成本不能以各期应付款总额确定，而应以各期付款额的现值之和为基础来确定。计算现值时采用的折现率应当是反映当前市场货币时间价值和延期付款债务特定风险的利率，该折现率实质上是供货方的必要报酬率。购入投资性房地产时，按照各期应支付的购买价款选择恰当的折现率进行折现后的金额，借记"投资性房地产"科目，按应支付的金额，贷记"长期应付款"科目；按其差额，借记"未确认融资费用"科目。各期实际支付的价款与购买价款的现值之间的差额,符合《企业会计准则第17号——借款费用》中规定的资本化条件的,应当计入投资性房地产成本,其余部分应当在信用期间确认为财务费用,计入当期损益。

投资性房地产的计税基础不按现值计价,不对支付价款折现。超过正常信用条件期限付款的投资性房地产的会计成本小于计税基础。

第二节 投资性房地产后续计量的会计处理与税务处理差异分析及纳税调整

投资性房地产后续计量通常应当采用成本模式,只有满足特定条件的情况下才可以采用公允价值模式。但是,同一企业只能采用一种模式对所有投资性房地产进行后续计量,不得同时采用两种计量模式。

一、采用成本模式进行后续计量

(一)会计处理

(1)采用成本模式进行后续计量的企业,对投资性房地产进行账务处理的基本要求与固定资产或无形资产相同,按期(月)计提折旧或摊销,借记"其他业务成本"科目,贷记"投资性房地产累计折旧(摊销)"科目。取得的租金收入,借记"银行存款"等科目,贷记"其他业务收入"等科目。

(2)当投资性房地产存在减值迹象时,应适用资产减值的有关规定。经减值测试后确定发生减值的,应当计提减值准备,借记"资产减值损失"科目,贷记"投资性房地产减值准备"科目。已经计提减值准备的投资性房地产的价值又得以恢复时,计提的减值准备不得转回。

(3)处置投资性房地产时,将实际收到的金额借记"银行存款"等科目,贷记"其他业务收入"科目;按该项投资性房地产的账面价值,借记"其他业务成本"科目,按其账面余额,贷记"投资性房地产"科目,按照已计提的折旧额或摊销额,借记"投资性房地产累计折旧(摊销)"科目,原已计提减值准备的,借记"投资性房地产减值准备"科目。

（二）税务处理

（1）对外出租的房地产，允许按税法规定扣除折旧或摊销额。取得的租金收入按照合同约定的承租人应付租金的日期确认收入。

（2）根据《企业所得税法》第十条和《企业所得税法实施条例》第五十五条规定，投资性房地产减值准备不得税前扣除。

（三）税会差异分析

（1）投资性房地产折旧或摊销的税会差异比照固定资产折旧或无形资产（土地使用权）摊销的税会差异进行调整，即当会计折旧或摊销额大于税法规定的折旧或摊销额时，会形成可抵扣暂时性差异；当会计折旧或摊销额小于税法规定的折旧或摊销额时，则会形成应纳税暂时性差异。在计算应纳税所得额时应当进行纳税调整。

（2）当投资性房地产计提减值准备时，税法规定减值准备不得税前扣除，其资产减值损失应当在实际发生时按规定扣除，所以会形成可抵扣暂时性差异，在计算应纳税所得额时应当进行纳税调整。具体纳税调整方法如下：

如果"本期会计折旧或摊销额加上本期计提减值准备"减去"按税法规定本期允许扣除的折旧或摊销额"大于零，说明投资性房地产账面价值小于计税基础，会形成可抵扣暂时性差异，也可能是本期转回前期的应纳税暂时性差异，应按其差额调增应纳税所得额。

如果"本期会计折旧或摊销额加上本期计提减值准备"减去"按税法规定本期允许扣除的折旧或摊销额"小于零，说明投资性房地产账面价值大于其计税基础，会形成应纳税暂时性差异，也可能是本期转回前期的可抵扣暂时性差异，应按其差额调减应纳税所得额。

（3）处置投资性房地产时，对投资性房地产会计账面价值与计税基础净值的差额进行纳税调整。

会计账面价值＝初始计量－已计提折旧或摊销额－已计提减值准备。

计税基础净值＝初始计税基础－已扣除折旧或摊销额。

若会计账面价值大于计税基础净值，则应调增应纳税所得额，调整金额为会计账面价值与其计税基础净值的差额。

若会计账面价值小于计税基础净值，则应调减应纳税所得额，调整金额为会计账面价值与计税基础净值的差额。

此时，投资性房地产的应纳税暂时性差异或可抵扣暂时性差异全部转回。

二、采用公允价值模式进行后续计量

（一）会计处理

当企业有确凿证据表明投资性房地产的公允价值能够持续可靠取得时，可以采用公允价值模式对投资性房地产进行后续计量，企业一旦选择公允价值计量模式，就应对所有投资性房地产均采用公允价值模式进行后续计量。

投资性房地产采用公允价值模式进行后续计量的，不需要计提折旧或摊销，应按公允价值进行期末计量，其具体会计处理方法如下：

（1）投资性房地产以资产负债表日的公允价值计量，公允价值与原账面价值之间的差额计入当期损益。公允价值高于原账面价值的差额，借记"投资性房地产——公允价值变动"科目，贷记"公允价值变动损益"科目，若公允价值低于其账面价值，将其差额进行相反的账务处理。

（2）取得的租金收入，借记"银行存款"等科目，贷记"其他业务收入"等科目。

（3）处置投资性房地产时，按实际收到或应收的金额借记"银行存款"或"应收账款"等科目，贷记"其他业务收入"科目；将账面价值转入"其他业务成本"，借记"其他业务成本"科目，贷记"投资性房地产——成本"科目，贷记或借记"投资性房地产——公允价值变动"科目。同时，要将与其相关的"公允价值变动损益"或"资本公积"转入"其他业务成本"科目。

（二）税务处理

由于投资性房地产在税法中是作为固定资产或无形资产处理的，可以按税法规定扣除折旧或摊销。投资性房地产处置时，按计税基础净值扣除，计税基础净值为初始计税基础扣除税法折旧或摊销额。对外出租的投资性房地产取得的租金收入按规定计征增值税，如果是坐落在城市、县城、建制镇和工矿区范围内的房屋，还需缴纳房产税。租金收入扣除税法折旧或摊销额后的差额，应当计入当期应纳税所得额，计征企业所得税。

（三）税会差异分析

在公允价值计量模式下，会计上对投资性房地产不计提折旧、不摊销，期末按其公允价值计量，其公允价值的变动计入当期损益。而税法中对于投资性房地产公允价值的变动，无论增减均不确认所得或损失，其计税基础允许扣除税法规定的折旧或摊销额。其纳税调整方法如下：

（1）当公允价值大于账面价值时，会产生应纳税暂时性差异，应当调减应纳税所得额。

（2）当公允价值小于账面价值时，会产生可抵扣暂时性差异，应当调增应纳税所得额。

（3）对于按照税法规定计提的折旧或摊销额，应当调减应纳税所得额。

【例4-1】甲公司为从事房地产经营开发的企业。2018年8月，甲公司与乙公司签订租赁协议，约定将甲公司开发的一栋写字楼于开发完成的同时开始租赁给乙公司使用，租赁期为5年，每月收取租金110万元。该写字楼于9月30日达到预计可使用状态。当年10月1日，该写字楼开始起租。写字楼的造价为5 000万元，预计净残值率为10%。由于该写字楼所在城区有活跃的房地产交易市场，而且能够从房地产交易市场上取得同类房地产的市场报价，甲公司决定采用公允价值模式对该项出租的房地产进行后续计量。2018年12月31日，该写字楼的公允价值为5 200万元。2019年12月31日，该写字楼的公允价值为5 300万元。

（1）2018年10月1日，甲公司开发完成写字楼并出租。

会计处理。

借：投资性房地产——写字楼（成本） 50 000 000

　　贷：开发成本 50 000 000

税务处理与税会差异分析。

甲公司将开发产品用于对外出租，不确认资产转让所得。投资性房地产计税基础与会计成本一致，均为5 000万元。

（2）2018年10月收取租金。

增值税销项税额＝110÷（1+10%）×10%＝10（万元）。

借：银行存款 1 100 000

　　贷：其他业务收入 1 000 000

　　　　应交税费——应交增值税（销项税额） 100 000

以后各月收取租金业务处理相同。

（3）2018年12月31日，以公允价值为基础调整其账面价值，公允价值与其账面价值之差计入当期损益。

会计处理。

借：投资性房地产——写字楼（公允价值变动） 2 000 000

　　贷：公允价值变动损益 2 000 000

税务处理及纳税调整。

当年允许扣除折旧额 =5 000×（1−10%）÷20÷12×3=56.25（万元）。

应调减应纳税所得额 =200+56.25=256.25（万元）。

（4）2019 年 12 月 31 日，该写字楼的公允价值为 5 300 万元。

会计处理。

借：投资性房地产——写字楼（公允价值变动）　　　　1 000 000

　　贷：公允价值变动损益　　　　　　　　　　1 000 000

税务处理及纳税调整。

当年允许扣除折旧额 =5000×（1−10%）÷20=225（万元）。

应调减应纳税所得额 =100+225=325（万元）。

第三节　投资性房地产转换的会计处理与税务处理差异分析及纳税调整

一、成本模式转换为公允价值模式

（一）会计处理

企业对投资性房地产的计量模式一经确定，不得随意变更。成本模式转换为公允价值模式的，应当作会计政策变更处理，将计量模式变更时公允价值与账面价值的差额调整为期初留存收益（未分配利润）。企业变更投资性房地产计量模式时，应当按照计量模式变更日投资性房地产的公允价值，借记"投资性房地产——成本"科目，按照已计提的折旧或摊销，借记"投资性房地产累计折旧（摊销）"科目，原已计提减值准备的，借记"投资性房地产减值准备"科目，按照原账面余额，贷记"投资性房地产"科目，按照公允价值与其账面价值之间的差额，贷记或借记"利润分配——未分配利润""盈余公积"等科目。

已采用公允价值模式计量的投资性房地产，不得从公允价值模式转换为成本模式。

（二）税务处理与税会差异分析

成本模式转换为公允价值模式，公允价值与账面价值的差额不确认所得。由于账务处理是调整期初留存收益，不影响当期损益，所以不需要进行纳税调整。投资性房地产计税基础净值为初始计税基础扣除税法折旧或摊销额。转换为公允价值模式后，按照公允价值模式后续计量的会计与税务处理方法进行纳税调整。

【例4-2】甲公司对投资性房地产采用成本模式计量。2019年1月1日，甲公司认为其出租给乙公司使用的写字楼，其所在地的房地产交易市场比较成熟，具备了采用公允价值模式计量的条件，决定将该项投资性房地产从成本模式转换为公允价值模式计量。该写字楼的原始价值为5 000万元，已计提折旧800万元（与税法折旧相同），账面价值为4 200万元。2019年1月1日，该写字楼的公允价值为5 500万元。假设甲公司按净利润的10%计提法定盈余公积。

（1）会计处理。2019年1月1日，甲公司的会计处理如下。

借：投资性房地产——写字楼（成本）　　55 000 000

　　投资性房地产累计折旧　　　　　　　 8 000 000

　　贷：投资性房地产——写字楼　　　　　　　　50 000 000

　　　　利润分配——未分配利润　　　　　　　　11 700 000

　　　　盈余公积　　　　　　　　　　　　　　　 1 300 000

（2）税务处理与税会差异分析。依据税法，模式转换不确认所得或损失。该写字楼以前年度的会计折旧与税法折旧相同，则计税基础为4 200万元，而会计成本为5 500万元。2019年及以后年度，应对当年度确认的"公允价值变动损益"科目的金额进行纳税调整，同时需调减按税法规定计算的折旧额。

二、投资性房地产转换

（一）采用成本模式的房地产转换

房地产的转换是因房地产用途发生改变而对房地产进行的重新分类。企业必须有确凿证据表明房地产用途发生改变，才能将投资性房地产转换为非投资性房地产或将非投资性房地产转换为投资性房地产。投资性房地产的转换形式主要包括以下几种：投资性房地产开始自用，相应地由投资性房地产转换为固定资产或无形资产；作为存货的房地产改为出租；自用建筑物停止自用，改为出租，相应地由固定资产转换为投资性房地产；自用土地使用权停止自用，用于赚取租金或资本增值，相应地由无形资产转换为投资性房地产；房地产企业将用于经营出租的房地产重新开发用于对外销售，从投资性房地产转换为存货。

1. 投资性房地产转换为自用房地产

（1）会计处理。企业将采用成本模式计量的投资性房地产转换为自用房地产时，应当按该项投资性房地产在转换日的账面余额、累计折旧或摊销、减值准备等，分别转入"固定资产""累计折旧""固定资产减值准备"等科目；按投资性房地产的账面余额，借记"固定资产"或"无形资产"科目，贷记"投资性房地产"科目；按已计提的折旧或摊销，借记"投资性房地产累计折旧（摊销）"科目，贷记"累计折旧"或"累计摊销"科目；原已计提减值准备的，借记"投资性房地产减值准备"科目，贷记"固定资产减值准备"或"无形资产减值准备"科目。

（2）税务处理与税会差异分析。投资性房地产转换为自用房地产，并没有发生所有权转让，所以不缴纳增值税、土地增值税、契税，也不确认资产转让所得。如果投资性房地产计提折旧或摊销的年限、残值、方法与税法存在差异，按固定资产折旧或无形资产（土地使用权）摊销的差异调整方法处理即可。

2. 作为存货的房地产转换为投资性房地产

（1）会计处理。房地产开发企业将其持有的开发产品以经营租赁的方式出租，存货相应地转换为投资性房地产。转换日为房地产租赁期开始日。企业将作为存货的房地产转换为采用成本模式计量的投资性房地产，应按该项存货在转换日的账面价值，借记"投资性房地产"科目，原已计提跌价准备的，借记"存货跌价准备"科目，按其账面余额，贷记"开发产品"科目。

（2）税务处理与税会差异分析。房地产企业将开发产品对外出租，因其所有权未转让，所以不征收增值税、土地增值税和契税。依据《企业所得税法实施条例》第二十五条和《国家税务总局关于企业处置资产所得税处理问题的通知》（国税函〔2008〕828号）规定，在转换过程中，因其所有权未转让，不视同销售处理，不确认资产转让所得。

3. 自用建筑物或土地使用权转换为投资性房地产

（1）会计处理。企业将原来用于日常生产商品、提供劳务或经营管理的房地产改用于出租，通常应于租赁期开始日，将固定资产或无形资产按其账面价值转换为投资性房地产。

企业将自用土地使用权或建筑物转换为以成本模式计量的投资性房地产时，应当按该项自用土地使用权或建筑物在转换日的原价、累计折旧、减值准备等，分别转入"投资性房地产""投资性房地产累计折旧（摊销）"投资性房地产减值准备"科目。按其账面余额，借记"投资性房地产"科目，贷记"固定资产"或"无形资产"科目；按已计提的折旧或摊销，借记"累计折旧"或"累计摊销"科目，贷记"投资性房地产累计折旧（摊销）"科目，原已计提减值准备的，借记"固定资产减值准备"或"无形资产减值准备"科目，贷记"投资性房地产减值准备"科目。

（2）税务处理与税会差异分析。自用房地产转换为投资性房地产，不涉及增值税、土地增值税和所得税问题。会计折旧额（或摊销额）与税法折旧额（或摊销额）的差异，比照固定资产或无形资产的税会差异进行处理。

（二）采用公允价值模式的房地产转换

1. 采用公允价值模式计量的投资性房地产转为自用房地产

（1）会计处理。企业将采用公允价值模式计量的投资性房地产转换为自用房地产时，应当以其转换当日的公允价值作为自用房地产的账面价值，公允价值与原账面价值的差额计入当期损益。转换日，按该项投资性房地产的公允价值，借记"固定资产"或"无形资产"科目，按该项投资性房地产的成本，贷记"投资性房地产（成本）"科目，按该项投资性房地产的累计公允价值变动，贷记或借记"投资性房地产——公允价值变动"科目，按其差额，贷记或借记"公允价值变动损益"科目。

（2）税务处理与税会差异分析。投资性房地产转为自用房地产，不确认所得或损失。会计上的投资性房地产是税法上的固定资产或无形资产，应当按其实际成本计量，允许扣除其折旧或摊销额。所以，转换当期计算应纳税所得额时应将"公允价值变动损益"科目的金额从利润总额中剔除，同时对年初至转换当月应扣除的折旧进行纳税调减处理。从转换的次月起，会计上应当计提固定资产折旧或无形资产摊销，如果税法折旧额（或摊销额）与会计折旧额（或摊销额）不一致，对其差额进行纳税调整处理。处置固定资产或无形资产计算资产转让所得时，按计税基础净值扣除。转让收益与处置所得之间的差额，应当进行纳税调整。此时，投资性房地产后续计量与转换形成的暂时性差异将全部转回。

【例4-3】2019年5月19日，甲企业因租赁期满，将出租的写字楼收回，开始作为办公楼用于本企业的行政管理。此时该写字楼的公允价值为4 500万元。该房地产在转换前采用公允价值模式计量，原账面价值为4 380万元，其中成本为4 200万元，公允价值变动为增值180万元。

甲企业的账务处理如下。

借：固定资产　　　　　　　　　45 000 000

　　贷：投资性房地产——成本　　　　　　　　42 000 000

　　　　　　　　　——公允价值变动　　　　　　1 800 000

　　　　公允价值变动损益　　　　　　　　　　1 200 000

　　税务处理与税会差异分析。根据《企业所得税法》和《企业所得税法实施条例》，该写字楼自始至终都是甲企业的固定资产，其计税基础为其历史成本减去按税法规定计算的折旧额。所以，对于此项变更会计确认的公允价值变动损益应调减应纳税所得额 120 万元。

　　2. 作为存货的房地产转换为采用公允价值模式计量的投资性房地产

　　（1）会计处理。企业将作为存货的房地产转换为采用公允价值计量的投资性房地产时，应当按该项房地产在转换日的公允价值，借记"投资性房地产——成本"科目，原已计提跌价准备的，借记"存货跌价准备"科目，按其账面余额，贷记"开发产品"等科目。同时，转换日的公允价值小于账面价值的，按其差额，借记"公允价值变动损益"科目；转换日的公允价值大于账面价值的，按其差额，贷记"其他综合收益"科目。待处置该项投资性房地产时，因转换计入公允价值变动损益或其他综合收益的部分应转入当期的其他业务成本，借记"其他业务成本"科目，贷记"公允价值变动损益"科目，或者借记"其他综合收益"科目，贷记"其他业务成本"科目。

　　（2）税务处理与税会差异分析。开发产品转换为投资性房地产，因其所有权并未转让，因此不征收增值税、土地增值税、契税和企业所得税，待转让投资性房地产时需缴纳增值税、土地增值税和企业所得税。投资性房地产转换期间计算应纳税所得额时，如果投资性房地产的公允价值低于其成本，应当调增应纳税所得额；如果转换日其公允价值高于其账面价值，不需要调整当期的应纳税所得额，处置投资性房地产时需要进行纳税调整。

　　【例 4-4】甲房地产开发公司于 2019 年 3 月 15 日与乙公司签订了租赁协议，将其开发的一栋写字楼整体出租给乙公司使用，租赁期开始日为 2019 年 4 月 1 日。2019 年 4 月 1 日，该写字楼的账面余额为 4 500 万元，未计提存货跌价准备。假设转换后采用公允价值模式计量，4 月 1 日该写字楼的公允价值为 4 700 万元。2019 年 12 月 31 日，该项投资性房地产的公允价值为 4 850 万元。2020 年 4 月租赁期届满，甲公司收回该项投资性房地产，并于 2020 年 6 月以 5 500 万元出售，出售款项已收讫。甲公司销售不动产适用一般计税方法，增值税税率为 10%。

　　甲公司的账务处理、税务处理如下：

① 2019 年 4 月 1 日：

会计处理。

借：投资性房地产——写字楼（成本）　　　47 000 000

　　贷：开发产品　　　　　　　　　　　　　45 000 000

　　　　其他综合收益　　　　　　　　　　　2 000 000

税务处理及纳税调整。

其他综合收益不影响当期利润，所以不需要进行纳税调整。投资性房地产计税基础为 4 500 万元。

② 2019 年 12 月 31 日，投资性房地产按照公允价值计量。

会计处理。

借：投资性房地产——写字楼（公允价值变动）　　1 500 000

　　贷：公允价值变动损益　　　　　　　　　　　1 500 000

税务处理及纳税调整。

计算应纳税所得额时，公允价值变动损益 150 万元应当进行纳税调减。同时，按税法规定该写字楼应当计提折旧，该折旧额应当进行纳税调减。

假定预计净残值率为 5%，预计折旧年限为 20 年，采用年限平均法计提折旧，则当年折旧额 =4 500×（1-5%）÷20÷12×9=160.312 5（万元）。

③ 2020 年出售该写字楼时：

会计处理。

借：银行存款　　　　　　　　　55 000 000

　　贷：其他业务收入　　　　　　　　　　　50 000 000

　　　　应交税费——应交增值税（销项税额）　5 000 000

借：其他业务成本　　　　　　　48 500 000

　　贷：投资性房地产——写字楼（成本）　　　47 000 000

　　　　　　　　　　　——写字楼（公允价值变动）　1 500 000

同时，将投资性房地产累计公允价值变动转入其他业务成本。

借：公允价值变动损益　　　　　　1 500 000

　　贷：其他业务成本　　　　　　　　　　　　1 500 000

将转换时原计入其他综合收益的部分转入其他业务成本。

借：其他综合收益　　　　　　　　2 000 000

　　贷：其他业务成本　　　　　　　　　　　　2 000 000

税务处理及纳税调整。

2020 年应调减折旧额 =4 500×（1-5%）÷20÷12×6=106.875（万元）。

资产转让时，允许扣除的计税基础 = 4 500−160.312 5−106.875= 4 232.812 5（万元）。

资产转让所得 = 转让收入 − 计税基础 =5 000−4 232.812 5=767.187 5 （万元）。

会计利润 =5 000−4 850−150+150+200=350（万元）。

应调增应纳税所得额 =767.187 5−350=417.187 5（万元）。

3. 自用土地使用权或建筑物转换为公允价值模式计量的投资性房地产

（1）会计处理。企业将自用房地产转换为采用公允价值模式计量的投资性房地产时，应当按该项土地使用权或建筑物在转换日的公允价值，借记"投资性房地产——成本"科目，按已计提的累计摊销或累计折旧，借记"累计摊销"或"累计折旧"科目，原已计提减值准备的，借记"无形资产减值准备"或"固定资产减值准备"科目，按其账面余额，贷记"固定资产"或"无形资产"科目。同时，转换日的公允价值小于账面价值的，按其差额，借记"公允价值变动损益"科目；转换日的公允价值大于账面价值的，按其差额，贷记"其他综合收益"科目。待处置该项投资性房地产时，因转换计入公允价值变动损益或其他综合收益的部分应转入当期的其他业务成本，借记"其他业务成本"科目，贷记"公允价值变动损益"科目，或者借记"其他综合收益"科目，贷记"其他业务成本"科目。

（2）税务处理。自用土地使用权或建筑物转换为采用公允价值模式计量的投资性房地产的税务处理，与开发产品转换为投资性房地产处理基本一致。

第四节　投资性房地产处置的会计处理与税务处理差异分析及纳税调整

一、会计处理

根据《企业会计准则第 3 号——投资性房地产》，当投资性房地产被处置，或者永久退出使用且预计不能从其处置中取得经济利益时，应当终止确认该项投资性房地产。企业出售、转让、报废投资性房地产或者发生投资性房地产毁损，应当将处置收入扣除其账面价值和相关税费后的金额计入当期损益。

（一）成本模式计量的会计处理

在采用成本模式计量的情况下，处置投资性房地产时，应当按实际收到的金额，借记"银行存款"等科目，贷记"其他业务收入"科目；按该项投资性房地产的累计折旧或累计摊销额，借记"投资性房地产累计折旧（或摊销）"科目，按已计提减值准备金额，借记"投资性房地产减值准备"科目，按该项投资性房地产的账面余额，贷记"投资性房地产"科目，按其差额，借记"其他业务成本"科目。

（二）公允价值模式计量的会计处理

在采用公允价值模式计量的情况下，处置投资性房地产时，应按实际收到的金额，借记"银行存款"等科目，贷记"其他业务收入"科目。按该项投资性房地产的账面余额，借记"其他业务成本"科目，贷记"投资性房地产——成本"科目，贷记或借记"投资性房地产——公允价值变动"科目。同时，按该项投资性房地产的公允价值变动，借记或贷记"公允价值变动损益"科目，贷记或借记"其他业务成本"科目。按该项投资性房地产在转换日计入其他综合收益的金额，借记"其他综合收益"科目，贷记"其他业务成本"科目。

二、税务处理与税会差异分析

依据《企业所得税法》第六条，企业出售、转让投资性房地产应当确认财产转让收入；根据《企业所得税法》第十六条，企业转让资产，该项资产的净值，准予在计算应纳税所得额时扣除。

需要注意的是，如果企业将投资性房地产用于抵偿债务或者换取其他资产，也应当视同转让，缴纳增值税和土地增值税。《关于继续实施企业改制重组有关土地增值税政策的通知》（财税〔2018〕57号）规定，单位、个人在改制重组时以房地产作价入股进行投资，对其将房地产转移、变更到被投资的企业，暂不征土地增值税。

《企业所得税法实施条例》第二十五条规定，企业发生非货币性资产交换，以及将货物、财产、劳务用于捐赠、偿债、赞助、集资、广告、样品、职工福利或者利润分配等用途的，应当视同销售货物、转让财产或者提供劳务，但国务院财政、税务主管部门另有规定的除外。

【例4-5】甲公司自建一座仓库，于2018年12月26日达到预定可使用状态，并于当天对外签订出租合同，租期3年，自2019年1月1日至2021

年12月31日，租金按月收取，每月11万元。该仓库建造成本为3 000万元，预计净残值率为10%，预计使用年限为20年。2019年12月31日该仓库的公允价值为3 600万元。甲公司采用公允价值模式核算投资性房地产，企业所得税税率为25%。

（1）2018年12月26日，仓库达到预计可使用状态：

会计处理。

借：投资性房地产——成本　　　　　30 000 000
　　贷：在建工程　　　　　　　　　　　　　30 000 000

（2）2019年1月收取租金：

会计处理。

借：银行存款　　　　　　　　　　　110 000
　　贷：其他业务收入　　　　　　　　　　　100 000
　　　　应交税费——应交增值税（销项税额）　10 000

税务处理与会计处理一致，不需要进行纳税调整，以后各月收取租金收入的业务处理同上。

（3）2019年12月31日该仓库公允价值为3 600万元：

会计处理。

借：投资性房地产——公允价值变动　6 000 000
　　贷：公允价值变动损益　　　　　　　　　6 000 000

税务处理及纳税调整。

会计上确认的公允价值变动损益600万元按税法规定本期不征税，应当进行纳税调减；2019年税法折旧=3 000×（1−10%）÷20=135（万元），该折旧允许税前扣除，本年度应调减。因此，计算2019年度应纳税所得额时应当调减600+135=735（万元）。

2019年末，该投资性房地产账面价值为3 600万元，而其计税基础=3 000−135=2 865（万元），形成应纳税暂时性差异=3 600−2 865=735（万元），因此确认递延所得税负债=735×25%=183.75（万元）。

借：所得税费用——递延所得税费用　1 837 500
　　贷：递延所得税负债　　　　　　　　　　1 837 500

若2019年甲公司的利润总额为5 000万元，不考虑其他纳税调整因素，则应纳所得税额=（5 000−735）×25%=1 066.25（万元）。

借：所得税费用——当期所得税费用　10 662 500
　　贷：应交税费——应交所得税　　　　　　10 662 500

所得税费用合计 =183.75+1 066.25=1 250（万元）。

（4）2020 年 4 月，甲公司将仓库收回并对外转让，转让价为 5 000 万元，增值税额为 450 万元，假定不考虑城市维护建设税、教育费附加、土地增值税。

会计处理。

借：银行存款　　　　　　　　　　54 500 000
　　贷：其他业务收入　　　　　　　　　　50 000 000
　　　　应交税费——应交增值税（销项税额）　4 500 000
借：其他业务成本　　　　　　　　　36 000 000
　　贷：投资性房地产——成本　　　　　　　30 000 000
　　　　　　　　——公允价值变动　　　　　 6 000 000
借：公允价值变动损益　　　　　　　 6 000 000
　　贷：其他业务成本　　　　　　　　　　 6 000 000

税务处理及纳税调整。

2020 年税法折旧：3 000×（1-10%）÷20÷12×4=45（万元）。

该仓库转让时，其账面价值为 3 600 万元，其计税基础净值 =3 000-135-45=2 820（万元），差额 780 万元应作为财产转让所得。

2020 年度所得税申报时，应调增应纳税所得额 780 万元，同时调减税法折旧 45 万元，累计调增 735 万元，全部递延所得税负债在本期全部转回。

借：递延所得税负债　　　　　　　 1 837 500
　　贷：所得税费用　　　　　　　　　　　 1 837 500

假定甲公司 2020 年度会计利润为 6 000 万元，无其他纳税调整项目，则 2020 年应交所得税 =（6 000+735）×25%=1683.75（万元）。

借：所得税费用——当期所得税费用　16 837 500
　　贷：应交税费——应交所得税　　　　　 16 837 500

所得税费用合计 =1 683.75-183.75=1 500（万元）。

第五章　固定资产的会计处理与税务处理差异分析及纳税调整

对于大多数企业来说，固定资产都是企业最重要的资产，固定资产占企业资产总量的比重较大，固定资产的数量和使用情况直接决定企业的生产能力，为此中华人民共和国财政部制定了《企业会计准则第4号——固定资产》，用于规范固定资产的确认、计量和相关信息的披露。同时，税法对固定资产的相关问题也出台了相关规定，由于会计与税法的目的不完全一致，两者在固定资产确认、计量和相关信息的披露等方面都存在一定的差异。

第一节　固定资产确认、初始计量的会计处理与税务处理差异分析及纳税调整

一、固定资产的确认

（一）会计处理

根据《企业会计准则第4号——固定资产》，固定资产是指同时具有下列特征的有形资产：①为生产商品、提供劳务、出租或经营管理而持有的；②使用寿命超过一个会计年度。使用寿命是指企业使用固定资产的预计期间，或者该固定资产所能生产产品或提供劳务的数量。固定资产同时满足下列条件的，才能予以确认：①与该固定资产有关的经济利益很可能流入企业；②该固定资产的成本能够可靠地计量。固定资产的各组成部分具有不同使用寿命或者以不同方式为企业提供经济利益，适用不同折旧率或折旧方法的，应当分别将各组成部分确认为单项固定资产。

（二）税务处理与税会差异分析

根据《企业所得税法实施条例》第五十七条，固定资产是指企业为生产产品、提供劳务、出租或者经营管理而持有的、使用时间超过12个月的非货币性资产，包括房屋、建筑物、机器、机械、运输工具以及其他与生

产经营活动有关的设备、器具、工具等。从上面的论述可以看出在固定资产初始确认时，会计准则与税法的规定基本一致，两者均强调了固定资产的使用寿命和持有固定资产的目的。唯一的差别在于税法中将用于出租的房屋建筑物认定为固定资产，而会计准则中则将出租的房屋建筑物确认为投资性房地产，投资性房地产在进行后续计量时有两种计量模式，即成本模式和公允价值模式，若采用成本模式计量，则与固定资产一致，但若采用公允价值模式计量，则会产生税会差异。

根据《财政部 国家税务总局关于完善固定资产加速折旧企业所得税政策的通知》（财税〔2014〕75号），对生物药品制造业，专用设备制造业，铁路、船舶、航空航天和其他运输设备制造业，计算机、通信和其他电子设备制造业，仪器仪表制造业，信息传输、软件和信息技术服务业等6个行业的企业2014年1月1日后新购进的固定资产，可缩短折旧年限或采取加速折旧的方法。对上述6个企业的小型微利企业2014年1月1日后新购进的研发和生产经营共用的仪器、设备，单位价值不超过100万元的，允许一次性计入当期成本费用在计算应纳税所得额时扣除，不再分年度计算折旧；单位价值超过100万元的，可缩短折旧年限或采取加速折旧的方法；对所有行业企业持有的单位价值不超过5 000元的固定资产，允许一次性计入当期成本费用在计算应纳税所得额时扣除，不再分年度计算折旧。依据上述规定，当企业购进单位价值不超过100万元专门用于研发的仪器和设备时，可将其作为当期成本费用在计算应纳税所得额时一次性扣除，不作为固定资产核算；当企业持有单位价值不超过5 000元的固定资产时，允许将其一次性计入当期成本费用在计算应纳税所得额时税前扣除。此时，税法的规定与会计准则会产生差异。

二、固定资产的初始计量

根据《企业会计准则第4号——固定资产》，固定资产应当按照成本进行初始计量，与税法规定的计税基础基本一致。但用不同方式取得的固定资产初始计量的税务处理与会计处理还是有差异的，下面进行分别论述。

（一）会计处理

（1）外购固定资产的成本主要包括购买价款、进口关税和其他税费以及使固定资产达到预定可使用状态前所发生的可归属于该项资产的场地整理费、运输费、装卸费、安装费和专业人员服务费等。以一笔款项购入多项没有单独标价的固定资产，应当按照各项固定资产公允价值比例对总成本进行分配，分别确定各项固定资产的成本。企业购买固定资产超出正常信用期限，实质上具有融资性质时，会计依据实质重于形式原则，以购买价款的现值为基础确定固定资产的成本，长期应付款与其现值之间的差额作为未确认融资费用。

（2）自行建造固定资产的成本由建造该项资产达到预定可使用状态前所发生的必要支出构成，用于建造符合资本化条件的固定资产在资本化期间内发生的借款费用计入固定资产成本；投资者投入固定资产的成本应当按照投资合同或协议约定的价值确定，但合同或协议约定价值不公允的除外。

（3）融资租入的固定资产，承租人应当将租赁开始日租赁资产公允价值与最低租赁付款额现值两者中较低者作为租入资产的入账价值，将最低租赁付款额作为长期应付款的入账价值，其差额作为未确认融资费用。

另外，在确定固定资产成本时，还应当考虑弃置费用因素。

（二）税务处理

根据《企业所得税法实施条例》，固定资产按照以下方法确定计税基础：

（1）外购的固定资产，以购买价款和支付的相关税费以及直接归属于使该资产达到预定用途发生的其他支出为计税基础。

（2）自行建造的固定资产，以竣工结算前发生的支出为计税基础。

（3）融资租入的固定资产，以租赁合同约定的付款总额和承租人在签订租赁合同过程中发生的相关费用为计税基础，租赁合同未约定付款总额的，以该资产的公允价值和承租人在签订租赁合同过程中发生的相关费用为计税基础。

（4）盘盈的固定资产，以同类固定资产的重置完全价值为计税基础。

（5）通过捐赠、投资、非货币性资产交换、债务重组等方式取得的固定资产，以该资产的公允价值和支付的相关税费为计税基础。

（6）改建的固定资产，除企业所得税法第十三条第（一）项和第（二）项规定的支出外，以改建过程中发生的改建支出增加计税基础。

关于固定资产投入使用后计税基础确定问题在《国家税务总局关于贯彻落实企业所得税法若干税收问题的通知》（国税函〔2010〕79号）中有明确规定，即企业固定资产投入使用后，由于工程款项尚未结清未取得全额发票的，可暂按合同规定的金额计入固定资产计税基础计提折旧，待发票取得后进行调整。但该项调整应在固定资产投入使用后12个月内进行。

（三）税会差异分析

1. 外购固定资产

外购的固定资产按照历史成本进行初始计量，通常情况下，会计确认的固定资产的入账价值与税法规定的计税基础是一致的。但是，如果企业购买固定资产超出正常信用期限，实质上具有融资性质时，会计依据实质重于形式原则，以购买价款的现值为基础确定固定资产的成本，长期应付款与其现值之间的差额作为未确认融资费用。税法规定外购固定资产以购买价款和支付的相关税费以及直接归属于使该资产达到预定用途发生的其他支出为计税基础。在这种情况下，税务处理与会计处理会产生差异。

【例 5-1】兴旺股份有限公司 2018 年 12 月 31 日从 A 公司购入一台不需安装的机器设备作为固定资产，该机器设备已收到并交付生产车间使用。购货合同约定：该机器设备的总价款为 2 000 万元（不含增值税），分 3 年支付，2019 年 12 月 31 日支付 1 000 万元，2020 年 12 月 31 日支付 600 万元，2021 年 12 月 31 日支付 400 万元。该机器设备的预计使用年限为 10 年，预计净残值为 20 万元，该公司采用平均年限法计提折旧，与税法规定的折旧方法一致。假定该公司采用的折现率为 6%，增值税税率为 13%。

已知复利现值系数：$(P/F, 6\%, 1) = 0.943\,4$；$(P/F, 6\%, 2) = 0.890\,0$；$(P/F, 6\%, 3) = 0.839\,6$。

（1）兴旺股份有限公司的会计处理。

① 2018 年 12 月 31 日购入机器设备时：

固定资产入账价值 $= 1\,000 \times 0.943\,4 + 600 \times 0.890\,0 + 400 \times 0.839\,6 = 1\,813.24$（万元）。

长期应付款入账价值 $= 2\,000$ 万元。

未确认融资费用 $= 2\,000 - 1\,813.24 = 186.76$（万元）。

借：固定资产	18 132 400	
未确认融资费用	1 867 600	
应交税费——待认证进项税额	2 600 000	
贷：长期应付款		20 000 000
银行存款		2 600 000

② 增值税发票通过认证后：

借：应交税费——应交增值税（进项税额）	2 600 000	
贷：应交税费——待认证进项税额		2 600 000

③分期付款、分摊未确认融资费用。

2019 年 12 月 31 日：

未确认融资费用摊销 =（2 000-186.76）×6%=108.794 4（万元）。

借：财务费用　　　　　　　　　　1 087 944

　　贷：未确认融资费用　　　　　　　　　1 087 944

借：长期应付款　　　　　　　　　10 000 000

　　贷：银行存款　　　　　　　　　　　　10 000 000

计提折旧：年折旧额 =（1 813.24-20）÷10=179.324（万元）。

月折旧额 =179.324÷12 ≈ 14.943 667（万元）。

该公司自 2019 年 1 月起，每月计提折旧，共计 10 年，其会计处理如下。

借：制造费用　　　　　　　　　　149 436.67

　　贷：累计折旧　　　　　　　　　　　　149 436.67

2020 年 12 月 31 日：

未确认融资费用摊销 =[（2 000-1 000）-（186.76-108.794 4）]×6%=55.322 064（万元）。

借：财务费用　　　　　　　　　　553 220.64

　　贷：未确认融资费用　　　　　　　　　553 220.64

借：长期应付款　　　　　　　　　6 000 000

　　贷：银行存款　　　　　　　　　　　　6 000 000

2021 年 12 月 31 日：

未确认融资费用摊销 =186.76-108.794 4-55.322 064=22.643 536（万元）。

借：财务费用　　　　　　　　　　226 435.36

　　贷：未确认融资费用　　　　　　　　　226 435.36

借：长期应付款　　　　　　　　　4 000 000

　　贷：银行存款　　　　　　　　　　　　4 000 000

（2）税务处理与税会差异分析。该项固定资产的计税基础应当为 2 000 万元，每年可税前扣除的折旧金额 =（2 000-20）÷10=198（万元）。这与会计上计提的折旧相比，每年会产生 18.676 万元（198-179.324）的暂时性差异，在计算应纳税所得额时应进行调减处理，每年调减 18.676 万元。

从 2019 年开始，会计上将未确认融资费用在未来的 3 年内进行分摊，计入各年的财务费用，此项费用在计算应纳税所得额时不得税前扣除，所以应按照每年分摊的融资费用金额进行纳税调整处理，2019 年调增 108.794 4 万元，2020 年调增 55.322 064 万元，2021 年调增 22.643 536 万元。

在该项固定资产的使用寿命期间，税法规定可以税前扣除的金额为 1 980 万元（2 000-20），会计计提折旧总额为 1 793.24 万元（1 813.24-20），会计确认的财务费用为 186.76 万元，两者之和刚好等于税法规定的可以税前扣除的金额。

由此可见，采用分期付款方式购入固定资产时，会计确认的入账价值与税法规定的计税基础之间的差异，在固定资产使用寿命期间通过计提折旧和确认融资费用两项进行纳税调整。从整个固定资产使用寿命期间来看，税务处理与会计处理结果是没有差异的。

2. 自行建造的固定资产

根据会计准则，自行建造固定资产的成本，由建造该项资产达到预定可使用状态前所发生的必要支出构成；税法规定自行建造的固定资产以竣工结算前发生的支出为计税基础。税法规定与会计准则存在差异，具体情况如下：

（1）会计根据实质重于形式原则，将固定资产"达到预计可使用状态"作为固定资产完工的标志，将固定资产成本由"在建工程"转入"固定资产"，并按规定计提折旧。对于已经投入使用但尚未办理决算手续或者尚未取得全部发票的固定资产应先将其转入固定资产，并且计提折旧，待办理竣工决算手续后，如果存在差异再进行调整，但无须调整原已计提的折旧额。税法中以"办理竣工决算手续"作为完工标志，这与会计准则规定的"达到预计可使用状态"有时会不一致，虽然税法也规定企业固定资产投入使用后，由于工程款项尚未结清未取得全额发票的，可暂按合同规定的金额计入固定资产计税基础计提折旧，待发票取得后进行调整。但它规定了明确的调整期限，即调整应在固定资产投入使用后 12 个月内进行，而且调整内容包括固定资产原值和已计提折旧两项内容，这与会计准则的规定是存在差异的。

（2）根据会计准则，企业自行建造固定资产时，在固定资产达到预计可使用状态前发生的试运行收入应当冲减在建工程成本，而税法要求将试运行的收入作为当期的应税收入。因此，当自行建造固定资产过程中产生试运行收入时，由于税法规定与会计准则不一致，则必然会导致固定资产的入账价值与其计税基础存在差异。

（3）建造固定资产过程中发生的借款费用符合资本化条件的，应当计入固定资产成本，在这一点上税法与会计准则的规定是一致的。但是，税法与会计准则规定的资本化期间和资本化金额并不一致。根据会计准则，借款费用停止资本化的时间为"固定资产达到预计可使用状态前"，而税法规定停止资本化的时间为"固定资产竣工决算前"，两者在时间上可能会不同。同时，会计上符合资本化条件的借款费用在资本化期间内均可以资本化，但税法规定非金融企业向非金融企业借款的利息支出超过按照金融企业同期同类贷款利率计算的数额部分不得在税前扣除。因此，当借款费用中包括企业向非金融企业借款且利息超出按照金融企业同期同类贷款利率计算的数额时，税法规定超出的部分不能资本化，不能税前扣除，而会计上则可以资本化，按税法确定的计税基础与会计确认的固定资产入账价值会产生差异，计算所得税时需要进行纳税调整。

3. 存在弃置费用的固定资产

对于存在弃置费用的固定资产，确定固定资产成本时，应当考虑弃置费用因素。弃置费用通常是指根据国家法律和行政法规、国际公约等规定，企业承担的环境保护和生态恢复等义务所确定的支出，如核电站核设施和石油开采设施等的弃置和恢复环境义务等。一般固定资产的清理费用不属于弃置费用。根据企业会计准则，预计弃置费用应当按照现值计入固定资产成本。依据税法规定，预计弃置费用不能进行确认，即固定资产的计税基础中不包括预计弃置费用。因此，对于存在弃置费用的固定资产，其会计的入账价值与税法规定的计税基础会存在差异。

《企业所得税法实施条例》第四十五条规定，企业依照法律、行政法规有关规定提取的用于环境保护、生态恢复等方面的专项资金，准予扣除。上述专项资金提取后改变用途的，不得扣除。由此可见，税法与会计准则的实质是一致的，只是处理的方式有所不同，会计准则要求将弃置费用计入固定资产成本，通过计提折旧的形式得到补偿，税法则是通过提取准备金的形式在税前扣除。若企业未提取专项准备金，则会计计提折旧额会大于税法规定允许税前扣除的折旧额，从而产生税会差异，需要进行纳税调整，当实际发生弃置费用时可以税前扣除，还需要再进行纳税调整。

【例5-2】华能股份有限公司经国家批准开发建设一座矿井，该矿井预计开采10年。根据有关法律法规，矿井报废时，华能公司负有矿井回填和恢复周围植被等义务。该矿井于2018年12月底完成，达到预计可开采状态，该矿井的建造成本为6 000万元，预计弃置费用为200万元。该矿井预计净残值为0，采用平均年限法计提折旧，与税法规定一致。假设折现率为10%。华能股份有限公司关于此项业务的处理如下。

（1）计算该矿井的成本。

2018年12月弃置费用的现值 $=200 \times (P/F, 10\%, 10) = 200 \times 0.3855 = 77.1$（万元）。

该矿井的成本 $=6\ 000 + 77.1 = 6\ 077.1$（万元）。

借：固定资产   60 771 000

  贷：在建工程   60 000 000

    预计负债   771 000

该项固定资产的账面原值为6 077.1万元，其计税基础为6 000万元，两者之间会产生应纳税暂时性差异77.1万元，该项差异在未来的10年中通过固定资产折旧进行纳税调整，累计调增应纳税所得额77.1万元。

（2）2019年末计算第一年应负担的利息费用。

2019年应确认的利息费用 $=77.1 \times 10\% = 7.71$（万元）。

借：财务费用   77 100

  贷：预计负债   77 100

因此2019年会计上确认财务费用7.71万元，但按税法规定此项费用是不存在的，不能税前扣除，所以计算应纳税所得额时应调增7.71万元。

（3）2020年末计算第二年应负担的利息费用。

2020年应负担的利息费用 $=(77.1 + 7.71) \times 10\% = 8.481$（万元）。

借：财务费用   84 810

  贷：预计负债   84 810

因此2020年会计上确认财务费用8.481万元，但按税法规定此项费用是不存在的，不能税前扣除，所以计算应纳税所得额时应调增8.481万元。

2021年至2028年，各年财务费用的确认及其应纳税所得额的调整方法同上。8年中累计调增应纳税所得额106.709万元。

（4）该项固定资产报废时，如果发生弃置费用210万元，其会计处理如下。

借：固定资产清理   100 000

  预计负债   2 000 000

  贷：银行存款   2 100 000

在该项固定资产报废年度计算应纳税所得额时，应调减应纳税所得额200万元，此时该项固定资产因弃置费用产生的应纳税所得额全部转回。

4. 融资租入的固定资产

（1）会计处理。对于融资租入的固定资产，承租人虽然没有取得资产的所有权，但其主要的风险和报酬已经转移给承租人，承租人拥有租入资产的控制权，按照实质重于形式的原则，承租人应将该项固定资产作为自有资产进行核算。融资租入固定资产的入账价值按租赁开始日租赁资产的公允价值与最低租赁付款额的现值两者中的较低者来确定，最低租赁付款额是指在租赁期内，承租企业应支付或可能被要求支付的各种款项（不包括或有租金和履约成本），加上由承租企业或与其有关的第三方担保的资产余值。最低租赁付款额确认为一项负债，通过"长期应付款"科目进行核算，固定资产的入账价值与最低租赁付款额之间的差额，按我国会计准则的规定作为未确认融资费用核算，并在租赁期内按合理的方法分期摊销，计入各期财务费用。在租赁期内，承租人应当对融资租入的固定资产计提折旧，承租期结束时，若承租人取得了固定资产的所有权，则应将其从融资租入固定资产转为自有固定资产，以反映固定资产所有权的转移。

（2）税务处理与税会差异分析。根据《企业所得税法实施条例》第五十八条，融资租入的固定资产，以租赁合同约定的付款总额和承租人在签订租赁合同过程中发生的相关费用为计税基础，租赁合同未约定付款总额的，以该资产的公允价值和承租人在签订租赁合同过程中发生的相关费用为计税基础。若租赁合同约定了付款总额，则融资租入的固定资产的入账价值与其计税基础可能会产生差异。会计准则与税法规定的不同会使融资租入的固定资产的账面价值与计税基础产生差异，但是对于融资租入固定资产计税基础与账面价值的差额，因其并非产生于企业合并，同时在取得资产时既不影响会计利润也不影响应纳税所得额，如果确认相应的所得税影响，直接结果是减记资产的初始确认金额，所以不应确认相关的递延所得税资产。如果租赁合同未约定付款总额，应根据固定资产的公允价值和承租人在签订租赁合同过程中发生的相关费用作为固定资产的入账价值，此时税务处理与会计处理是一致的。

5. 盘盈的固定资产

（1）会计处理。对于盘盈的固定资产应当以其重置成本确认固定资产的入账价值，借记"固定资产"科目，贷记"以前年度损益调整"科目，固定资产盘盈利得调整企业的留存收益。

（2）税务处理与税会差异分析。根据《企业所得税法实施条例》第五十八条，盘盈的固定资产，以同类固定资产的重置完全价值为计税基础。根据该条例第二十二条，资产溢余收入属于其他收入，应当计入资产盘盈年度的应税收入。所以，在固定资产盘盈的年度计算应纳税所得额时，应当调增应纳税所得额。

【例5-3】2018年末，甲股份有限公司在固定资产清查中，发现一台设备没有在账簿中记录。该设备当前市场价格是90 000元，根据其新旧程度估计价值损耗是40 000元。该公司的所得税税率为25%。甲股份有限公司关于此项业务的会计处理如下。

（1）盘盈的设备入账价值为50 000元，登记入账。

借：固定资产　　　　　　　　　　　　　50 000

　　贷：以前年度损益调整　　　　　　　　　　　　　50 000

（2）报经批处理后，盘盈得利转入留存收益。

借：以前年度损益调整　　　　　　　　　50 000

　　贷：利润分配——未分配利润　　　　　　　　　　50 000

计算2018年度应纳税所得额时应调增50 000元。

第二节　固定资产折旧的会计处理与税务处理差异分析及纳税调整

固定资产折旧是指在固定资产使用寿命内，按照确定的方法对应计提折旧额进行系统分摊。固定资产折旧的过程实际上是一个持续的成本分配过程。折旧就是企业采用合理而系统的分配方法将固定资产的取得成本在固定资产的预计使用年限内进行合理分配，使之与各期的收入相配比，以便正确确认企业各期的损益。由于《企业会计准则》和《企业所得税法》对固定资产折旧规定的不同，常常使固定资产的账面价值与其计税基础产生差异。

一、固定资产的折旧范围

（一）会计处理

《企业会计准则第4号——固定资产》规定，企业应对所有固定资产计提折旧。但是，已提足折旧仍继续使用的固定资产和单独计价入账的土地除外。对于已经投入使用但尚未办理决算手续或者尚未取得全部发票的固定资产应先将其转入固定资产，并且计提折旧，待办理竣工决算手续后，如果存在差异再进行调整，但无须调整原已计提的折旧额。

（二）税务处理

根据《企业所得税法》第十一条，在计算应纳税所得额时，企业按照规定计算的固定资产折旧，准予扣除。下列固定资产不得计算折旧扣除：

（1）房屋、建筑物以外未投入使用的固定资产。

（2）以经营租赁方式租入的固定资产。

（3）以融资租赁方式租出的固定资产。

（4）已足额提取折旧仍继续使用的固定资产。

（5）与经营活动无关的固定资产。

（6）单独估价作为固定资产入账的土地。

（7）其他不得计算折旧扣除的固定资产。

（三）税会差异分析

将会计准则与税法对比就会发现，税法规定的"已提足折旧继续使用的固定资产"和"单独估价入账的土地"不计提折旧，此规定与会计准则一致。以经营租赁方式租入的固定资产不属于承租方的资产，所以计不提折旧，以融资租赁方式租出的固定资产视同承租方的资产，出租方不计提折旧，这些规定与会计处理不存在差异。但税法规定"房屋、建筑物以外未投入使用的固定资产""与经营活动无关的固定资产"等计提的折旧在计算企业所得税时不得税前扣除。例如，某企业拥有一台尚未使用的机器设备，根据会计准则应当计提折旧，该类固定资产计提的折旧费通常计入当期的管理费用，减少当期的利润，但按税法规定其计提的折旧不允许在税前扣除，因此企业应调增当期的应纳税所得额。

二、固定资产折旧的起止时间

（一）会计处理

根据《企业会计准则第4号——固定资产》应用指南，固定资产应当按月计提折旧，当月增加的固定资产，当月不计提折旧，从下月起计提折旧；当月减少的固定资产，当月仍计提折旧，从下月起不计提折旧。固定资产提足折旧后，不论能否继续使用，均不再计提折旧；提前报废的固定资产，也不再补提折旧。提足折旧，是指已经提足该项固定资产的应计折旧额。应计折旧额，是指应当计提折旧的固定资产的原价扣除其预计净残值后的金额。已计提减值准备的固定资产，还应当扣除已计提的固定资产减值准备累计金额。

已达到预定可使用状态但尚未办理竣工决算的固定资产，应当按照估计价值确定其成本，并计提折旧；待办理竣工决算后，再按实际成本调整原来的暂估价值，但不需要调整原已计提的折旧额。

（二）税务处理

《企业所得税法实施条例》第五十九条规定，企业应当自固定资产投入使用月份的次月起计算折旧；停止使用的固定资产，应当自停止使用月份的次月起停止计算折旧。国税函〔2010〕79 号第五条规定，企业固定资产投入使用后，由于工程款项尚未结清未取得全额发票的，可暂按合同规定的金额计入固定资产计税基础计提折旧，待发票取得后进行调整，但该项调整应在固定资产投入使用后 12 个月内进行。

（三）税会差异分析

（1）开始计提折旧的时间：会计上强调的是"增加"，只要增加了固定资产，无论该固定资产是否投入使用，都要计提折旧；税务上强调的是"使用"，如果企业仅仅是"增加"了固定资产，而没有投入"使用"，其计提的折旧不得在税前扣除。

（2）停止计提折旧的时间：会计上强调的是"减少"，只有"减少"了固定资产，从次月才停止折旧；税务上强调的是"停止使用"，虽然企业的固定资产没有"减少"，但只要是"停止使用"了，在次月计提的折旧就不允许在税前扣除了。

（3）暂估折旧调整：会计上没有时间限制，并不需要调整原已经计提的折旧额；税务上强调在投入使用后 12 个月内进行调整，并且在发票取得后调整计税基础及其折旧额。

因此，会计处理与税务处理在固定资产折旧的开始时间、停止时间和暂估折旧调整上都存在差异，该差异在计算应纳税所得额时应当进行调整。

三、固定资产的折旧基数

（一）会计处理

根据会计准则，固定资产计提折旧的基数＝固定资产初始入账价值－预计净残值－固定资产减值准备。

其中，预计净残值是指假定固定资产预计使用寿命已满并处于使用寿命终了时的预期状态，企业目前从该项资产处置中获得的扣除预计处置费用后的金额。

（二）税务处理

固定资产税务折旧的基数＝固定资产计税基础－税法上预计净残值。

税法对预计净残值没有明确限制，只是强调"合理确定"。

（三）税会差异分析

如果固定资产初始入账价值和计税基础存在差异，那么必然会使固定资产折旧基数产生差异，从而导致以后各期固定资产折旧额产生差异。

会计折旧基数需要扣除固定资产减值准备，而税法不确认固定资产减值准备，所以只要固定资产计提了减值准备，必然会导致固定资产折旧基数产生差异。

预计净残值在会计上和税务上均未规定具体比例，通常情况下不会产生差异。

固定资产折旧基数存在差异必然造成固定资产折旧的税会差异，因此必须进行纳税调整。

四、固定资产折旧的计提方法

（一）会计处理

《企业会计准则第 4 号——固定资产》规定，企业应当根据与固定资产有关的经济利益的预期实现方式，合理选择固定资产折旧方法。可选用的折旧方法包括年限平均法、工作量法、双倍余额递减法和年数总和法等。固定资产的折旧方法一经确定，不得随意变更。

（二）税务处理

根据《企业所得税法实施条例》第五十九条，固定资产按照直线法计算的折旧，准予扣除。中华人民共和国财政部和国家税务总局近年来陆续发布了有关固定资产折旧问题的税务处理通知，对固定资产折旧方法与折旧年限等作出了相关规定。

根据《国家税务总局关于企业固定资产加速折旧所得税处理有关问题的通知》（国税发〔2009〕81 号），企业拥有并用于生产经营的主要或关键的固定资产，由于以下原因确需加速折旧的，可以缩短折旧年限或者采取加速折旧的方法：由于技术进步，产品更新换代较快的；常年处于强震动、高腐蚀状态的。

根据《财政部　国家税务总局关于进一步完善固定资产加速折旧企业所得税政策的通知》（财税〔2015〕106 号），对轻工、纺织、机械、汽车等四个领域重点行业的企业 2015 年 1 月 1 日后新购进的固定资产，可由企业选择缩短折旧年限或采取加速折旧的方法。可以采用双倍余额递减法或者年数总和法，加速折旧方法一经确定，一般不得变更。

根据国家税务总局公告 2018 年第 46 号《国家税务总局关于设备 器具扣除有关企业所得税政策执行问题的公告》，自 2018 年 1 月 1 日至 2020 年 12 月 31 日，将固定资产一次性税前扣除优惠政策范围由企业新购进的单位价值不超过 100 万元的研发仪器、设备扩大至企业新购进的单位价值不超过 500 万元的设备、器具。

根据《财政部 税务总局关于扩大固定资产加速折旧优惠政策适用范围的公告》，自 2019 年 1 月 1 日起，适用《财政部 国家税务总局关于完善固定资产加速折旧企业所得税政策的通知》（财税〔2014〕75 号）和《财政部 国家税务总局关于进一步完善固定资产加速折旧企业所得税政策的通知》（财税〔2015〕106 号）规定固定资产加速折旧优惠的行业范围，扩大至全部制造业领域。

（三）税会差异分析

依据税法规定，除了符合上述要求的固定资产可以采用加速折旧法计提折旧以外，其他固定资产只有按照直线法计算的折旧准予税前扣除。而会计计提固定资产折旧时，企业可选用的折旧方法包括年限平均法、工作量法、双倍余额递减法和年数总和法等。这就使企业部分固定资产的会计处理与税务处理产生差异，企业在计算所得税时必须进行纳税调整。

另外，对于符合税法规定的仪器、设备等，依据税法可以一次性计入当期成本费用在计算应纳税所得额时扣除，不再分年度计算折旧。而会计考虑收入与费用配比，固定资产成本应在其预计使用寿命期间采用系统合理的方法进行分配，因此税务处理与会计处理必然会产生差异，在固定资产使用寿命期间计算应纳税所得额时应进行纳税调整。

【例 5-4】乙公司 2017 年 12 月 1 日购入一台管理设备，原价为 100 万元，使用年限为 5 年，会计上采用双倍余额递减法计提折旧，净残值为 0（与税法净残值相同）。税法规定此类固定资产采用直线法计提的折旧可在税前扣除。

（1）乙公司的会计处理。

2018 年的折旧额 =100×40%=40 万元。

2019 年的折旧额 =（100-40）×40%=24（万元）。

2020 年的折旧额 =（100-40-24）×40%=14.4（万元）。

2021 年的折旧额 =（100-40-24-14.4）÷2=10.8（万元）。

2022 年的折旧额 =10.8（万元）。

（2）税务处理与税会差异分析。税法上允许扣除的折旧额各年均为 20 万元。2018 年由于该项固定资产折旧方法的不同将产生 20 万元的可抵扣暂时性差异，在计算 2018 年度应纳税所得额时应调增 20 万元；2019 年则产生 4 万元的可抵扣暂时性差异，在计算 2019 年度应纳税所得额时应调增 4 万元；2020 年则会转回可抵扣暂时性差异 5.6 万元，在计算 2020 年度应纳税所得额时应调减 5.6 万元；2021 年与 2022 年将分别转回可抵扣暂时性差异 9.2 万元，在计算应纳税所得额时应分别调减 9.2 万元。在固定资产使用寿命结束时，固定资产折旧产生的税会差异全部转回。

五、固定资产的折旧年限和预计净残值

（一）会计处理

《企业会计准则第 4 号——固定资产》规定，企业应当根据固定资产的性质和使用情况，合理确定固定资产的使用寿命和预计净残值。企业至少应当于每年年度终了，对固定资产的使用寿命、预计净残值和折旧方法进行复核。使用寿命预计数与原先估计数有差异的，应当调整固定资产使用寿命。预计净残值预计数与原先估计数有差异的，应当调整预计净残值。

（二）税务处理与税会差异分析

税法规定企业应当根据固定资产的性质和使用情况，合理确定固定资产的预计净残值。固定资产的预计净残值一经确定，不得变更。会计准则规定至少每年末应当对固定资产的预计净残值进行复核，如果预计净残值与原估计数有差异，应当调整预计净残值，此项变更应作为会计估计变更处理。由此可见，税法规定与会计准则存在差异。若会计上变更了预计净残值，则会影响固定资产的折旧额，导致税会产生差异，所以在计算应纳税所得额时应进行相应的调整。

会计准则规定，企业应当根据固定资产的性质和使用情况，合理确定固定资产的使用寿命。税法则对每一类固定资产的最低折旧年限作出了具体规定。例如，房屋、建筑物，为 20 年；飞机、火车、轮船、机器、机械和其他生产设备，为 10 年；与生产经营活动有关的器具、工具、家具等，为 5 年；飞机、火车、轮船以外的运输工具，为 4 年；电子设备，为 3 年。会计准则与税法规定的不同，很可能会使固定资产的会计处理与税务处理产生差异。例如，某企业 2017 年末新增一套生产设备，其原值是 120 万元，

假定预计无净残值，会计上折旧期限为5年，税法规定的折旧期限为10年，假定均采用直线法折旧，那么会计上每年折旧额为24万元，税法上每年折旧额为12万元，这样会产生可抵扣暂时性差异。

六、固定资产的折旧因素变更

（一）会计处理

《企业会计准则第4号——固定资产》规定，固定资产的使用寿命、预计净残值一经确定，不得随意变更。与固定资产有关的经济利益预期实现方式有重大改变的，应当改变固定资产折旧方法。固定资产使用寿命、预计净残值和折旧方法的改变应当作为会计估计变更。

（二）税务处理

《企业所得税法实施条例》第五十六条规定，企业持有各项资产期间资产增值或者减值，除国务院财政、税务主管部门规定可以确认损益外，不得调整该资产的计税基础。第五十九条规定，固定资产的预计净残值一经确定，不得变更。

（三）税会差异分析

会计上规定固定资产的使用寿命、预计净残值一经确定，不得随意变更。但是，又规定至少应当于每年年度终了，对固定资产的使用寿命、预计净残值和折旧方法进行复核，同时要进行减值测试。也就是说，会计上是可以调整折旧年限、预计净残值和折旧方法的，还可以计提减值准备。税务上除税法另有规定外，固定资产计税基础、折旧年限、预计净残值都是不得变更的。因为会计上对折旧因素进行调整，必然会产生税会差异，所以应进行纳税调整。

七、固定资产的折旧费用

固定资产的折旧费用应根据固定资产的受益对象分配计入有关的成本或费用中。企业按月计提固定资产折旧，借记"制造费用""管理费用""销售费用""其他业务成本"等科目，贷记"累计折旧"科目。

由于在固定资产的入账价值、预计使用寿命、预计净残值、折旧范围与折旧方法等方面，税法规定与会计准则存在差异，所以会计各期计提的折旧额与税法允许税前扣除的折旧额不同，根据会计折旧额与税法允许税前扣除的折旧额之间的差额，调整应纳税所得额。

需要注意的是，会计处理时将生产车间固定资产折旧计入制造费用，在期末时制造费用通常会转入"生产成本"，当产品完工时再转入"库存商品"，此时车间固定资产折旧额并不影响当期利润，只有当产品被销售出去时，将产品成本转入"主营业务成本"才会影响当期的会计利润。但进行纳税调整时，并不区分固定资产的用途，税法允许税前扣除的折旧额与会计折旧额的差额全部调整当期应纳税所得额。

第三节　固定资产后续支出、期末计价的会计处理与税务处理差异分析及纳税调整

一、固定资产的后续支出

（一）会计处理

企业与固定资产有关的后续支出，符合固定资产确认条件的应当计入固定资产成本，同时将被替换部分的账面价值扣除；与固定资产有关的修理费用等后续支出，不符合固定资产确认条件的，应当在发生时计入当期损益。

（二）税务处理

税法关于固定资产的后续支出有两种处理方式：一是将后续支出作为费用在计算应纳税所得额时一次性税前扣除；二是将固定资产大修理支出作为长期待摊费用，按照固定资产的尚可使用年限分期摊销。税法规定的固定资产的大修理支出是指同时符合下列条件的支出：①修理支出达到取得固定资产时的计税基础50%以上；②修理后固定资产的使用年限延长2年以上。不符合固定资产大修理支出条件的后续支出，作为费用在发生当期税前扣除。

（三）税会差异分析

对于固定资产修理支出是费用化还是资本化，税法与会计的判断标准不同，会导致税会差异。对于固定资产后续支出的处理，会计上注重后续支出带来的效果，并不注重后续支出的金额大小，若属于修理支出，则作为费用化的后续支出，直接计入当期损益；若属于改建、扩建、单元换新等，则作为资本化的后续支出，计入"在建工程"科目，达到预计可使用

状态时转入固定资产。税法规定大修理支出应计入"长期待摊费用"科目，其目的主要是加强对固定资产后续支出的监督与管理。但不论记入哪个科目，会计与税法都要求在该资产尚可使用期限内进行摊销或计提折旧，摊销期限一致，确认的金额相同。会计准则规定的固定资产后续支出处理方法与税法规定完全一致。

【例 5-5】某公司 2018 年 6 月初对某生产线进行大修理，该生产线的原价为 1 200 万元，该生产线预计使用寿命为 10 年，预计无残值，会计与税法上均采用直线法计提折旧，已使用 2 年。在大修理中发生各项支出总计100 万元，该生产线于 2018 年 12 月初大修理完成。大修理后生产线预计可延长使用寿命 2 年。

（1）会计处理。对于此项大修理业务，按照会计准则，符合固定资产的确认条件，可将其作为资本性支出，重新确认该生产线的入账价值和预计使用年限，将 100 万元的大修理费用计入固定资产的成本，按月计提折旧。

（2）税务处理。按照税法的规定，此项大修理支出不符合税法规定的大修理条件（修理支出未达到取得固定资产时计税基础的 50% 以上），不能作为长期待摊费用在固定资产尚可使用年限内进行摊销，只能在发生时计入当期损益。

（3）税会差异分析。对于此项生产线大修理业务，企业在计算 2018 年应纳税所得额时可以税前扣除该项修理支出，减少当期的应纳税所得额 100 万元；使固定资产的计税基础与其账面价值产生应纳税暂时性差异 100 万元，该差异在该生产线后续使用期间通过计提折旧的方式转回。

二、固定资产的期末计价

（一）会计处理

根据会计准则，企业应当在会计期末判断资产是否存在可能发生减值的迹象。当固定资产存在减值迹象时应当计算固定资产的可收回金额，固定资产的可收回金额低于其账面价值的，应当将资产的账面价值减记至可收回金额，减记的金额确认为资产减值损失，计入当期损益，同时计提相应的资产减值准备。资产减值损失一经确认，在以后会计期间不得转回。

（二）税务处理

税法规定企业的资产减值损失在实际发生时，准予在计算应纳税所得额时扣除，计提的资产减值准备在发生实质性损失前不允许税前扣除。这对于计提了减值准备的固定资产，必然会产生其账面价值与计税基础的差异。

（三）税会差异分析

固定资产计提减值准备，产生的税会差异可以分为两个方面：一方面，在计提减值准备当期，资产减值损失增加会减少当期会计利润，而税法规定减值准备不允许税前扣除，所以应调增应纳税所得额；另一方面，计提减值准备的固定资产的账面价值会小于其计税基础，产生可抵扣暂时性差异，直接影响以后各期的折旧额，导致固定资产折旧产生税会差异，需要在以后各期计算应纳税所得额时进行纳税调整。

【例 5-6】 某企业 2016 年末新增一套生产设备，原值为 10 万元，预计无残值，会计和税法上均采用直线法计提折旧，折旧年限为 10 年。2018 年末该项资产存在减值迹象，经过测试，其可收回金额为 6 万元。

按照会计准则，该项设备 2018 年末应计提减值准备 2 万元，其会计处理如下。借记"资产减值损失"科目，贷记"固定资产减值准备"科目。计提减值准备后该设备的账面价值为 6 万元。假定不考虑其他因素，在以后的 8 年里，该项固定资产每年应计提折旧额为 0.75 万元。

按税法的规定，该企业 2018 年末计提固定资产减值准备 2 万元不允许税前扣除，在计算 2018 年应纳税所得额时应当调增 2 万元。该生产设备的计税基础为 8 万元（10-2），会计上该设备的账面价值为 6 万元，这必然形成 2 万元的可抵扣暂时性差异。另外，在以后的 8 年里，该项固定资产每年按税法规定应计提折旧额为 1 万元，按会计准则计提折旧额为 0.75 万元，每年会转回可抵扣暂时性差异 0.25 万元，在以后的 8 年里，转回全部可抵扣暂时性差异。

第四节　固定资产处置的会计处理与税务处理差异分析及纳税调整

固定资产处置是指由于各种原因使企业固定资产需退出生产经营过程所做的处理活动，包括固定资产的出售、转让、报废、毁损、对外投资、非货币性资产交换、债务重组等。

一、会计处理

根据《企业会计准则第4号——固定资产》的规定，固定资产满足下列条件之一的，应当予以终止确认：①该固定资产处于处置状态；②该固定资产预期通过使用或处置不能产生经济利益。固定资产出售、报废或毁损等的会计处理如下。

（一）注销固定资产，将其账面价值转入固定资产清理的处理

企业应设置"固定资产清理"科目核算固定资产的处置损益。处置固定资产时，将其账面价值记入该科目借方；按注销的固定资产已计提的折旧和已计提的减值准备借记"累计折旧"和"固定资产减值准备"科目，按固定资产原值贷记"固定资产"科目。

（二）发生清理费用与税金的处理

处置固定资产时发生的清理费用，借记"固定资产清理"科目，贷记"银行存款"或"库存现金"等科目；如果处置固定资产需要缴纳土地增值税等，借记"固定资产清理"科目，贷记"应交税费——应交土地增值税"科目等。

（三）处置收入或变价收入的处理

取得的固定资产出售价款、残料、变价收入、保险及过失人赔款等项收入，借记"银行存款""原材料""其他应收款"等科目，贷记"固定资产清理"科目。如果按税法规定应缴纳增值税的，贷记"应交税费——应交增值税（销项税额）"或"应交税费——简易计税"科目。

（四）固定资产清理净损益的处理

固定资产清理净损益，依据固定资产处置方式的不同，分别适用不同的处理方法：

（1）因已丧失使用功能或因自然灾害发生毁损等而报废清理产生的利得或损失应计入营业外收支。属于生产经营期间正常报废清理产生的处理净损失，借记"营业外支出——处置非流动资产损失"科目，贷记"固定资产清理"科目；属于生产经营期间自然灾害等非正常原因造成的，借记"营业外支出"科目，贷记"固定资产清理"科目；如为净收益，借记"固定资产清理"科目，贷记"营业外收入"科目。

（2）因出售、转让等产生的固定资产处置利得或损失应计入资产处置损益。产生处置净损失的，借记"资产处置损益"科目，贷记"固定资产

清理"科目；如为净收益，借记"固定资产清理"科目，贷记"资产处置损益"科目。

二、税务处理

根据《企业资产损失所得税税前扣除管理办法》（国家税务总局公告〔2011〕25号），准予在企业所得税税前扣除的资产损失，是指企业在实际处置、转让上述资产过程中发生的合理损失，以及企业虽未实际处置、转让上述资产，但符合《财政部　国家税务总局关于企业资产损失税前扣除政策的通知》（财税〔2009〕57号）和本办法规定条件计算确认的损失。企业实际资产损失，应当在其实际发生且会计上已作损失处理的年度申报扣除；法定资产损失，应当在企业向主管税务机关提供证据资料证明该项资产已符合法定资产损失确认条件，且会计上已作损失处理的年度申报扣除。企业发生的资产损失应按规定的程序和要求向主管税务机关申报后方能在税前扣除。未经申报的损失，不得在税前扣除。

企业向税务机关申报扣除资产损失，仅需填报企业所得税年度纳税申报表《资产损失税前扣除及纳税调整明细表》，不再报送资产损失相关资料。相关资料由企业留存备查。企业应当完整保存资产损失相关资料，保证资料的真实性、合法性。

【例5-7】乙公司出售一台生产用机器设备（2016年6月1日购进），原价为100 000元，累计折旧为30 000元，已计提固定资产减值准备20 000元。该设备已转入清理。实际出售价格为40 000元，增值税税率为13%，款项收到，存入银行。已知该设备按税法规定已计提折旧32 000元。

（1）会计处理。

①固定资产转入清理。

借：固定资产清理	50 000	
累计折旧	30 000	
固定资产减值准备	20 000	
贷：固定资产		100 000

②收到出售价款和税款。

借：银行存款	45 200	
贷：固定资产清理		40 000
应交税费——应交增值税（销项税额）		5 200

③结转处置净损益。

借：资产处置损益　　　　　　　　　　　10 000

　　贷：固定资产清理　　　　　　　　　　　　　10 000

（2）税务处理与税会差异分析。按税法规定，该设备处置的净损失为 28 000 元（100 000−40 000−32 000），计算应纳税所得额时，应当调减 18 000 元（28 000−10 000），并填制报表《资产损失税前扣除及纳税调整明细表》。

第六章 无形资产的会计处理与税务处理差异分析及纳税调整

无形资产是企业资产的重要组成部分，为了规范无形资产的确认、计量和相关信息的披露，中华人民共和国财政部制定了《企业会计准则第6号——无形资产》。税法也对无形资产作出了相关的规定，但由于两者的出发点不同，会计准则与税法存在一定的差异，下面对这些差异进行具体分析。

第一节 无形资产确认、初始计量的会计处理与税务处理差异分析及纳税调整

一、无形资产的确认

（一）会计处理

根据《企业会计准则第6号——无形资产》，无形资产是指企业拥有或者控制的没有实物形态的可辨认非货币性资产。无形资产作为一项资产，它由企业拥有或者控制并能为其带来未来经济利益，具有资产的基本特征；它不具有实物形态，与固定资产、存货等有形资产相区别；它在持有过程中为企业带来未来经济利益的情况不确定，不属于以固定或可确定的金额收取的资产，属于非货币性资产，与货币资金、应收票据和应收账款等货币性资产相区别；无形资产具有可辨认性，它必须能够区别于其他资产，可以单独辨认，如企业特有的专利权、非专利技术、商标权、土地使用权、特许权等。商誉通常是与企业整体价值联系在一起的，它无法与企业自身相分离，不具有可辨认性，不属于无形资产。

（二）税法处理

《企业所得税法实施条例》第六十五条规定，无形资产是指企业为生产产品、提供劳务、出租或者经营管理而持有的、没有实物形态的非货币性长期资产，包括专利权、商标权、著作权、土地使用权、非专利技术、商誉等。

（三）税会差异分析

在无形资产确认方面，会计与税法的差异主要体现在以下几方面：

（1）会计准则强调无形资产应当具有可辨认性，不具有可辨认性的资产不属于无形资产，商誉不具有可辨认性，所以不属于无形资产；税法不要求无形资产具有可辨认性，所以税法中的无形资产包括商誉。

（2）土地使用权。根据企业会计准则，土地使用权的核算有以下几种情形：

①通常情况下，土地使用权可作为"无形资产"加以确认和计量。

②如果企业持有的土地使用权用于出租或准备增值后转让的，则应作为投资性房地产核算。

③企业购买房屋、建筑物时获得的土地使用权，如果支付的价款能够按照合理的方法在土地使用权和地上建筑物之间进行分配，应分别确认为无形资产和固定资产；如果确实无法在土地使用权和地上建筑物之间进行分配的，应当全部作为固定资产处理。

④房地产开发企业取得的土地使用权用于建造对外出售的房屋、建筑物，相关的土地使用权应当计入所建造的房屋建筑物成本，不作为无形资产核算。

在税法中没有投资性房地产的概念，土地使用权一般被确认为无形资产。

（3）计算机软件。对于计算机软件应根据其重要性来确定是否将其确认为无形资产。税法主要以计算机软件是否单独计价为依据，凡是与计算机硬件一起购入的计算机应用软件应计入固定资产价值，单独购入的计算机软件要作为无形资产管理。

二、无形资产的初始计量

（一）会计处理

无形资产应当在符合定义的前提下，同时满足以下两个确认条件时，才能予以确认：与该无形资产有关的经济利益很可能流入企业；该无形资产的成本能够可靠地计量。

无形资产通常按照实际成本进行初始计量，且以取得无形资产并使之达到预定用途而发生的全部支出作为无形资产的成本。对于从不同来源取得的无形资产，其成本构成不尽相同。

1. 外购的无形资产

外购无形资产的成本包括购买价款、相关税费以及直接归属于使该项资产达到预定用途所发生的其他支出。其中，直接归属于使该项资产达到预定用途所发生的其他支出包括使无形资产达到预定用途所发生的专业服务费用、测试无形资产是否能够正常发挥作用的费用等，但不包括为引入新产品进行宣传发生的广告费、管理费用及其他间接费用，也不包括在无形资产已经达到预定用途以后发生的费用。

购买无形资产的价款超过正常信用条件延期支付，实质上具有融资性质的，无形资产的成本应以购买价款的现值为基础确定。实际支付的价款与购买价款的现值之间的差额作为未确定融资费用，在信用期间采用实际利率法进行摊销，摊销金额除满足借款费用资本化条件应当计入无形资产成本外，均应当在信用期间确认为财务费用，计入当期损益。

2. 投资者投入的无形资产

投资者投入无形资产的成本应当按照投资合同或协议约定的价值确定，但合同或协议约定价值不公允的除外。

3. 通过非货币性资产交换和债务重组等方式取得的无形资产

通过非货币性资产交换、债务重组等方式取得的无形资产参见以后章节。

4. 企业内部自行开发的无形资产

对于企业内部的支出研究开发项目，应当区分研究阶段支出与开发阶段支出。

研究是指为获取并理解新的科学或技术知识而进行的独创性的有计划调查。研究阶段基本上是探索性的，它为进一步的开发活动进行资料及相关方面的准备，其成果具有不确定性，所以研究阶段的有关支出应当在发生时全部费用化，计入当期损益（管理费用）。

开发是指在进行商业性生产或使用前，将研究成果或其他知议应用于某项计划或设计，以生产出新的或具有实质性改进的材料、装置、产品等。开发阶段在很大程度上具备了形成一项新产品或新技术的基本条件，开发阶段的支出同时满足下列条件的才能资本化，确认为无形资产，否则应当计入当期损益（管理费用）。

（1）完成该无形资产以使其能够使用或出售在技术上具有可行性。

（2）具有完成该无形资产并使用或出售的意图。

（3）无形资产产生经济利益的方式，包括能够证明运用该无形资产生产的产品存在市场或无形资产自身存在市场，无形资产将在内部使用的，应当证明其有用性。

（4）有足够的技术、财务资源和其他资源支持，以完成该无形资产的开发，并有能力使用或出售该无形资产。

（5）归属于该无形资产开发阶段的支出能够可靠地计量。

无法区分研究阶段和开发阶段支出的，应当在发生时费用化，计入当期损益（管理费用）。

企业内部开发活动形成的无形资产成本由可直接归属于该资产的创造、生产并使该资产能够以管理层预定的方式运作的所有必要支出组成。可直接归属成本包括开发该无形资产时耗费的材料、劳务成本、注册费、在开发该无形资产过程中使用的其他专利权和特许权的摊销、按照借款费用的处理原则可以资本化的利息费用等。在开发无形资产过程中发生的，除上述可直接归属于无形资产开发活动之外的其他销售费用、管理费用等间接费用，无形资产达到预定用途前发生的可辨认的无效和初始运作损失，为运行该无形资产发生的培训支出等不构成无形资产的开发成本。

企业应当设置"研发支出"科目，并分别按"费用化支出"和"资本化支出"设置明细科目，企业自行开发无形资产发生的研发支出，不满足资本化条件的，借记"研发支出——费用化支出"科目，满足资本化条件的，借记"研发支出——资本化支出"科目，贷记"原材料""银行存款""应付职工薪酬"等科目。研究开发项目达到预定用途形成无形资产的，应按"研发支出——资本化支出"科目的余额，借记"无形资产"科目，贷记"研发支出——资本化支出"科目。期末，应将不符合资本化条件的研发支出转入当期管理费用，借记"管理费用"科目，贷记"研发支出——费用化支出"科目；将符合资本化条件但尚未完成的开发费用继续保留在"研发支出"科目中，待开发项目达到预定用途形成无形资产时，再将其发生的实际成本转入无形资产。

（二）税务处理

《企业所得税法实施条例》第六十六条规定，无形资产按照以下方法确定计税基础：

（1）外购的无形资产，以购买价款和支付的相关税费以及直接归属于使该资产达到预定用途发生的其他支出为计税基础。

（2）自行开发的无形资产，以开发过程中该资产符合资本化条件后至达到预定用途前发生的支出为计税基础。

（3）通过捐赠、投资、非货币性资产交换、债务重组等方式取得的无形资产，以该资产的公允价值和支付的相关税费为计税基础。

《企业所得税法实施条例》第九十五条规定，企业为开发新技术、新产品、新工艺发生的研究开发费用，未形成无形资产计入当期损益的，在按照规定据实扣除的基础上，按照研究开发费用的 50% 加计扣除；形成无形资产的，按照无形资产成本的 150% 摊销。

近年来，财政部、国家税务总局等先后下发了多个关于研发费用加计扣除相关问题的通知，都对研发费用的加计扣除问题进行了规范。

根据《财政部　国家税务总局　科技部关于完善研究开发费用税前加计扣除政策的通知》（财税〔2015〕119 号）规定，允许加计扣除的研发费用的具体范围包括人员人工费用、直接投入费用、折旧费用、无形资产摊销、新产品设计费、新工艺规程制定费、新药研制的临床试验费、勘探开发技术的现场试验费和其他相关费用。其中，与研发活动直接相关的其他费用，总额不得超过可加计扣除研发费用总额的 10%。企业委托外部机构或个人进行研发活动所发生的费用，按照费用实际发生额的 80% 计入委托方研发费用并计算加计扣除，受托方不得再进行加计扣除。委托外部研究开发费用实际发生额应按照独立交易原则确定。企业委托境外机构或个人进行研发活动所发生的费用，不得加计扣除。企业共同合作开发的项目，由合作各方就自身实际承担的研发费用分别计算加计扣除。企业为获得创新性、创意性、突破性的产品进行创意设计活动而发生的相关费用，可按照本通知规定进行税前加计扣除。烟草制造业、住宿和餐饮业、批发和零售业、房地产业、租赁和商务服务业等不适用税前加计扣除政策。

另外，该通知要求企业按照国家财务会计制度要求，对研发支出进行会计处理；同时对享受加计扣除的研发费用按研发项目设置辅助账，准确归集核算当年可加计扣除的各项研发费用实际发生额。企业在一个纳税年度内进行多项研发活动的，应按照不同研发项目分别归集可加计扣除的研发费用。企业应对研发费用和生产经营费用分别核算，准确、合理归集各项费用支出，对划分不清的，不得实行加计扣除。

（三）税会差异分析

（1）外购的无形资产。通常情况下，对于外购的无形资产，会计准则与税法在计价上大致相同，都以购买价款和支付的相关税费以及直接归属于使该资产达到预定用途前发生的其他支出计价。但企业若购买无形资产的价款超过正常信用条件延期支付，实质上具有融资性质的，会计准则以购买价款的现值为基础来确定无形资产价值，税法则以实际支付价款计量，此时会计准则与税法的差异与固定资产的相似。

（2）企业自行开发的无形资产。会计准则对自行研发无形资产的处理方法与税法大致相同，企业所发生的研究开发费用已在发生当期直接扣除的，两者都规定不得作为无形资产进行核算。而若前述费用并未在发生当期直接扣除，则允许将其作为无形资产核算并分期摊销。会计准则具体规定了研究开发费用应分为研究阶段支出和开发阶段支出，只有开发阶段发生的支出满足资本化条件时才可资本化，而税法上对此并未作详细规定。企业在期末进行纳税调整时，无形资产的计税基础因税收上的优惠，金额上与会计准则账面金额存在差异，即多了研究开发费用的50%加计扣除额。

【例6-1】A企业当期为开发新技术发生研发支出2 000万元，其中研究阶段支出400万元，开发阶段符合资本化条件前发生的支出为400万元，符合资本化条件后至达到预定用途前发生的支出为1 200万元。假定开发形成的无形资产在当期期末已达到预定用途（尚未开始摊销）。按会计准则规定应予费用化的金额为800万元，无形资产的成本（账面价值）为1 200万元。

税法规定可在当期税前扣除的金额为1 200万元，所形成无形资产在未来期间可予税前扣除的金额为1 800（1 200×150%）万元。其计税基础为1 800万元，形成暂时性差异600万元。该差异是由资产初始确认产生的，不影响应纳税所得额。

（3）其他来源的无形资产。《企业所得税法实施条例》第五十八条规定，通过捐赠、投资、非货币性资产交换、债务重组等方式取得的固定资产，以该资产的公允价值和支付的相关税费为计税基础。会计上规定投资者投入无形资产的成本按投资合同或协议约定的价值确定，但合同或协议约定价值不公允的除外；以非货币性资产交换方式取得的无形资产的成本可根据具体情况选择采用换出资产的公允价值或账面价值计量；接受捐赠的无形资产，能提供有关凭据的，按凭据上标明的金额加上应支付的相关税费计价，对方未提供有关凭据的，按同类或类似无形资产的市场价格估计的金额加支付的相关税费或按该无形资产的预计未来现金流量现值计价。

第二节　无形资产摊销的会计处理与税务处理差异分析及纳税调整

一、会计处理

无形资产的后续计量以其使用寿命为基础。企业应当于取得无形资产时分析判断其使用寿命。无形资产的使用寿命为有限的，应当合理估计其使用寿命，在其预计的使用寿命内采用系统合理的方法对应摊销金额进行摊销。无形资产的应摊销金额为其成本扣除预计净残值后的金额。已计提减值准备的无形资产，还应扣除已计提的无形资产减值准备累计金额。使用寿命有限的无形资产的预计净残值除了以下两种情形以外，一般为零：①有第三方承诺在无形资产使用寿命结束时购买该无形资产；②可以根据活跃市场得到预计残值信息，并且该市场在无形资产使用寿命结束时很可能存在。

无形资产的摊销期自其可供使用（其达到预定用途）时起至终止确认时止。企业选择的无形资产摊销方法应当能够反映与该项无形资产有关的经济利益的预期实现方式，并一致地运用于不同会计期间。具体摊销方法有多种，包括直线法、产量法等。无法可靠确定其预期实现方式的，应当采用直线法进行摊销。无形资产的摊销金额一般应计入当期损益，但若某项无形资产是专门用于生产某种产品或其他资产的，其所包含的经济利益是通过转入所生产的产品或其他资产中实现的，则该无形资产的摊销金额应当计入相关资产的成本。例如，一项专门用于生产某种产品的专利技术，其摊销金额是所生产产品成本的一部分，计入制造费用。

企业至少应当于每年年度终了，对使用寿命有限的无形资产使用寿命及摊销方法进行复核，如果有证据表明无形资产的使用寿命及摊销方法与以前估计不同的，应当改变摊销年限和摊销方法，并按照会计估计变更进行会计处理。

无法预见无形资产为企业带来经济利益期限的，应当视为使用寿命不确定的无形资产。根据可获得的相关信息，对于有确凿证据表明无法合理估计其使用寿命的无形资产，应作为使用寿命不确定的无形资产。企业应当在每个会计期间对使用寿命不确定的无形资产的使用寿命进行复核。如果有证据表明该无形资产的使用寿命是有限的，应当按照《企业会计准则第28号——会计政策、会计估计变更和差错更正》进行处理，并估计其使用寿命，将其应摊销金额在未来可使用寿命的期限内采用合理系统的方法进行摊销，按照使用寿命有限的无形资产处理原则进行会计处理。

二、税务处理

根据《企业所得税法》第十二条，在计算应纳税所得额时，企业按照规定计算的无形资产摊销费用，准予扣除。下列无形资产不得计算摊销费用扣除：自行开发的支出已在计算应纳税所得额时扣除的无形资产；自创商誉；与经营活动无关的无形资产；其他不得计算摊销费用扣除的无形资产。

《企业所得税法实施条例》规定如下：

（1）无形资产按照直线法计算的摊销费用，准予扣除。

（2）无形资产的摊销年限不得低于10年。

（3）作为投资或者受让的无形资产，有关法律规定或者合同约定了使用年限的，可以按照规定或者约定的使用年限分期摊销。

（4）外购商誉的支出，在企业整体转让或者清算时，准予扣除。

三、税会差异分析

（一）无形资产摊销范围的差异

无形资产分为使用寿命有限的无形资产和使用寿命不确定的无形资产。对于使用寿命不确定的无形资产不应进行摊销，但税法中未对无形资产作此分类。对于使用寿命不确定的无形资产，仍可按税法规定进行摊销，但自行开发的支出已在计算应纳税所得额时扣除的无形资产、自创商誉、与经营活动无关的无形资产不得计算摊销费用扣除。另外，外购商誉的支出在企业整体转让或清算时才准予扣除。会计上规定对所有使用寿命有限的无形资产进行摊销，但税法规定"与生产经营无关的无形资产"和"不征税收入用于支出所形成的无形资产"计提的摊销费用不得税前扣除，因此必然会形成税会差异。

（二）无形资产摊销方法的差异

根据《企业会计准则第6号——无形资产》，企业选择的无形资产摊销方法，应当反映与该项无形资产有关的经济利益的预期实现方式。无法可靠确定预期实现方式的，应当采用直线法摊销。税法规定所有的无形资产只能按直线法摊销。若会计上采用其他方法摊销，则会产生税会差异，需要进行纳税调整。

（三）无形资产摊销年限的差异

根据《企业会计准则第 6 号——无形资产》，使用寿命有限的无形资产，其应摊销金额应当在使用寿命内系统合理摊销，但对最低摊销年限未作限定。税法规定无形资产的摊销年限不低于 10 年，企事业单位购买的软件最短可按 2 年摊销，外购商誉的支出则在企业整体转让或清算时才准予扣除。

（四）无形资产摊销金额的差异

根据《企业会计准则第 6 号——无形资产》，无形资产的应摊销金额为其成本扣除预计残值后的金额。已计提减值准备的无形资产，还应扣除已计提的无形资产减值准备累计金额。税法规定无形资产应以其计税基础作为可摊销金额，对已计提减值准备的，应进行纳税调整。另外，税法规定自行开发的无形资产按照无形资产成本的 150% 摊销，高科技型中小企业自行研发的无形资产按照无形资产成本的 175% 摊销，所以企业进行纳税调整时应当调减应纳税所得额。

第三节　无形资产期末计量、处置的会计处理与税务处理差异分析及纳税调整

一、无形资产的期末计量

（一）会计处理

根据《企业会计准则第 6 号——无形资产》，使用寿命不确定的无形资产不应摊销。无形资产的减值，应当按照《企业会计准则第 8 号——资产减值》处理。如经减值测试表明已发生减值，则需要计提相应的资产减值准备。对于使用寿命确定的无形资产，应当在资产负债表日判断其是否存在可能发生减值的迹象。对于存在减值迹象的，应当进行减值测试，计算可收回金额。可收回金额低于账面价值的，按照可收回金额低于账面价值的金额，计提资产减值准备。具体账务处理为借记"资产减值损失"科目，贷

记"无形资产减值准备"科目。无形资产减值损失一经确认，以后会计期间不得转回。

（二）税务处理与税会差异分析

税法对按会计规定计提的无形资产减值准备在形成实质性损失前，不允许在税前扣除，因此无形资产的计税基础不得扣除无形资产减值准备，这必然会带来无形资产账面价值与计税基础的差异，计算应纳税所得额时需要进行纳税调整。具体纳税调整的方法如下：

当（本期会计摊销额＋本期计提的无形资产减值准备）＞税法摊销额时，调增应纳税所得额；当（本期会计摊销额＋本期计提的无形资产减值准备）＜税法摊销额时，调减应纳税所得额。

无形资产的账面价值＝无形资产的初始成本－累计摊销－无形资产减值准备。

无形资产的计税基础＝无形资产的初始计税基础－按税法规定计算的累计摊销额。

二、无形资产的出售

（一）会计处理

企业出售无形资产，表明企业放弃该无形资产的所有权，应将所取得的价款与该无形资产账面价值的差额作为资产处置利得或损失计入当期损益，同时应转销已计提的减值准备。企业出售无形资产确认其利得的时点，应按照收入确认中的相关原则进行确定。出售无形资产时，应按实际收到的金额，借记"银行存款"等科目；按已计提的累计摊销额，借记"累计摊销"科目；原已计提减值准备的，借记"无形资产减值准备"科目；按应支付的相关税费及其他费用，贷记"应交税费""银行存款"等科目；按无形资产账面余额，贷记"无形资产"科目；按其差额，贷记或借记"资产处置损益"科目。

（二）税务处理

根据《企业所得税法》第六条规定，企业出售、转让无形资产，应确认为转让财产收入，并按《企业所得税法》第十六条规定，在计算应纳税所得额时，扣除该项资产的净值。

另外，根据《企业所得税法实施条例》第九十条，企业所得税法第二十七条第（四）项所称符合条件的技术转让所得免征、减征企业所得税，是指一个纳税年度内，居民企业技术转让所得不超过 500 万元的部分，免征企业所得税；超过 500 万元的部分，减半征收企业所得税。

（三）税会差异分析

会计上计算无形资产处置利得时，按照无形资产账面价值结转其成本，而税法上计算无形资产转让所得时扣除的是无形资产的计税基础净值，由于会计准则上的无形资产账面价值与税法上的无形资产净值不一致，所以处置无形资产的过程中，两者确认的收益会有差异，在计算应纳税所得额时需要进行纳税调整。

【例 6-2】顺泰公司于 2017 年 1 月 1 日购入一项专利权，价款 1 500 000 元，增值税额 90 000 元，全部款项以银行存款支付。该专利权作为无形资产入账，其计税基础与会计成本一致，确定的摊销期限为 10 年，采用直线法摊销，与税法规定相同。2019 年末，该专利权出现减值迹象，经测试计提减值准备 100 000 元。2020 年 1 月 20 日顺泰公司将该专利权出售给甲企业，取得出售价款 1 000 000 元，增值税额 60 000 元，款项收到，存入银行。假定不考虑城市维护建设税和教育费附加。

（1）顺泰公司的会计处理。

① 2017 年 1 月 1 日购入专利权时：

借：无形资产——某项专利权　　　　1 500 000

　　应交税费——应交增值税（进项税额）　　　　90 000

　　贷：银行存款　　　　　　　　　　　　　　　1 590 000

②按月摊销时：

月摊销额：1 500 000÷10÷12=12 500（元）。

借：管理费用　　　　　　　　　12 500

　　贷：累计摊销——某项专利权　　　　　　12 500

③ 2019 年末，计提无形资产减值准备时：

借：资产减值损失　　　　　　　100 000

　　贷：无形资产减值准备　　　　　　　　100 000

④出售无形资产时：

2017 年至 2019 年累计摊销额：12 500×36=450 000（元）。

借：银行存款　　　　　　　　　1 060 000

　　累计摊销——专利权　　　　　450 000

　　无形资产减值准备　　　　　　100 000

　　贷：无形资产——专利权　　　　　　　　1 500 000

应交税费——应交增值税（销项税额）　　60 000

资产处置损益　　50 000

（2）税务处理及纳税调整。

① 2019 年末，会计计提无形资产减值准备 100 000 元，税法规定会计上计提的无形资产减值准备在形成实质性损失前，不允许在税前扣除，因此产生 100 000 元的可抵扣暂时性差异，在计算 2019 年度应纳税所得额时应调增 100 000 元。

② 2020 年 1 月 20 日出售该专利权时：

会计上无形资产的账面价值 =1 500 000-450 000-100 000=950 000（元）。

会计上确认的资产处置损益 =1 000 000-950 000=50 000（元）。

税法上无形资产净值 =1 500 000-450 000=1 050 000（元）。

转让无形资产净损益 =1 000 000-1 050 000= -50 000（元）。

所以，计算应纳税所得额时应当调减 100 000 元。

三、无形资产的报废

（一）会计处理

根据《企业会计准则第 6 号——无形资产》，无形资产预期不能为企业带来经济利益的，应当将该无形资产的账面价值予以转销。

转销时，应按已计提的累计摊销额，借记"累计摊销"科目，按已计提的减值准备，借记"无形资产减值准备"科目，按无形资产账面余额，贷记"无形资产"科目，按其差额，借记"营业外支出"科目。

（二）税务处理

根据《企业资产损失所得税税前扣除管理办法》（国家税务总局公告〔2011〕25 号），准予在企业所得税税前扣除的资产损失，是指企业在实际处置、转让上述资产过程中发生的合理损失（以下简称实际资产损失），以及企业虽未实际处置、转让上述资产，但符合《财政部国家税务总局关于企业资产损失税前扣除政策的通知（财税〔2009〕57 号）和本办法规定条件计算确认的损失（以下简称法定资产损失）。企业实际资产损失，应当在其实际发生且会计上已作损失处理的年度申报扣除；法定资产损失，应当在企业向主管税务机关提供证据资料证明该项资产已符合法定资产损失确认条件，且会计上已作损失处理的年度申报扣除。

（三）税会差异分析

无形资产报废时，会计上按照无形资产账面价值确认无形资产损失，即无形资产的初始成本－累计摊销－无形资产减值准备；税法上按照无形资产计税基础净值确认损失，即无形资产的初始成本－税法规定计算的累计摊销。由此可见，对于税法与会计上累计摊销存在差异的无形资产和计提了减值准备的无形资产，在报废时计算应纳税所得额需要进行纳税调整。

第七章 非货币性资产交换的会计处理
与税务处理差异分析及纳税调整

非货币性资产交换是一种非经常性的特殊交易行为，是指企业主要以固定资产、无形资产、投资性房地产和长期股权投资等非货币性资产进行的交换。非货币性资产交换一般不涉及或只涉及少量货币性资产，即涉及少量的补价。在涉及少量补价的情况下，支付的货币性资产占换入资产公允价值（或者占换出资产的公允价值与支付的货币性资产之和）的比例低于 25%（不含 25%）的，视为非货币性资产交换；高于 25%（含 25%）的，视为货币性资产交换。

根据《企业会计准则第 7 号——非货币性资产交换》，非货币性资产交换的会计处理有两种计量模式，即公允价值计量模式和账面价值计量模式。税法中关于非货币性资产交换的处理也有相关规定，下面分别对两种计量模式下的会计处理与税务处理的差异进行比较分析。

第一节 公允价值计量模式下非货币性资产交换的
会计处理与税务处理差异分析及纳税调整

一、会计处理

根据《企业会计准则第 7 号——非货币性资产交换》，非货币性资产交换同时满足下列条件的，应当以公允价值为基础计量：①该项交换具有商业实质；②换入资产或换出资产的公允价值能够可靠地计量。换入资产和换出资产的公允价值均能够可靠计量的，应当以换出资产的公允价值为基础计量，但有确凿证据表明换入资产的公允价值更加可靠的除外。满足下列条件之一的非货币性资产交换具有商业实质：①换入资产的未来现金流量在风险、时间分布或金额方面与换出资产显著不同；②使用换入资产所产生的预计未来现金流量现值与继续使用换出资产不同，且其差额与换入资产和换出资产的公允价值相比是重大的。另外，还应当关注交易各方之间是否存在关联方关系。关联方关系的存在可能导致发生的非货币性资产交换不具有商业实质。

（一）不涉及补价的非货币性资产交换

具有商业实质且其换入或换出资产的公允价值能够可靠地计量的非货币性资产交换，不涉及补价的，应当将换出资产的公允价值作为确定换入资产成本的基础，但有确凿证据表明换入资产的公允价值更加可靠的，则以换入资产的公允价值作为确定换入资产成本的基础。换出资产账面价值与其公允价值之间的差额，计入当期损益。具体会计处理方法因换出资产的类别不同而不同。具体方法如下：

（1）换出资产为存货的，应当执行《企业会计准则第14号——收入》，按照公允价值确认销售收入，同时结转销售成本。

（2）换出资产为固定资产、无形资产的，换出资产的公允价值和换出资产账面价值的差额计入资产处置损益。

（3）换出资产为长期股权投资、以公允价值计量且其变动计入其他综合收益的金融资产以及以公允价值计量且其变动计入当期损益的金融资产的，换出资产公允价值和换出资产账面价值的差额计入投资收益。

（4）换入资产与换出资产涉及相关税费的，按照税法有关规定处理。

（二）涉及补价的非货币性资产交换

在公允价值计量模式下，涉及补价的非货币性资产交换，应当分别按照下列规定进行处理：

（1）支付补价的，应当以换出资产的公允价值加上支付补价的公允价值（或换入资产的公允价值）和应支付的相关税费，作为换入资产的成本。

（2）收到补价的，应当以换出资产的公允价值减去收到补价的公允价值（或换入资产的公允价值）加上应支付的相关税费，作为换入资产的成本。

（三）同时换入多项资产的非货币性资产交换

在公允价值计量模式下，一项非货币性资产交换业务同时换入多项资产的，应当按照换入各项资产的公允价值占换入资产公允价值总额的比例，对换入资产的成本总额进行分配，以确定各项换入资产的成本。

二、税务处理

根据《企业所得税法实施条例》第二十五条，企业发生非货币性资产交换，以及将货物、财产、劳务用于捐赠、偿债、赞助、集资、广告、样品、职工福利或者利润分配等用途的，应当视同销售货物、转让财产或者提供劳务，但国务院财政、税务主管部门另有规定的除外。

根据《企业所得税法实施条例》第五十八条，通过非货币性资产交换方式取得的固定资产，以该资产的公允价值和支付的相关税费为计税基础。根据《企业所得税法实施条例》第六十六条，通过非货币性资产交换方式取得的无形资产，以该资产的公允价值和支付的相关税费为计税基础。根据《企业所得税法实施条例》第七十一条和第七十二条，以非货币性资产交换方式取得的存货、投资资产等，以该资产的公允价值和支付的相关税费作为成本。

根据《关于企业处置资产所得税处理问题的通知》（国税函〔2008〕828号）和《国家税务总局关于企业所得税有关问题的公告》（国家税务总局公告2016年第80号）规定，企业将资产移送他人的，因资产所有权属已发生改变而不属于内部处置资产，应按规定视同销售确定收入。除另有规定外，应按照被移送资产的公允价值确定销售收入。

三、税会差异分析

非货币性资产交换采用公允价值计量模式核算时，税法规定的换入资产计税基础和财产转让计税基础与会计准则规定是一致的。对于涉及补价的非货币性资产交换业务，支付补价的企业，换出资产的公允价值加上支付的补价，正是换出总资产的公允价值；收到补价的企业，换出资产的公允价值减去收到的补价，就是其换出总资产的公允价值。在非货币性资产交换当中，如果换入的是多项非货币性资产，会计上采用各项资产的公允价值占换入资产公允价值总额的比例，对换入资产的成本总额进行分配。税务处理中需要将换出资产的总计税基础采用合理的分配方法计入各项资产的计税基础，以便摊销和处置各项资产时准确计算应纳税所得额，其分配方法可以与会计上采用的分配方法一致。

需要注意的是，在公允价值计量模式下，如果换出资产的账面价值与计税基础存在差异，必然会导致当期损益与资产转让所得存在差异，申报所得税时需要对此进行纳税调整。例如，当资产发生减值时，依据会计准则要求，企业应当提取各类资产减值准备；税务处理中，不符合国务院财政、税务主管部门规定的各项资产减值准备、风险准备等准备金支出不得扣除，此时资产的账面价值与其计税基础会产生可抵扣暂时性差异，在这些资产转让时，当期的应纳税所得额需要进行调整。

【例7-1】A，B公司均为增值税一般纳税人，适用的增值税税率为13%。A公司于2020年8月1日以一台停用的旧设备换取B公司的一批Q型钢材，作为生产用原材料。该设备原值为50万元，累计折旧为18万元，其中停用后计提折旧1万元，计提减值准备2万元，该设备的公允价值为35万元。B公司生产Q型钢材的公允价值为35万元，计税价格等于公允价值，Q型钢材账面成本为30万元（等于其计税基础）。假定A，B公司不存在关联方关系，交易价格公允，不考虑除增值税以外的其他税费。固定资产原价、预计净残值、折旧年限和折旧方法与税务处理一致。

在本例中，A公司以其停用的生产设备换入B公司的一批Q型钢材，换入的钢材作为原材料并用于产品生产，其流动性相对较强，与原有生产设备的未来现金流量在风险、时间和金额方面有显著不同，所以该交换具有商业实质。同时，A公司和B公司换出和换入资产的公允价值均能够可靠地计量，所以应采用公允价值模式。A公司与B公司的会计处理如下：

（1）A公司的会计处理。

A公司换入Q型钢材的入账价值＝换出资产的公允价值＝35万元。

借：固定资产清理	300 000	
累计折旧	180 000	
固定资产减值准备	20 000	
贷：固定资产		500 000
借：原材料	350 000	
应交税费——应交增值税（进项税额）	45 500	
贷：固定资产清理		300 000
应交税费——应交增值税（销项税额）		45 500
资产处置损益		50 000

税务处理。由于固定资产减值准备及停用设备计提折旧不得在税前扣除，因此该固定资产计税基础为50-（18-1）=33（万元），资产转让损益=35-33=2（万元），资产处置损益5万元与资产转让所得2万元之间存在3万元的差额，实际就是设备停用期间计提的折旧1万元和固定资产减值准备2万元在处置时转回的金额。

假定 A 公司 2020 年会计利润为 10 万元，适用企业所得税税率为 25%，假定不考虑其他纳税调整因素，企业应纳税所得额 =10-3=7（万元），应交所得税 =7×25%=1.75（万元）。

（2）B 公司的会计处理。

换入设备的入账价值 = 换出资产的公允价值 + 支付的相关税费 =35（万元）。

换出的库存商品作为销售处理，确认收入，结转成本。

借：固定资产   350 000

　　应交税费——应交增值税（进项税额）   45 500

　　贷：主营业务收入   350 000

　　　　应交税费——应交增值税（销项税额）   45 500

借：主营业务成本   300 000

　　贷：库存商品   300 000

税务处理。税务处理与会计处理一致，不进行纳税调整。

第二节　账面价值计量模式下非货币性资产交换的会计处理与税务处理差异分析及纳税调整

一、会计处理

非货币性资产交换不具有商业实质，或者虽然具有商业实质但换入资产和换出资产的公允价值均不能可靠计量的，应当以换出资产账面价值为基础确定换入资产成本，无论是否支付补价，均不确认损益。具体会计处理方法如下：

（一）不涉及补价的非货币性资产交换

在不涉及补价的情况下，企业换入的资产应当按换出资产的账面价值加上应支付的相关税费，作为换入资产的成本，换出资产按账面价值结转，不确认资产转让损益。

（二）涉及补价的非货币性资产交换

（1）支付补价的企业，以换出资产的账面价值，加上支付补价的账面价值和应支付的相关税费作为换入资产的入账价值，不确认损益。其计算公式如下：

换入资产入账价值 = 换出资产账面价值 + 支付的补价 + 应支付的相关税费。

（2）收到补价的企业，以换出资产的账面价值，减去收到补价的公允价值，加上应支付的相关税费，作为换入资产的入账价值，不确认资产转让损益。其计算公式如下：

换入资产入账价值 = 换出资产的账面价值 − 收到补价的公允价值 + 应支付的相关税费。

（三）同时换入多项资产的非货币性资产交换

1. 不涉及补价的非货币性资产交换

在确定各项换入资产的入账价值时，按照换入各项资产的原账面价值占换入资产原账面价值总额的比例，对换入资产的成本总额进行分配，确定各项换入资产的成本。

（2）涉及补价的非货币性资产交换

换入多项资产涉及补价的交易与单项资产的会计处理原则基本相同，即按收到补价和支付补价情况分别确定换入资产的入账价值。涉及补价的多项资产交换与单项资产交换的主要区别在于，需要对换入各项资产的价值进行分配，其分配方法与不涉及补价的多项资产交换的原则相同，即按各项换入资产的账面价值与换入资产账面价值总额的比例进行分配，以确定换入各项资产的入账价值。

二、税务处理与税会差异分析

换出资产会计上按账面价值结转，不确认资产转让损益。但是，除税收法律、行政法规另有规定者外，企业以非货币资产与其他企业的资产相互交换，应当视同销售货物、转让财产，按照公允价值确定收入。相应地，换出资产的计税基础允许在税前扣除，即资产转让所得等于换出资产的公允价值与换出资产的计税基础的差额。另外，资产转让过程中发生的相关税费允许在当期扣除。

依据税法，以非货币性资产交换方式取得的非现金资产的计税基础，按照该项资产的公允价值和应支付的相关税费确定；依据会计准则，换入资产的入账价值以换出资产的账面价值为基础确定。因此，可能会导致非货币性资产交换取得的资产的计税基础与其账面价值不一致，从而产生税会差异。

【例7-2】A公司拥有B公司60%的股权，能够对B公司实施控制。2018年6月，A公司与B公司签订协议，以一台生产设备与B公司拥有的一台车床进行交换。A公司换出设备的账面原价为120万元，已计提折旧20万元，已计提减值准备10万元，公允价值为110万元，为此项交换，A公司以银行存款支付了设备清理费用1 000元；B公司换出车床的账面原价为140万元，已计提折旧30万元，未计提减值准备，其公允价值为125万元。A，B公司的生产设备和车床的固定资产原值与计税基础相同，会计折旧年限、预计净残值率也与税法一致。由于上述非货币性资产交换属于关联方交易，不具有商业实质。

（1）A公司的会计处理及税务处理如下：

①会计处理。

借：固定资产清理　　　　　　　900 000
　　累计折旧　　　　　　　　　200 000
　　固定资产减值准备　　　　　100 000
　　　贷：固定资产　　　　　　　　　1 200 000
借：固定资产清理　　　　　　　1 000
　　　贷：银行存款　　　　　　　　　1 000

换入车床的入账价值＝换出资产的账面价值＋支付的相关税费＝900 000＋1 000＝901 000（元）。

借：固定资产　　　　　　　　　901 000
　　　贷：固定资产清理　　　　　　　901 000

②税务处理。

资产转让所得＝换出资产的公允价值－换出资产的计税基础－支付的相关税费＝1 100 000－（1 200 000－200 000）－1 000＝99 000（元）。

换入车床的计税基础＝换入车床的公允价值＋支付的相关税费＝1 250 000＋1 000＝1 251 000（元）。

对于此项非货币性资产交换业务，会计处理中不确认损益，税务处理中应确认资产转让所得99 000元，计算应纳税所得额时应当进行纳税调增处理。换入车床的计税基础1 251 000元，将作为后期计算折旧扣除的依据。

（2）B 公司的会计处理及税务处理如下：

①会计处理。

借：固定资产清理   1 100 000

  累计折旧   300 000

   贷：固定资产   1 400 000

换入生产设备的入账价值＝换出资产的账面价值＋支付的相关税费＝1 100 000（元）。

借：固定资产   1 100 000

   贷：固定资产清理   1 100 000

②税务处理。

资产转让所得＝换出资产的公允价值－换出资产的计税基础－支付的相关税费＝1 250 000－（1 400 000－300 000）＝150 000（元）。

换入生产设备的计税基础＝换入生产设备的公允价值＋支付的相关税费＝1 100 000（元）。

对于此项非货币性资产交换业务，会计处理中不确认损益，税务处理中应确认资产转让所得 150 000 元，计算应纳税所得额时应当进行纳税调增处理。另外，换入生产设备的计税基础为 1 100 00 元，将作为后期计算折旧扣除的依据。

第八章　职工薪酬的会计处理与税务处理差异分析及纳税调整

为了规范职工薪酬的确认、计量和相关信息的披露，中华人民共和国财政部发布了《企业会计准则第9号——职工薪酬》，《企业所得税法实施条例》等所得税相关文件对职工薪酬的税前扣除也作了相关规定，两者在薪酬的支出范围、标准等方面存在一定的差异，在计算应纳税所得额时需要进行纳税调整。

第一节　职工薪酬范围、内容的会计处理与税务处理差异分析及纳税调整

一、职工薪酬的范围

（一）会计处理

职工薪酬是指企业为获得职工提供的服务或解除劳动关系而给予的各种形式的报酬或补偿。

职工是指与企业订立劳动合同的所有人员，含全职、兼职和临时职工，也包括虽未与企业订立劳动合同但由企业正式任命的人员。未与企业订立劳动合同或未由其正式任命，但向企业所提供服务与职工所提供服务类似的人员也属于职工的范畴，包括通过企业与劳务中介公司签订用工合同而向企业提供服务的人员。

（二）税务处理

《企业所得税法实施条例》第三十四条规定，企业发生的合理的工资薪金支出，准予扣除。工资薪金，是指企业每一纳税年度支付给在本企业任职或者受雇的员工的所有现金形式或者非现金形式的劳动报酬。

根据《国家税务总局关于企业所得税应纳税所得额若干税务处理问题的公告》（国家税务总局公告2012年第15号），企业因雇用季节工、临时

工、实习生、返聘离退休人员以及接受外部劳务派遣用工所实际发生的费用，应区分为工资薪金支出和职工福利费支出，并按《企业所得税法》规定在企业所得税前扣除。

根据《国家税务总局关于企业工资薪金及职工福利费扣除问题的通知》（国税函〔2009〕3号），企业职工福利费包括尚未实行分离办社会职能的企业，其内设福利部门所发生的设备、设施和人员费用，包括职工食堂、职工浴室、理发室、医务所、托儿所、疗养院等集体福利部门的设备、设施及维修保养费用和福利部门工作人员的工资薪金、社会保险费、住房公积金、劳务费等。

（三）税会差异分析

税法上的职工，指的是在本企业任职或者受雇的员工，会计上的职工则强调为企业提供服务，不管是否签订劳动合同或者是否正式任命，包括兼职人员或临时工。国家税务总局公告2012年第15号明确了企业因雇用季节工、临时工、实习生、返聘离退休人员以及接受外部劳务派遣用工所实际发生的费用可以作为工资薪金按税法规定税前扣除，与会计规定基本一致。对于尚未实行分离办社会职能的企业，其内设福利部门所发生的人员费用，会计上作为职工薪酬核算，但国税函〔2009〕3号规定这部分人员费用不应作为工资薪金扣除，应作为企业职工福利费按税法规定扣除。

二、职工薪酬的内容

（一）会计处理

职工薪酬包括短期薪酬、离职后福利、辞退福利和其他长期职工福利。企业提供给职工配偶、子女、受赡养人、已故员工遗属及其他受益人等的福利也属于职工薪酬。

（1）短期薪酬是指企业在职工提供相关服务的年度报告期间结束后十二个月内需要全部予以支付的职工薪酬，因解除与职工的劳动关系给予的补偿除外。短期薪酬具体包括职工工资、奖金、津贴和补贴，职工福利费，医疗保险费、工伤保险费和生育保险费等社会保险费，住房公积金，工会经费和职工教育经费，短期带薪缺勤，短期利润分享计划，非货币性福利以及其他短期薪酬。

①职工工资、奖金、津贴和补贴是指企业按照构成工资总额的计时工资、计件工资、支付给职工的超额劳动报酬等的劳动报酬，为了补偿职

特殊或额外的劳动消耗和因其他特殊原因支付给职工的津贴，以及为了保证职工工资水平不受物价影响支付给职工的物价补贴等。其中，企业按照短期奖金计划向职工发放的奖金属于短期薪酬，按照长期奖金计划向职工发放的奖金属于其他长期职工福利。

②职工福利费是指企业向职工提供的生活困难补助、丧葬补助费、抚恤费、职工异地安家费、防暑降温费等职工福利支出。

③医疗保险费、工伤保险费和生育保险费等社会保险费是指企业按照国家规定的基准和比例计算，向社会保险经办机构缴存的医疗保险费、工伤保险费和生育保险费等。

④住房公积金是指企业按照国家规定的基准和比例计算，向住房公积金管理机构缴存的住房公积金。

⑤工会经费和职工教育经费是指企业为了改善职工文化生活、为职工学习先进技术和提高文化水平和业务素质，用于开展工会活动和职工教育及职业技能培训等相关支出。

⑥带薪缺勤是指企业支付工资或提供补偿的职工缺勤，包括年休假、病假、短期伤残、婚假、产假、丧假、探亲假等，也就是职工虽然缺勤但企业仍向其支付报酬的安排。按时间长短，带薪缺勤分为短期带薪缺勤和长期带薪缺勤。前者属于短期薪酬，后者属于其他长期职工福利，均属于职工薪酬。从会计处理角度看，带薪缺勤分为累积带薪缺勤和非累积带薪缺勤。

⑦短期利润分享计划是指因职工提供服务而与职工达成的基于利润或其他经营成果提供薪酬的协议。长期利润分享计划属于其他长期职工福利。

⑧其他短期薪酬是指除上述薪酬以外的其他为获得职工提供的服务而给予的短期薪酬，如非货币性福利等，即企业以自己的产品或其他有形资产发放给职工作为福利。

（2）离职后福利是指企业为获得职工提供的服务而在职工退休或与企业解除劳动关系后，提供的各种形式的报酬和福利，包括养老保险、失业保险等。

（3）辞退福利是指企业在职工劳动合同到期之前解除与职工的劳动关系，或者为鼓励职工自愿接受裁减而给予职工的补偿。

（4）其他长期职工福利是指除短期薪酬、离职后福利、辞退福利之外所有的职工薪酬，包括长期带薪缺勤、长期残疾福利、长期利润分享计划等。

（二）税务处理

根据《企业所得税法实施条例》，企业发生的合理的工资薪金支出，准予扣除。工资薪金是指企业每一纳税年度支付给在本企业任职或者受雇的员工的所有现金形式或者非现金形式的劳动报酬，包括基本工资、奖金、津贴、补贴、年终加薪、加班工资，以及与员工任职或者受雇有关的其他支出。

企业依照国务院有关主管部门或者省级人民政府规定的范围和标准为职工缴纳的基本养老保险费、基本医疗保险费、失业保险费、工伤保险费、生育保险费等基本社会保险费和住房公积金，准予扣除。企业为投资者或者职工支付的补充养老保险费、补充医疗保险费，在国务院财政、税务主管部门规定的范围和标准内，准予扣除。

根据国税函〔2009〕3号规定，工资薪金总额是指企业实际发放的工资薪金总和，不包括企业的职工福利费、职工教育经费、工会经费以及养老保险费、医疗保险费、失业保险费、工伤保险费、生育保险费等社会保险费和住房公积金。属于国有性质的企业，其工资薪金，不得超过政府有关部门给予的限定数额；超过部分，不得计入企业工资薪金总额，也不得在计算企业应纳税所得额时扣除。

（三）税会差异分析

《企业所得税法》中虽然没有职工薪酬这一概念，但对会计上职工薪酬的相关内容分别作出了规定，包括工资薪金、职工福利费、医疗保险费、养老保险费、工伤保险费、失业保险费、生育保险费、住房公积金、职工教育经费、工会经费、补充养老保险费、补充医疗保险费和企业为职工支付的商业保险费等。所以，需要将会计准则中规定的职工薪酬分解为税法规定的费用扣除项目，按照税法规定进行税前扣除，存在差异的，在计算应纳税所得额时需要进行纳税调整。

第二节　短期薪酬的会计处理与税务处理差异分析及纳税调整

一、会计处理

企业应当在职工为其提供服务的会计期间，将实际发生的短期薪酬确认为负债，并计入当期损益，其他相关会计准则要求或允许计入资产成本的除外。

企业应当通过"应付职工薪酬"科目，核算应付职工薪酬的提取、结算、使用等情况。该科目贷方登记已分配计入有关成本费用项目的职工薪酬的数额，借方登记实际发放职工薪酬的数额；该科目期末贷方余额反映企业应付但未付的职工薪酬。"应付职工薪酬"科目应当按照"工资""职工福利""社会保险费""住房公积金""工会经费""职工教育经费""非货币性福利""累计带薪缺勤""利润分享计划"等应付职工薪酬项目设置明细科目，进行明细核算。外商投资企业按规定从净利润中提取的职工奖励及福利基金，也在本科目核算。

（一）职工工资、津贴和补贴等的确认和计量

企业发生的职工工资、津贴和补贴等短期薪酬应当根据职工提供服务情况和工资标准等计算应计入职工薪酬的工资总额，并按照受益对象计入当期损益或相关资产成本，借记"生产成本""制造费用""管理费用"等科目，贷记"应付职工薪酬"科目。发放时，借记"应付职工薪酬"科目，贷记"银行存款"等科目。

（二）社会保险费、住房公积金、工会经费和职工教育经费的确认和计量

企业为职工缴纳的医疗保险费、工伤保险费、生育保险费等社会保险费和住房公积金，以及按规定提取的工会经费和职工教育经费，应当在职工为其提供服务的会计期间，根据规定的计提基础和计提比例计算确定相应的职工薪酬金额，并确认相关负债，按照受益对象计入当期损益或相关资产成本，借记"生产成本""制造费用""管理费用"等科目，贷记"应付职工薪酬"科目。

【例8-1】2019年5月，甲公司当月应发工资1 560万元。其中，生产部门生产工人工资1 000万元；生产部门管理人员工资200万元；管理部门管理人员工资360万元。

根据甲公司所在地政府规定，甲公司应当按照职工工资总额的10%和8%计提并缴存医疗保险费和住房公积金。甲公司分别按照职工工资总额的2%和1.5%计提工会经费和职工教育经费。

假定不考虑其他因素以及所得税影响。

根据上述资料，甲公司计算其2019年5月份的职工薪酬金额如下：

应当计入生产成本的职工薪酬金额 =1000+1000×（10%+8%+2%+1.5%）=1 215（万元）。

应当计入制造费用的职工薪酬金额 =200+200×（10%+8%+2%+1.5%）=243（万元）。

应当计入管理费用的职工薪酬金额 =360+360×（10%+8%+2%+1.5%）=437.40（万元）。

甲公司有关账务处理如下：

借：生产成本 12 150 000

制造费用 2 430 000

管理费用 4 374 000

贷：应付职工薪酬——工资 15 600 000

——医疗保险 1 560 000

——住房公积金 1 248 000

——工会经费 312 000

——职工教育经费 234 000

（三）职工福利费的确认和计量

企业发生的职工福利费应当在实际发生时根据实际发生额计入当期损益或相关资产成本。企业向职工提供非货币性福利的，应当按照公允价值计量。如企业以自产的产品作为非货币性福利提供给职工的，应当按照该产品的公允价值和相关税费确定职工薪酬金额，并计入当期损益或相关资产成本。相关收入的确认、销售成本的结转以及相关税费的处理与企业正常商品销售的会计处理相同。企业以外购的商品作为非货币性福利提供给职工的，应当按照该商品的公允价值和相关税费确定职工薪酬的金额，并计入当期损益或相关资产成本。

【例8-2】甲公司是一家生产空调的企业，共有职工2 000名。2019年5月15日，甲公司决定以其生产的空调作为节日福利发放给公司每名职工。每台空调的售价为1.40万元，成本为1万元。甲公司适用的增值税税率为13%，已开具了增值税专用发票。假定2 000名职工中1 700名为直接参加生产的职工，300名为总部管理人员。假定甲公司于当日将空调发放给各职工。

根据上述资料，甲公司计算空调的售价总额及其增值税销项税额如下：

空调的售价总额 =1.40×1 700+1.40×300=2 380+420=2 800（万元）。

增值税销项税额 =1 700×1.40×13%+300×1.40×13%=309.4+54.6=364（万元）。

应当计入生产成本的职工薪酬金额 =2 380+309.4=2 689.4（万元）。

应当计入管理费用的职工薪酬金额 =420+54.6=474.6（万元）。

甲公司有关账务处理如下：

借：生产成本   26 894 000

 管理费用   4 746 000

  贷：应付职工薪酬——非货币性福利   31 640 000

借：应付职工薪酬——非货币性福利 31 640 000

  贷：主营业务收入   28 000 000

   应交税费——应交增值税（销项税额） 3 640 000

借：主营业务成本   20 000 000

  贷：库存商品   20 000 000

【例 8-3】乙公司为总部各部门经理级别以上职工提供汽车免费使用，同时为副总裁以上高级管理人员每人租赁一套住房。乙公司总部共有部门经理级别以上职工 20 名，每人提供一辆汽车免费使用，假定每辆汽车每月计提折旧 1 000 元；该公司共有副总裁以上高级管理人员 5 名，公司为其每人租赁一套面积为 120 平方米带有家具和电器的公寓，月租金为每套 5 000 元。

乙公司的有关会计处理如下：

应确认的应付职工薪酬 =20×1 000+5×5 000=45 000（元）。

计提的累计折旧 =20×1 000=20 000（元）。

借：管理费用   45 000

  贷：应付职工薪酬——非货币性福利   45 000

借：应付职工薪酬——非货币性福利 20 000

  贷：累计折旧   20 000

（四）短期带薪缺勤的确认和计量

带薪缺勤根据其性质及其职工享有的权利，分为累积带薪缺勤和非累积带薪缺勤两类。企业应当对累积带薪缺勤和非累积带薪缺勤分别进行会计处理。如果带薪缺勤属于长期带薪缺勤的，企业应当作为其他长期职工福利处理。

1. 累积带薪缺勤及其会计处理

累积带薪缺勤是指带薪权利可以结转下期的带薪缺勤，本期尚未用完的带薪缺勤权利可以在未来期间使用。企业应当在职工提供服务从而增加了其未来享有的带薪缺勤权利时，确认与累积带薪缺勤相关的职工薪酬，并以累积未行使权利而增加的预期支付金额计量。有些累积带薪缺勤在职工离开企业时，对于未行使的权利，职工有权获得现金支付。职工在离开企业时能够获得现金支付的，企业应当确认企业必须支付的、职工全部累积未使用权利的金额。企业应当将资产负债表日因累积未使用权利而导致的预期支付的追加金额，作为累积带薪缺勤费用进行预计。

【例8-4】乙公司共有1 000名职工，从2018年1月1日起，该公司实行累积带薪缺勤制度。该制度规定，每名职工每年可享受5个工作日带薪年休假，未使用的年休假只能向后结转一个日历年度，超过1年未使用的权利作废；职工休年休假时，首先使用当年可享受的权利，不足部分再从上年结转的带薪年休假中扣除；职工离开公司时，对未使用的累积带薪年休假无权获得现金支付。

2018年12月31日，每名职工当年平均未使用带薪年休假为2天。乙公司预计2019年有950名职工将享受不超过5天的带薪年休假，剩余50名职工每人将平均享受6天半年休假，假定这50名职工全部为总部管理人员，该公司平均每名职工每个工作日工资为500元。

根据上述资料，乙公司职工2018年已休带薪年休假的，由于在休假期间照发工资，因此相应的薪酬已经计入公司每月确认的薪酬金额中。与此同时，公司还需要预计职工2018年享有但尚未使用的、预期将在下一年度使用的累积带薪缺勤费用，并计入当期损益或者相关资产成本。

在本例中，乙公司在2018年12月31日预计由于职工累积未使用的带薪年休假权利而导致预期将支付的工资负债即为75（50×1.5）天的年休假工资金额37 500（75×500）元，并进行如下账务处理：

借：管理费用   37 500

 贷：应付职工薪酬——累积带薪缺勤   37 500

2. 非累积带薪缺勤及其会计处理

非累积带薪缺勤是指带薪权利不能结转下期的带薪缺勤，本期尚未用完的带薪缺勤权利将予以取消，并且职工离开企业时也无权获得现金支付。我国企业职工休婚假、产假、丧假、探亲假、病假期间的工资通常属于非累积带薪缺勤。由于职工提供服务本身不能增加其能够享受的福利金额，企业在职工未缺勤时不应当计提相关费用和负债。企业确认职工享有的与非累积带薪缺勤权利相关的薪酬，视同职工出勤确认的当期损益或相关资产成本，不必额外进行相应的账务处理。

（五）短期利润分享计划（或奖金计划）的确认和计量

企业制订有短期利润分享计划的，如当职工完成规定业绩指标，或者在企业工作了特定期限后，能够享有按照企业净利润的一定比例计算的薪酬，企业应当按照《企业会计准则第9号——职工薪酬》的规定，进行有关会计处理：

《企业会计准则第9号——职工薪酬》规定，短期利润分享计划同时满足下列条件的，企业应当确认相关的应付职工薪酬，并计入当期损益或相关资产成本：

（1）企业因过去事项导致现在具有支付职工薪酬的法定义务或推定义务。

（2）因利润分享计划所产生的应付职工薪酬义务能够可靠估计。

属于下列三种情形之一的，视为义务金额能够可靠估计。

①在财务报告批准报出之前企业已确定应支付的薪酬金额。

②该利润分享计划的正式条款中包括确定薪酬金额的方式。

③过去的惯例为企业确定推定义务金额提供了明显证据。

企业在计量利润分享计划产生的应付职工薪酬时，应当反映职工因离职而没有得到利润分享计划支付的可能性。如果企业预期在职工为其提供相关服务的年度报告期间结束后十二个月内，不需要全部支付利润分享计划产生的应付职工薪酬，该利润分享计划应当适用本准则其他长期职工福利的有关规定。企业根据经营业绩或职工贡献等情况提取的奖金，属于奖金计划，应当比照短期利润分享计划进行处理。

【例8-5】丙公司于2018年初制订和实施了一项短期利润分享计划，以对公司管理层进行激励。该计划规定，公司全年的净利润指标为1 000万元，如果在公司管理层的努力下完成的净利润超过1 000万元，公司管理层将可以分享超过1 000万元净利润部分的10%作为额外报酬。假定至2018年12月31日，丙公司全年实际完成净利润1 500万元。假定不考虑离职等其他因素，则丙公司管理层按照利润分享计划可以分享利润50［（1 500-1 000）×10%］万元作为其额外的薪酬。

丙公司2018年12月31日的相关账务处理如下。

借：管理费用　　　　　　　　　500 000
　　贷：应付职工薪酬——利润分享计划　　　　　500 000

二、税务处理与税会差异分析

（一）工资薪金

会计上规定的职工薪酬包括企业为获取职工提供服务而给予或付出的所有代价，既包括货币性薪酬，也包括非货币性薪酬；既包括在职期间薪酬，也包括离职后福利；既包括提供给职工本人的，也包括提供给其配偶、子女或其他被赡养人的福利；既包括物质性薪酬，也包括教育性福利，还包括以权益工具为计量基础的现代薪酬等。会计上从多方位、多角度规范了职工薪酬的内容，按谨慎性要求，确认各期职工薪酬，计入有关成本费用。按税法规定，企业发生的合理的工资支出，准予扣除，那么不合理的工资支出则不允许税前扣除。工资的合理性一般通过以下几点判断：①企业制订了较为规范的工资薪金制度，而且符合行业和地区工资水平；②企业在一定时期工资水平是相对稳定的，工资调整是有序进行的；③企业对实际发放的工资已履行了代扣代缴个人所得税义务；④有关工资薪金的安排，不以减少或逃避税款为目的。

税法上工资薪金主要包括职工工资、奖金、津贴和补贴、以工资薪金名义为职工缴纳的商业保险员、以现金结算的股份支付等内容。允许税前扣除的工资是实际发放的工资，根据《国家税务总局关于企业工资薪金和职工福利费等支出税前扣除问题的公告》（国家税务总局公告〔2015〕34号）规定，企业在年度汇算清缴结束前向职工实际支付的已预提汇缴年度工资薪金，准予在汇缴年度按规定扣除。若工资薪金在汇算清缴前未实际发放，则需要进行纳税调整。对于以现金结算的股份支付，在等待期内股份支付尚未实际支付，在计算应纳税所得额时需要进行调增处理；待行权后实际发放时，再根据实际发放数额，进行纳税调减处理。行权后发生的公允价值变动损益，也要根据应付职工薪酬科目对应的发生额进行纳税调整处理。

（二）职工福利费

根据《国家税务总局关于企业工资薪金及职工福利费扣除问题的通知》（国税函〔2009〕3号），准予扣除的职工福利费包括以下内容：①尚未实行分离办社会职能的企业，其内设福利部门所发生的设备、设施和人员费用，包括职工食堂、职工浴室、理发室、医务所、托儿所、疗养院等集体福利部门的设备、设施及维修保养费用和福利部门工作人员的工资薪金、社会保险费、住房公积金、劳务费等；②为职工卫生保健、生活、住房、交通等所发放的各项补贴和非货币性福利，包括企业向职工发放的因公外地就医费用、未实行医疗统筹企业职工医疗费用、职工供养直系亲属医疗补贴、供暖费补贴、职工防暑降温费、职工困难补贴、救济费、职工食堂经费补贴、职工交通补贴等。③按照其他规定发生的其他职工福利费，包括丧葬补助费、抚恤费、安家费、探亲假路费等。

《企业所得税法实施条例》第四十条规定，企业发生的职工福利费支出，不超过工资薪金总额14%的部分，准予扣除。这里的"工资薪金总额"指的是企业按照国税函〔2009〕3号第一条规定实际发放的工资薪金总和。超过扣除标准的职工福利费在计算应纳税所得额时需要进行纳税调增处理。

（三）工会经费和职工教育经费

《企业所得税法实施条例》第四十一条规定，企业拨缴的工会经费，不超过工资薪金总额2%的部分，准予扣除。根据《国家税务总局关于工会经费企业所得税税前扣除凭据问题的公告》（国家税务总局公告2010年第24号），企业拨缴的职工工会经费，不超过工资薪金总额2%的部分，凭工会组织开具的《工会经费收入专用收据》在企业所得税税前扣除。根据《国家税务总局关于税务机关代收工会经费企业所得税税前扣除凭据问题的公告》（国家税务总局公告2011年第30号），在委托税务机关代收工会经费的地区，企业拨缴的工会经费，也可凭合法、有效的工会经费代收凭据依法在税前扣除。

会计上对工会经费采用计提、划拨的办法。在确认职工薪酬时，按照计提工资总额（"应付职工薪酬——工资、奖金、津贴和补贴"科目的贷方发生额）的2%计提工会经费，借记有关成本费用科目，贷记"应付职工薪酬——工会经费"科目。然后再划给企业工会组织，根据工会组织开具的专用收据入账。

《企业所得税法实施条例》第四十二条规定，除国务院财政、税务主管部门另有规定外，企业发生的职工教育经费支出，不超过工资薪金总额2.5%的部分，准予扣除；超过部分，准予在以后纳税年度结转扣除。为鼓励企业加大职工教育投入，根据《财政部 税务总局关于企业职工教育经费税前扣除政策的通知》（财税〔2018〕51号），企业发生的职工教育经费支出，不超过工资薪金总额8%的部分，准予在计算企业所得税应纳税所得额时扣除；超过部分，准予在以后纳税年度结转扣除。

会计上对职工教育经费实行计提、使用的方法。按计提工资薪金总额的8%（2018年以前按2.5%）计提职工教育经费，其会计处理为借记有关成本费用科目，贷记"应付职工薪酬——职工教育经费"科目。当企业进行职工上岗和转岗培训、岗位适应培训、职业技术等级培训、高技能人才培训、专业人员继续教育、特种作业人员培训、购置教学设备与设施、职工教育管理费用等有关职工教育方面的支出可通过职工教育经费列支，其会计处理为借记"应付职工薪酬——职工教育经费"科目，贷记"银行存款"等科目。

税法规定了职工教育经费的扣除限额，超出部分结转以后年度扣除，具体调整方法如下：每年按工资薪金总额的8%（2018年以前为2.5%）作为扣除限额，将提取数与实际使用数进行对比，按照孰低原则与扣除限额比较，确定可税前扣除的金额。如果本期提取金额大于税法规定允许税前扣除的限额，那么进行纳税调增处理，其中提取并使用的金额超过扣除限额的部分，允许结转以后年度扣除，会形成可抵扣暂时性差异，按规定确认递延所得税资产。如果提取金额小于允许税前扣除的限额，且动用了可递延抵扣的结余，那么需要调减应纳税所得额。

（四）社会保险费与住房公积金

根据《企业所得税法实施条例》，允许税前扣除的社会保险费和住房公积金如下：

（1）企业依照国务院有关主管部门或者省级人民政府规定的范围和标准为职工缴纳的基本养老保险费、基本医疗保险费、失业保险费、工伤保险费、生育保险费等基本社会保险费和住房公积金，准予扣除。

（2）企业为投资者或者职工支付的补充养老保险费、补充医疗保险费，在国务院财政、税务主管部门规定的范围和标准内，准予扣除。根据《财政部 国家税务总局关于补充养老保险费、补充医疗保险费有关企业所得税政策问题的通知》（财税〔2009〕27号），企业根据国家有关政策规定，为在本企业任职或者受雇的全体员工支付的补充养老保险费、补充医疗保险费，分别在不超过职工工资总额5%标准内的部分，在计算应纳税所得额时准予扣除；超过的部分，不予扣除。

（3）除企业依照国家有关规定为特殊工种职工支付的人身安全保险费和国务院财政、税务主管部门规定可以扣除的其他商业保险费外，企业为投资者或者职工支付的商业保险费，不得扣除。

需要说明的是，基本社会保险费（包括基本养老保险费、基本医疗保险费、失业保险费、工伤保险费、生育保险费等）和住房公积金允许税前扣除，除此之外的保险费不允许税前扣除；社会保险费和住房公积金的扣除标准和范围以国务院有关部门或省政府的有关规定为依据，超出范围和标准的部分不允许税前扣除，在计算应纳税所得额时需要进行纳税调整。另外，只有实际缴纳的社会保险费和住房公积金可以税前扣除，对于已计提但未缴纳的社会保险费和住房公积金不得在税前扣除，本期实际缴纳金额超过本期计提数额的部分，允许在实际缴纳年度扣除，即允许在本年度进行纳税调减处理。

第三节 离职后福利的会计处理与税务处理差异分析及纳税调整

一、会计处理

离职后福利计划是指企业与职工就离职后福利达成的协议，或者企业为向职工提供离职后福利制定的规章或办法等。企业应当按照企业承担的风险和义务情况，将离职后福利计划分类为设定提存计划和设定受益计划两种类型。

（一）设定提存计划的确认和计量

设定提存计划，是指企业向单独主体（如基金等）缴存固定费用后，不再承担进一步支付义务的离职后福利计划。

对于设定提存计划，企业应当根据在资产负债表日为换取职工在会计期间提供的服务而应向单独主体缴存的提存金，确认为职工薪酬负债，并计入当期损益或相关资产成本。

【例 8-6】承【例 8-1】，甲公司根据所在地政府规定，按照职工工资总额的 12% 计提基本养老保险费，缴存当地社会保险经办机构。2019 年 5 月，甲公司缴存的基本养老保险费，应计入生产成本的金额为 120 万元，应计入制造费用的金额为 24 万元，应计入管理费用的金额为 43.2 万元。甲公司2019 年 5 月的账务处理如下：

借：生产成本　　　　　　　1 200 000

　　制造费用　　　　　　　　240 000

　　管理费用　　　　　　　　432 000

　　　贷：应付职工薪酬——设定提存计划　　　　1 872 000

（二）设定受益计划的确认和计量

设定受益计划是指除设定提存计划以外的离职后福利计划。设定提存计划和设定受益计划的区分取决于离职后福利计划的主要条款和条件所包含的经济实质。在设定提存计划下，企业的义务以企业应向独立主体缴存的提存金金额为限，职工未来所能取得的离职后福利金额取决于向独立主体支付的提存金金额以及提存金所产生的投资回报，因而精算风险和投资风险实质上要由职工来承担。在设定受益计划下，企业的义务是为现在及以前的职工提供约定的福利，并且精算风险和投资风险实质上由企业来承担。当企业负有下列义务时，该计划就是一项设定受益计划：①计划福利公式不仅仅与提存金金额相关，且要求企业在资产不足以满足该公式的福利时提供进一步的提存金；②通过计划间接地或直接地对提存金的特定回报作出担保。

设定受益计划可能是不注入资金的，或者可能全部或部分由企业（有时由其职工）向独立主体以缴纳提存金形式注入资金，并由该独立主体向职工支付福利。到期时已注资福利的支付不仅取决于独立主体的财务状况和投资业绩，还取决于企业补偿独立主体资产不足的意愿和能力。企业实质上承担着与计划相关的精算风险和投资风险。因此，设定受益计划所确认的费用并不一定是本期应付的提存金金额。企业存在一项或多项设定受益计划的，对于每一项计划应当分别进行会计处理。

企业应当根据预期累计福利单位法，采用无偏且相互一致的精算假设对有关人口统计变量和财务变量等作出估计，计量设定受益计划所产生的义务，并确定相关义务的归属期间。企业应当根据资产负债表日与设定受益计划义务期限和币种相匹配的国债或活跃市场上的高质量公司债券的市场收益率确定折现率，将设定受益计划所产生的义务予以折现，以确定设定受益计划义务的现值和当期服务成本。

【例8-7】甲公司在2019年1月1日设立了一项设定受益计划，并于当日开始实施。该设定受益计划规定：

（1）甲公司向所有在职员工提供统筹外补充退休金，这些职工在退休后每年可以额外获得12万元退休金，直至去世。

（2）职工获得该额外退休金基于自该计划开始日起为公司提供的服务，而且应当自该设定受益计划开始日起一直为公司服务至退休。

为简化起见，假定符合计划的职工为100人，当前平均年龄为40岁，退休年龄为60岁，还可以为公司服务20年。假定在退休前无人离职，退休后平均剩余寿命为 15 年。假定适用的折现率为 10%，并且假定不考虑未来通货膨胀影响等其他因素。

计算设定受益计划义务及其现值如表 8-1 所示。计算职工服务期间每期服务成本如表 8-2 所示。

表8-1 计算设定收益计划义务及其现值

单位：万元

	退休后第 1 年	退休后第 2 年	退休后第 3 年	退休后第 4 年	……	退休后第 14 年	退休后第 15 年
当年支付	1 200	1 200	1 200	1 200	……	1 200	1 200
折现率	10%	10%	10%	10%	……	10%	10%
复利现值系数	0.909 1	0.826 4	0.751 3	0.683 0	……	0.263 3	0.239 4
退休时现值	1 091	992	902	820	……	316	287

表8-2 计算职工服务期间每期服务成本

单位：万元

福利归属	服务第 1 年	服务第 2 年	……	服务第 19 年	服务第 20 年
以前年度	0	456.35	……	8 214.3	8 670.65
当年	456.35	456.35	……	456.35	456.35
以前年度＋当年	456.35	912.7	……	8 670.65	9 127
期初义务	0	74.62	……	6 788.68	7 882.41
利息	0	7.46	……	678.87	788.24
当期服务成本	74.62	82.08	……	414.86	456.35
期末义务	74.62	164.16	……	7 882.41	9 127

服务第 1 年至第 20 年的账务处理如下。

①服务第 1 年年末，甲公司的账务处理如下：

借：管理费用（或相关资产成本）　　　746 200

　　贷：应付职工薪酬——设定受益计划义务　　　746 200

②服务第 2 年年末，甲公司的账务处理如下：

借：管理费用（或相关资产成本）　　　820 800

　　贷：应付职工薪酬——设定受益计划义务　　　820 800

借：财务费用（或相关资产成本）　　　　　74 600
　　贷：应付职工薪酬——设定受益计划义务　　　　　　74 600
服务第 3 年至第 20 年，以此类推处理。

二、税务处理与税会差异分析

对于离职后福利，在税法中虽然没有这一提法，也没有专门的规定，但税法中涉及的养老保险费、失业保险费等应属于会计准则中"设定提存计划"的内容。基本养老保险费符合税法规定的允许税前扣除，超标的或不符合规定的则不允许税前扣除。为在本企业任职或者受雇的全体员工支付的补充养老保险费、补充医疗保险费，分别在不超过职工工资总额 5% 标准内的部分，在计算应纳税所得额时准予扣除；超过的部分，不予扣除。例如，有些企业设立的年金，属于补充养老保险费，应当按照上述规定处理。

另外，除企业依照国家有关规定为特殊工种职工支付的人身安全保险费和国务院财政、税务主管部门规定可以扣除的其他商业保险费外，企业为投资者或者职工支付的商业保险费，不得扣除。

企业实施设定受益计划而计提的应付职工薪酬包括因设定受益计划修改所导致与以前期间职工服务相关的设定受益计划义务现值增加而减少的，由于尚未实际支出或发生，税法不予以承认，在计算企业应纳税所得额时应当进行调增处理。企业期末根据负债摊余成本和折现率计算的财务费用，其支出的原因为职工薪酬，未来到期时作为离职后福利支付给职工，所以属于税法规定的工资薪金支出，由于计提时尚未实际支付，所以属于可抵扣暂时性差异，在计算应纳税所得额时应当进行调增处理。

第四节　辞退福利、其他长期职工福利的会计处理与税务处理差异分析及纳税调整

一、会计处理

（一）辞退福利的会计处理

辞退福利是指企业在职工劳动合同到期之前解除与职工的劳动关系，或者为鼓励职工自愿接受裁减而给予职工的补偿。辞退福利主要包括以下几种：

（1）在职工劳动合同尚未到期前，不论职工本人是否愿意，企业决定解除与职工的劳动关系而给予的补偿。

（2）在职工劳动合同尚未到期前，为鼓励职工自愿接受裁减而给予的补偿，职工有权利选择继续在职或接受补偿离职。

辞退福利通常采取解除劳动关系时一次性支付补偿的方式，也可以采取在职工不再为企业带来经济利益后，将职工工资支付到辞退后未来某一期间的方式。

企业向职工提供辞退福利的，应当在企业不能单方面撤回因解除劳动关系计划或裁减建议所提供的辞退福利时、企业确认涉及支付辞退福利的重组相关的成本或费用时两者孰早日，确认辞退福利产生的职工薪酬负债，并计入当期损益。

【例8-8】甲公司是一家空调制造企业。2018年9月，为了能够在下一年度顺利实施转产，甲公司管理层制订了一项辞退计划，计划规定，从2019年1月1日起，企业将以职工自愿方式，辞退其柜式空调生产车间的职工。辞退计划的详细内容，包括拟辞退的职工所在部门、数量、各级别职工能够获得的补偿以及计划大体实施的时间等均已与职工沟通，并达成一致意见，辞退计划已于2018年12月15日经董事会正式批准，辞退计划将于下一个年度内实施完毕。辞退计划详细内容如表8-3所示。

表8-3　辞退计划详细内容表

所属部门	职位	辞退数量 / 人	工龄 / 年	每人补偿额 / 万元
柜式空调生产车间	车间主任	10	1～10	10
			10～20	20
			20～30	30
	高级技工	50	1～10	8
			10～20	18
			20～30	28
	一般技工	100	1～10	5
			10～20	15
			20～30	25
合计		160		

按照《企业会计准则第13号——或有事项》有关计算最佳估计数的方法，预计接受辞退的职工数量可以根据最可能发生的数量确定。2018年12

月31日，企业预计各级别职工拟接受辞退职工数量的最佳估计数（最可能发生数）及其应支付的补偿如表8-4所示。

表8-4　企业预计拟接受辞退职工数量及其应支付的补偿表

所属部门	职位	辞退数量/人	工龄/年	接受人数	每人补偿额/万元	补偿金额/万元
柜式空调生产车间	车间主任	10	1～10	5	10	50
			10～20	2	20	40
			20～30	1	30	30
	高级技工	50	1～10	20	8	160
			10～20	10	18	180
			20～30	5	28	140
	一般技工	100	1～10	50	5	250
			10～20	20	15	300
			20～30	10	25	250
合计		160		123		1 400

根据表8-4，企业在2018年（辞退计划是2018年12月15日由董事会批准的）应作如下账务处理：

借：管理费用　　　　　　　　　14 000 000

　　贷：应付职工薪酬——辞退福利　　　　　14 000 000

（二）其他长期职工福利的会计处理

其他长期职工福利是指除短期薪酬、离职后福利和辞退福利以外的其他所有职工福利。其他长期职工福利包括长期带薪缺勤、其他长期服务福利、长期残疾福利、长期利润分享计划和长期奖金计划等。

在报告期末，企业应当将其他长期职工福利产生的职工薪酬成本确认为下列组成部分：

（1）服务成本。

（2）其他长期职工福利净负债或净资产的利息净额。

（3）重新计量其他长期职工福利净负债或净资产所产生的变动。

二、税务处理与税会差异分析

辞退福利属于会计上职工薪酬的核算内容，遵循谨慎性、权责发生制等会计核算原则，当辞退福利计划满足预计负债确认条件时，将其确认为一项预计负债，同时计入当期损益。企业解除与职工的劳动合同而给予职工的补偿支出属于与经营活动有关的必要的、合理的支出，应当在实际支出时税前扣除。本期计提但尚未支付，则本期不能税前扣除，会形成可抵扣暂时性差异，本期计算应纳税所得额时应当进行调增处理。等待实际支付时，再进行纳税调减处理。

第九章 债务重组的会计处理与税务处理差异分析及纳税调整

债务重组，是指在不改变交易对手方的情况下，经债权人和债务人协定或法院裁定，就清偿债务的时间、金额或方式等重新达成协议的交易。债务重组涉及债权人和债务人，对债权人而言，为"债权重组"；对债务人而言，为"债务重组"。为便于表述，本章统称"债务重组"。债务重组的方式主要包括债务人以资产清偿债务、债务人将债务转为权益工具、修改其他条款方式，以及上述方式的组合。这些债务重组方式都是通过债权人和债务人重新协定或者法院裁定达成的，与原来约定的偿债方式不同。

为了规范债务重组业务的会计核算，财政部于 2019 年修订了《企业会计准则第 12 号——债务重组》，其相关规定与税法规定存在一定的差异，下面分别进行对比分析。

第一节　债权人的会计处理

一、以资产清偿债务或将债务转为权益工具

债务重组采用以资产清偿债务或者将债务转为权益工具方式进行的，债权人应当在受让的相关资产符合其定义和确认条件时予以确认。

（一）债权人受让金融资产

债权人受让包括现金在内的单项或多项金融资产的，应当按照《企业会计准则第 22 号——金融工具确认和计量》的规定进行确认和计量。金融资产初始确认时，应当以其公允价值计量。金融资产确认金额与债权终止确认日账面价值之间的差额，记入"投资收益"科目，但收取的金融资产的公允价值与交易价格（放弃债权的公允价值）存在差异的，应当按照《企业会计准则第 22 号——金融工具确认和计量》第三十四条的规定处理。

（二）债权人受让非金融资产

债权人初始确认受让的金融资产以外的资产时，应当按照下列原则以成本计量：

（1）存货的成本，包括放弃债权的公允价值，以及使该资产达到当前位置和状态所发生的可直接归属于该资产的税金、运输费、装卸费、保险费等其他成本。

（2）对联营企业或合营企业投资的成本，包括放弃债权的公允价值，以及可直接归属于该资产的税金等其他成本。

（3）投资性房地产的成本，包括放弃债权的公允价值，以及可直接归属于该资产的税金等其他成本。

（4）固定资产的成本，包括放弃债权的公允价值，以及使该资产达到预定可使用状态前所发生的可直接归属于该资产的税金、运输费、装卸费、安装费、专业人员服务费等其他成本。确定固定资产成本时，应当考虑预计弃置费用因素。

（5）生物资产的成本，包括放弃债权的公允价值，以及可直接归属于该资产的税金、运输费、保险费等其他成本。

（6）无形资产的成本，包括放弃债权的公允价值，以及可直接归属于使该资产达到预定用途所发生的税金等其他成本。

放弃债权的公允价值与账面价值之间的差额，记入"投资收益"科目。

（三）债权人受让多项资产

债权人受让多项非金融资产，或者包括金融资产、非金融资产在内的多项资产的，应当按照《企业会计准则第 22 号——金融工具确认和计量》的规定确认和计量受让的金融资产；按照受让的金融资产以外的各项资产在债务重组合同生效日的公允价值比例，对放弃债权在合同生效日的公允价值扣除受让金融资产当日公允价值后的净额进行分配，并以此为基础分别确定各项资产的成本。放弃债权公允价值与账面价值之间的差额，记入"投资收益"科目。

（四）债权人受让处置组

债务人以处置组清偿债务的，债权人应当分别按照《企业会计准则第 22 号——金融工具确认和计量》和其他相关准则的规定，对处置组中的金融资产和负债进行初始计量，然后按照金融资产以外的各项资产在债务重组合同生效日的公允价值比例，对放弃债权在合同生效日的公允价值以及承担的处置组中负债的确认金额之和，扣除受让金融资产当日公允价值后的净额进行分配，并以此为基础分别确定各项资产的成本。放弃债权的公允价值与账面价值之间的差额，记入"投资收益"科目。

（五）债权人将受让的资产或处置组划分为持有待售类别

债务人以资产或处置组清偿债务，且债权人在取得日未将受让的相关资产或处置组作为非流动资产和非流动负债核算，而是将其划分为持有待售类别的，债权人应当在初始计量时，比较假定其不划分为持有待售类别情况下的初始计量金额和公允价值减去出售费用后的净额，以两者孰低计量。

二、修改其他条款

债务重组采用以修改其他条款方式进行的，如果修改其他条款导致全部债权终止确认，债权人应当按照修改后的条款以公允价值初始计量重组债权。重组债权的确认金额与债权终止确认日账面价值之间的差额，记入"投资收益"科目。如果修改其他条款未导致债权终止确认，债权人应当根据其分类，继续以摊余成本、以公允价值计量且其变动计入其他综合收益，或者以公允价值计量且其变动计入当期损益进行后续计量。对于以摊余成本计量的债权，债权人应当根据重新议定合同的现金流量变化情况，重新计算该重组债权的账面余额，并将相关利得或损失记入"投资收益"科目。重新计算的该重组债权的账面余额，应当根据将重新议定或修改的合同现金流量按债权原实际利率折现的现值确定；购买或源生的已发生信用减值的重组债权，应按经信用调整的实际利率折现。对于修改或重新议定合同所产生的成本或费用，债权人应当调整修改后的重组债权的账面价值，并在修改后重组债权的剩余期限内摊销。

三、组合方式

债务重组采用组合方式进行的，一般可以认为对全部债权的合同条款做出了实质性修改，债权人应当按照修改后的条款，以公允价值初始计量重组债权和受让的新金融资产，按照受让的金融资产以外的各项资产在债务重组合同生效日的公允价值比例，对放弃债权在合同生效日的公允价值扣除重组债权和受让金融资产当日公允价值后的净额进行分配，并以此为基础分别确定各项资产的成本。放弃债权的公允价值与账面价值之间的差额，记入"投资收益"科目。

第二节　债务人的会计处理

一、债务人以资产清偿债务

（一）债务人以金融资产清偿债务

债务人以单项或多项金融资产清偿债务的，债务的账面价值与偿债金融资产账面价值的差额，记入"投资收益"科目。偿债金融资产已计提减值准备的，应结转已计提的减值准备。对于以分类为以公允价值计量且其变动计入其他综合收益的债务工具投资清偿债务的，之前计入其他综合收益的累计利得或损失，应当从其他综合收益中转出，记入"投资收益"科目；对于以指定为以公允价值计量且其变动计入其他综合收益的非交易性权益工具投资清偿债务的，之前计入其他综合收益的累计利得或损失应当从其他综合收益中转出，记入"盈余公积""利润分配——未分配利润"等科目。

（二）债务人以非金融资产清偿债务

债务人以单项或多项非金融资产清偿债务，或者以包括金融资产和非金融资产在内的多项资产清偿债务的，不需要区分资产处置损益和债务重组损益，也不需要区分不同资产的处置损益，而应将所清偿债务账面价值与转让资产账面价值之间的差额，记入"其他收益——债务重组收益"科目。偿债资产已计提减值准备的，应结转已计提的减值准备。债务人以包含非金融资产的处置组清偿债务的，应当将所清偿债务和处置组中负债的账面价值之和，与处置组中资产的账面价值之间的差额，记入"其他收益——债务重组收益"科目。处置组所属的资产组或资产组组合按照《企业会计准则第8号——资产减值》分摊了企业合并中取得的商誉的，该处置组应当包含分摊至处置组的商誉。处置组中的资产已计提减值准备的，应结转已计提的减值准备。通常情况下，债务重组不属于企业的日常活动，因此，在债务重组中，如债务人以日常活动产出的商品或服务清偿债务，不应按收入准则确认为商品或服务的销售处理。债务人以日常活动产出的商品或服务清偿债务（以企业的存货或提供服务清偿债务）的，应当将所清偿债务账面价值与存货等相关资产账面价值之间的差额，记入"其他收益——债务重组收益"科目。

二、债务人将债务转为权益工具

债务重组采用将债务转为权益工具方式进行的，债务人初始确认权益工具时，应当按照权益工具的公允价值计量，权益工具的公允价值不能可靠计量的，应当按照所清偿债务的公允价值计量。所清偿债务账面价值与权益工具确认金额之间的差额，记入"投资收益"科目。债务人因发行权益工具而支出的相关税费等，应当依次冲减资本溢价、盈余公积、未分配利润等。

三、修改其他条款

债务重组采用修改其他条款方式进行的，如果修改其他条款导致债务终止确认，债务人应当按照公允价值计量重组债务，终止确认的债务账面价值与重组债务确认金额之间的差额，记入"投资收益"科目。如果修改其他条款未导致债务终止确认，或者仅导致部分债务终止确认，对于未终止确认的部分债务，债务人应当根据其分类，继续以摊余成本、以公允价值计量且其变动计入当期损益或其他适当方法进行后续计量。对于以摊余成本计量的债务，债务人应当根据重新议定合同的现金流量变化情况，重新计算该重组债务的账面价值，并将相关利得或损失记入"投资收益"科目。重新计算的该重组债务的账面价值，应当根据重新议定或修改的合同现金流量，由按债务的原实际利率或按《企业会计准则第 24 号——套期会计》第二十三条规定的重新计算的实际利率（如适用）折现的现值确定。对于修改或重新议定合同所产生的成本或费用，债务人应当调整修改后的重组债务的账面价值，并在修改后重组债务的剩余期限内摊销。

四、组合方式

债务重组采用以资产清偿债务、将债务转为权益工具、修改其他条款等方式的组合进行的，对于权益工具，债务人应当在初始确认时按照权益工具的公允价值计量；权益工具的公允价值不能可靠计量的，应当按照所清偿债务的公允价值计量。对于修改其他条款形成的重组债务，债务人应当参照上文"修改其他条款"部分的指南，确认和计量重组债务。所清偿债务的账面价值与转让资产的账面价值以及权益工具和重组债务的确认金额之和的差额，记入"其他收益——债务重组收益"或"投资收益"（仅涉及金融工具时）科目。值得注意的是，对于企业因破产重整而进行的债务重组交易，由于涉及破产重整的债务重组协议执行过程及结果存在重大不确定性，因此，企业通常应在破产重整协议履行完毕后确认债务重组收益，除非有确凿证据表明上述重大不确定性已经消除。

第三节　债务重组的税会差异分析及纳税调整

一、以金融资产清偿债务

根据税法规定，在债务重组业务中，债务人应当按照支付的债务清偿额低于债务计税基础的差额，确认债务重组所得。债务重组收入应在债务重组协议生效时确认其的实现。企业债务重组所得超过当年应纳税所得额50% 的，可在今后 5 个纳税年度内均匀计入应纳税所得额。

债权人应当按照收到的债务清偿额低于债权计税基础的差额，确认债务重组损失。债务重组损失，本质上是坏账损失，根据《财政部 国家税务总局关于企业资产损失税前扣除政策的通知》财税〔2009〕57 号的规定，企业除贷款类债权外的应收款项，包括与债务人达成债务重组协议或法院批准破产重整计划后，无法追偿的应收款项，可以作为坏账损失在计算应纳税所得额时扣除。《企业资产损失所得税税前扣除管理办法》第二十二条规定，企业应收及预付款项坏账损失属于债务重组的，应有债务重组协议及其债务人重组收益纳税情况说明。

【例 9-1】A 公司于 2019 年 3 月 1 日向 B 公司销售一批产品，不含税价格为 2 000 000 元，增值税税率为 13%。按合同规定，信用期为 2 个月，B 公司应于 2019 年 5 月 1 日前偿付货款 2 260 000 元。由于 B 公司发生财务困难，无法按合同规定的期限偿还货款。2020 年 1 月 15 日，经双方协商，于 1 月 30 日进行债务重组。债务重组协议规定，A 公司同意减免 B 公司 200 000 元债务，余额用现金立即偿清。A 公司已于 1 月 10 日收到 B 公司通过银行转账偿还的剩余款项。A 公司已为该项应收债权计提了坏账准备 22 600 元。

（1）债权人 A 公司

①会计处理。

借：银行存款　　　　　　　　　　　2 060 000

借：投资收益　　　　　　　　　　　177 400
　　坏账准备　　　　　　　　　　　 22 600
　　贷：应收账款——B 公司　　　　　　　　　　2 260 000

②税务处理。债务重组损失符合《企业资产损失所得税税前扣除管理办法》的规定，本例中允许扣除的债务重组损失为 177 400 元。年终申报所得税时，需对坏账准备进行纳税调整处理。除税法另有规定外，计提的坏账准备不得在税前扣除。企业发生的坏账作资产损失据实扣除，相关资料留存备查。在本例中实际发生的坏账损失冲减坏账准备的 22 600 元，A 公司在计算 2020 年度应纳税所得额时需在税前扣除，所以 2019 年末确认的可抵扣暂时性差异 22 600 元转回，递延所得税资产减少 5 650 元。

（2）债务人 B 公司

①会计处理。

借：应付账款——A 公司　　　　　　2 260 000
　　贷：银行存款　　　　　　　　　　　　　　2 060 000
　　　　投资收益　　　　　　　　　　　　　　　200 000

②税务处理。B 公司债务重组所得 200 000 元，应当计入当期应纳税所得额。如果债务重组所得超过当年的应纳税所得额的 50%，则可分 5 年分期计入应纳税所得额；否则，不需要进行纳税调整。

二、以非金融资产清偿债务

根据税法规定，在债务重组中，债务人以非金融资产清偿债务，应当分解为以公允价值视同销售非金融资产和以公允价值清偿债务两项业务，确认资产转让损益和债务重组利得；债权人取得的非现金资产的公允价值（包含按税法规定不得抵扣的增值税）与应收债权的计税基础之间的差额，作为债务重组损失处理。

【例 9-2】2019 年 6 月 18 日，甲公司向乙公司销售一批商品，应收乙公司款项的入账金额为 950 000 元，甲公司将该应收款项分类为以摊余成本计量的金融资产，乙公司将该应付账款分类为以摊余成本计量的金融负债。2019 年 10 月 18 日，双方签订债务重组合同，乙公司以一项作为无形资产核算的非专利技术偿还该欠款。该无形资产的账面余额为 1 000 000 元，累计摊销额为 100 000 元，已计提减值准备 20 000 元。无形资产摊销年限会计与税法相同，公允价值为 930 000 元。2019 年 10 月 22 日，双方办理完成该无形资产转让手续。当日，甲公司应收款项的公允价值为 870 000 元，已计提坏账准备 70 000 元，乙公司应付款项的账面价值仍为 950 000 元。

（1）债权人甲公司

①会计处理。

借：无形资产   870 000

    坏账准备   70 000

    投资收益   10 000

    贷：应收账款——乙公司   950 000

②税务处理。会计上，甲公司取得无形资产入账价值为 870 000 元。按照税法规定，无形资产的计税基础为 930 000 元，两者产生了暂时性差异，需要在无形资产使用期限内进行纳税调整。

（2）债务人乙公司

①会计处理。

借：应付账款——甲公司   950 000

    累计摊销   100 000

    无形资产减值准备   20 000

    贷：无形资产   1 000 000

        其他收益——债务重组收益   70 000

②税务处理。乙公司作为债务人，以无形资产非专利技术抵偿债务，按照税法规定，应当分解为转让相关非货币性资产（财产转让所得）、按非货币性资产公允价值清偿债务（债务重组所得）两项业务。

乙公司无形资产的账面原值为 1 000 000 元，无形资产累计摊销为 100 000 元，无形资产的账面价值为 900 000 元，无形资产的公允价值为 930 000 元，财产转让损益为 30 000 元；乙公司债务计税基础为 950 000 元，抵债资产公允价值为 930 000 元，税法的债务重组收益为 20 000 元。

《企业所得税法实施条例》第九十条规定企业所得税法第二十七条第（四）项所称符合条件的技术转让所得免征、减征企业所得税，是指一个纳税年度内，居民企业技术转让所得不超过 500 万元的部分，免征企业所得税；超过 500 万元的部分，减半征收企业所得税。乙公司以无形资产抵偿债务符合免税条件，财产转让损益 30 000 元免征企业所得税。该项业务税法收益合计为 20 000 元，会计确认收益为 70 000 元，两者之间的差异为 50 000 元。其中，30 000 元是由免税产生的，20 000 元是由会计计提 20 000 元坏账准备造成的。

三、债务转资本的税会差异分析

根据税法规定，企业在债务重组中发生的债权转股权业务，应当分解为债务的清偿和接受投资两项业务，确认有关债务清偿所得或损失。对于债务人来说，其支付股权的公允价值与应付债务计税基础之间的差额，作为债务重组所得；对于债权人来说，其取得股权的公允价值与债权计税基础之间的差额，应作为债务重组损失。此外，还适用特殊性税务处理规定，对债务清偿和股权投资两项业务暂不确认有关债务清偿所得或损失的，股权计税基础以原债权的计税基础确定。此时，会计处理与税务处理存在差异。

【例9-3】2019年5月，甲公司销售一批商品给乙公司，货款总价是10 000 000元，公允价值是8 000 000元。2020年10月，经双方协商，由乙公司以其1 000 000股普通股抵偿所欠甲公司货款。该股票面值每股1元，公允价值每股8元。假定满足特殊性税务处理的条件，不考虑其他相关税费。

（1）债权人甲公司的会计处理。

借：长期股权投资　　　　　8 000 000
　　投资收益　　　　　　　2 000 000
　　　贷：应收账款　　　　　　　　　10 000 000

（2）债务人乙公司的会计处理。

借：应付账款　　　　　　　10 000 000
　　　贷：股本　　　　　　　　　　　1 000 000
　　　　　资本公积——股本溢价　　　7 000 000
　　　　　投资收益　　　　　　　　　2 000 000

（3）税务处理。从上述会计处理中可以看出，债权人甲公司确认2 000 000元的重组损失，债务人乙公司确认2 000 000元的重组收益，但在税务上，如果采用特殊性税务处理，该重组损失或收益都不需要确认。此时，要进行纳税调整，需要注意的是，该差异仅影响债务重组当期，不需要递延。

第十章　收入的会计处理与税务处理差异分析及纳税调整

第一节　收入确认、计量的会计处理与税务处理差异分析及纳税调整

收入是十分重要的会计要素，收入的会计核算和披露是否正确，直接关系到企业财务成果和财务状况的反映是否恰当。为了规范企业在销售商品、提供劳务和他人使用本企业资产的交易中形成的收入的会计核算和相关信息的披露，2006 年 2 月 15 日，中华人民共和国财政部发布了《企业会计准则第 14 号——收入》和《企业会计准则第 15 号——建造合同》，对企业的收入确认、计量和相关信息的披露进行了规范。随着经济业务的日益复杂，原收入准则已难以满足企业经济业务发展的需要。2014 年 5 月国际会计准则理事会发布了《国际财务报告准则第 15 号——与客户之间的合同产生的收入》，对收入确认模型进行了重大改革，并设定了统一的收入确认计量五步法模型。为与国际会计准则趋同，在充分借鉴国际会计准则的基础上，结合我国实际，中华人民共和国财政部于 2017 年 7 月 5 日修订印发了《企业会计准则第 14 号——收入》。

《中华人民共和国增值税暂行条例》和《中华人民共和国企业所得税暂行条例》对收入的涉税处理进行了规定。《企业会计准则第 14 号——收入》从实质重于形式原则和谨慎性原则出发，侧重于收入实质性的实现；而税法从组织财政收入的角度出发，侧重于收入社会价值的实现。企业会计准则规范企业的会计核算和相关信息的披露，税法规范企业税款的计算和缴纳，两者对企业的重要性不言而喻，并且两者的立法基础不相同，前者注重企业会计信息提供的相关性和可靠性，后者则强调立法的公平和效率，这就导致会计准则和税法存在一定的差异性，企业的会计人员要协调好两者的差异才能最大限度地维护国家及企业的利益。

一、收入确认

（一）收入确认范围

《企业会计准则第 14 号——收入》界定的收入是指企业在日常活动中形成的、会导致所有者权益增加的、与所有者投入资本无关的经济利益的总流入。核算内容包括销售商品、提供劳务、让渡资产使用权以及建造合同取得的收入。

税法的收入确认，通常不考虑收入的形式、来源及性质。《企业所得税法》规定，收入总额是企业以货币形式和非货币形式从各种渠道取得的收入。其涵盖内容不仅包括新收入准则核算的收入，还包括会计上不作为收入核算的投资收益、资产处置利得、部分价外费用及视同销售收入等。具体包括销售货物收入、提供劳务收入、转让财产收入、股息红利等权益性投资收益、利息收入、租金收入、特许权使用费收入、接受捐赠收入、其他收入。同时，将收入区分为应税收入、不征税收入、免税收入，在计算应纳税所得额时将收入总额减去不征税收入和免税收入。

（二）收入确认条件

《企业会计准则第 14 号——收入》规定，当企业与客户之间的合同同时满足下列条件时，企业应当在客户取得相关商品控制权时确认收入：①合同各方已批准该合同并承诺将履行各自义务；②该合同明确了合同各方与所转让商品或提供劳务（以下简称"转让商品"）相关的权利和义务；③该合同有明确的与所转让商品相关的支付条款；④该合同具有商业实质，即履行该合同将改变企业未来现金流量的风险、时间分布或金额；⑤企业因向客户转让商品而有权取得的对价很可能收回。《企业会计准则第 14 号——收入》基于合同确认收入，交易的商业模式、支付条款、定价安排等合同条款的约定直接影响收入确认的结果。商品控制权转移替代风险与报酬转移成为收入确认时点的重要判断标准。

在税法上，企业销售收入的确认必须遵循权责发生制原则。根据《国家税务总局关于确认企业所得税收入若干问题的通知》（国税函〔2008〕875 号），收入确认应同时满足四个条件：①商品销售合同已经签订，企业已将商品所有权相关的主要风险和报酬转移给购货方；②企业对已售出的商品既没有保留通常与所有权相联系的继续管理权，也没有实施有效控制；③收入的金额能够可靠地计量；④已发生或将发生的销售方的成本能够可靠地核算。上述收入确认条件与会计准则相比,其区别在于税法不考虑企业可能出现无法收回商品对价的经营风险。税法的收入确认条件,根据经济交易完成的法律要件是否具备来判断,强调发出商品、提供劳务,同时收讫价款或索取价款的凭据。税法对会计出于谨慎性原则设置的收入确认条件不予认可,即不考虑企业有权取得的对价是否很可能收回。《企业所得税法实施条例》第二十五条还单独设有视同销售货物条款,对部分会计上不作为收入核算的业务,在税收上视同销售货物、转让财产或者提供劳务,计算应纳税所得额。

【例 10-1】2019 年 4 月 2 日,八达实业股份有限公司向乙公司销售一批 A 产品。A 产品的生产成本为 60 000 元,不含税价格为 100 000 元,增值税销项税额为 13 000 元。八达公司在销售时知悉乙公司资金周转发生困难,近期内难以收回货款,但为了减少存货积压以及考虑到与乙公司长期的业务往来关系,仍将 A 产品发运给乙公司,并且开出增值税发票。

2019 年 12 月 31 日,八达公司仍未收到乙公司的货款。据悉乙公司当前财务状况并未好转,八达公司因向客户转让商品而有权取得的对价近期内收回的可能性很小,存在重大不确定因素。

在本案例中,八达公司在发出商品时,由于不满足《企业会计准则第 14 号——收入》中的第五条确认条件"企业因向客户转让商品而有权取得的对价很可能收回",所以会计上不能确认销售收入,应等待收到款项或乙公司将来承诺付款后再确认销售收入。八达公司有关的会计处理如下。

2019 年 4 月 2 日,八达公司发出 A 商品时:

借:发出商品——A 产品　　　　　　60 000

　　贷:库存商品——A 产品　　　　　　　　　　60 000

根据《国家税务总局关于增值税纳税义务发生时间有关问题的公告》(国家税务总局公告 2011 年第 40 号),纳税人生产经营活动中采取直接收款方式销售货物,已将货物移送对方并暂估销售收入入账,但既未取得销售款或取得索取销售款凭据也未开具销售发票的,其增值税纳税义务发生时间为取得销售款或取得索取销售款凭据的当天;先开具发票的,为开具发票的当天。八达公司在将 A 产品发给乙公司并开具增值税发票时即发生了增值税纳税义务,应当确认增值税的销项税额。所以应当在发出 A 商品时编制会计分录如下。

借:应收账款——乙公司　　　　　　13 000

　　贷:应交税费——应交增值税(销项税额)　　　　13 000

按照企业所得税收入的确认原则，该项业务在企业所得税汇算清缴时，必须要确认收入 100 000 元，同时确认销售成本 60 000 元。因此，纳税调增收入 100 000 元，调增成本 60 000 元。

税法没有强调有权取得的对价"很可能"收回这一标准，也就是说税法不承担企业的经营风险，不遵循谨慎性原则。若最终确认无法收回该货款，则根据税法关于资产损失的认定，应确认坏账损失税前扣除。总之，税法上不会延迟收入的实现与确认。

（三）收入确认时间

（1）会计上规定企业应当在履行了合同中的履约义务，即在客户取得相关商品控制权时确认收入；税法规定委托其他纳税人代销货物，为收到代销单位销售的代销清单的当天。增值税法规定未收到代销清单及货款的，为发出代销货物满 180 天的当天。

（2）会计上规定分期收款销售商品收入确认的时间为发出商品时；税法规定纳税人采取赊销和分期收款方式销售货物，纳税义务发生时间为合同约定的收款日期的当天。

（3）会计上规定附有销售退回条件的商品销售，能够估计退货可能性的，发出商品时确认收入，在销售成立的月末应按估计的退货率确认销售退回；不能估计退货可能性的，退货期满确认收入。税法规定，收入确认的时间为收到销售款或取得索取销售额的凭据并将提货单交给买方的当天或发出货物的当天，销售退回确认的时间为收到购货单位退回的增值税专用发票或寄来的"证明单"后。

（4）会计上规定采取预收货款方式销售货物，应当在商品控制权转移给对方时确认收入，即发出商品当天。税法规定生产销售生产工期超过 12 个月的大型机械设备、船舶、飞机等货物，为收到预收款或者书面合同约定的收款日期的当天。

二、收入计量

（一）可变对价

企业与客户的合同中约定的对价金额可能是固定的，也可能会因折扣、价格折让、返利、退款、奖励等因素发生变化。

根据《企业会计准则第 14 号——收入》，合同中存在可变对价的，企业应当按照期望值或最可能发生金额确定可变对价的最佳估计数，但包含可变对价的交易价格，应当不超过在相关不确定性消除时累计已确认收入极可能不会发生重大转回的金额。根据税法规定，企业销售商品、提供劳务等交易应当按照合同的约定确认收入，各项折让、返利、退款等一般在其发生时冲减收入，各种奖励应当在其实际取得时确认收入。由于会计和税法规定确认的时间不同，所以会产生税会差异。

【例 10-2】2018 年 10 月 1 日，甲公司作为承包商与乙公司订立一项建造垃圾处理站的合同。甲公司负责项目的总体管理，并识别各类拟提供的商品和服务，包括工程技术、场地清理、地基构建、采购、建筑架构、管道和管线的铺设、设备安装及装修等。合同价格为 1 000 万元，同时合同约定，若甲公司在 2019 年 12 月 31 日前建造完成，则将获得奖励 100 万元，合同约定乙公司按工程测量进度支付工程款，并规定双方应于 2018 年 12 月末、2019 年 6 月末、2019 年 12 月末分三次实际测量工程进度，并应于各月末按照测量结果支付工程款。甲公司根据以往的经验，预计很可能获得提前竣工奖励 100 万元。

2018 年 10 月末、11 月末，甲公司（自行）测量后估计实际完成的工程量分别为整体工程量的 10% 第五条 25%；2018 年 12 月末，双方共同测量后确定实际完成的工程量为整体工程量的 40%，根据合同约定乙公司应当支付工程款 400 万元。2019 年 1 月 10 日，甲公司收到工程款 400 万元。

在本案例中，甲公司作为承包商与乙公司签订了合同，合同中的履约义务属于在某一时段内履行的履约义务，而且甲公司根据合同转让个别商品和服务的承诺无法与合同中的其他承诺单独区分开来。所以，甲公司应将合同中的所有商品和服务作为单一履约义务进行会计处理。

根据《企业会计准则第 14 号——收入》，甲公司应当根据合同条款，并结合其以往的习惯做法确定交易价格。在确定交易价格时，应当考虑可变对价、对于合同中存在的重大融资成分、非现金对价、应付乙公司对价等因素的影响。在本案例中，合同中存在可变对价，甲公司应当按照期望值或最可能发生金额确定可变对价的最佳估计数，但包含可变对价的交易价格，应当不超过在相关不确定性消除时累计已确认收入极可能不会发生重大转回的金额。甲公司采用最可能发生的金额来估计与奖励性付款相关的可变对价，预测其很可能获得的可变对价金额。在合同开始时将交易价格确定为 1 100 万元。

2018 年 12 月 31 日，甲公司重新估计了应计入交易价格的可变对价金额，确定交易价格没有变化。

根据《企业会计准则第 14 号——收入》，甲公司采用产出法确定履约进度。

（1）2018 年 10 月末，甲公司（自行）测量后估计实际完成的工程量为整体工程量的 10%，则甲公司应当确认会计收入 110（1 100×10%）万元。

（2）2018 年 11 月末，甲公司（自行）测量后估计实际完成的工程量为整体工程量的 25%，则甲公司当月应当确认会计收入 165（1 100×25%-110）万元，累计确认会计收入 275 万元。

（3）2018 年 12 月末，双方共同测量后确定实际完成的工程量为整体工程量的 40%，则甲公司当月应当确认会计收入 165（1 100×40%-275）万元，累计确认会计收入 440 万元。

2018 年 12 月末，甲公司取得了索取销售款项 400 万元的权利。税法规定，企业受托加工制造大型机械设备、船舶、飞机，以及从事建筑、安装、装配工程业务或者提供其他劳务等，持续时间超过 12 个月的，按照纳税年度内完工进度或者完成的工作量确认收入的实现。由此可见，税法收入和会计收入确认的方式基本类似。但是，由于会计处理时将可变对价纳入了交易价格，而税法处理时不考虑可变对价实现的可能性（应当在奖励款确定实现时再予以确认）。所以，在 2018 年末产生税会差异 40 万元。

（二）合同中存在重大融资成分

1. 会计处理

当企业将商品的控制权转移给客户的时间与客户实际付款的时间不一致时，如果合同各方以在合同中明确（或者以隐含的方式）约定的付款时间，为客户或企业就转让商品的交易提供了重大融资利益，那么合同中即包含了重大融资成分，企业在确定交易价格时，应当对已承诺的对价金额作出调整，以剔除货币时间价值的影响。合同中存在重大融资成分的，企业应当按照假定客户在取得商品控制权时即以现金支付的应付金额（现销价格）确定交易价格。企业在确定该重大融资成分的金额时，应使用将合同对价的名义金额折现为商品现销价格的折现率。该折现率一经确定，不得因后续市场利率或客户信用风险等情况的变化而变更。企业确定的交易价格与合同承诺的对价金额之间的差额应当在合同期间内采用实际利率法摊销。

2. 税务处理

《企业所得税法》第六条第（一）项所称销售货物收入，是指企业销售商品、产品、原材料、包装物、低值易耗品以及其他存货取得的收入。根据《中华人民共和国企业所得税法实施条例释义及适用指南》，并未要求企业对实质上具有融资性质的商品销售进行折现处理，而是要求企业按照购货方已收或应收的合同或协议价款确定销售货物的金额。因此，税务处理与会计处理会产生差异。

【例 10-3】2018 年 1 月 1 日，A 公司与 B 公司签订一项销售合同。合同约定：A 公司向 B 公司销售一批产品，该批产品将于两年之后交货。合同中包含两种可供选择的付款方式，即 B 公司可以在合同签订后立即支付价款 500 万元，或者在 2 年后交付产品时支付价款 551.25 万元。B 公司选择在合同签订时支付货款。A 公司于 2018 年 1 月 1 日收到 B 公司支付的货款 500 万元。该批产品的控制权在交货时转移，上述价格均不包含增值税，增值税税率为 13%。

在本案例中，按照上述两种付款方式计算的内含利率为 5%。考虑到 B 公司付款时间和产品交付时间之间的间隔以及现行市场利率水平，A 公司认为该合同中存在重大融资成分，在确定交易价格时，应当对合同承诺的对价金额进行调整，以反映该重大融资成分的影响。假定该融资费用不符合借款费用资本化的要求。A 公司的会计处理如下：

（1）2018 年 1 月 1 日收到货款。

借：银行存款　　　　　　　　5 000 000
　　未确认融资费用　　　　　　 512 500
　　贷：合同负债　　　　　　　　　　　　5 512 500

（2）2018 年 12 月 31 日确认融资成分的影响。

确认融资费用 =5 000 000×5%=250 000（元）。

借：财务费用　　　　　　　　 250 000
　　贷：未确认融资费用　　　　　　　　　 250 000

（3）2019 年 12 月 31 日交付产品。

借：合同负债　　　　　　　　5 512 500
　　应收账款　　　　　　　　 716 625
　　贷：主营业务收入　　　　　　　　　　5 512 500
　　　　应交税费——应交增值税（销项税额）　716 625

确认融资费用 =512 500-250 000=262 500（元）。

借：财务费用　　　　　　　　 262 500
　　贷：未确认融资费用　　　　　　　　　 262 500

（三）非现金对价

《企业会计准则第 14 号——收入》规定，客户支付非现金对价的，企业应当按照非现金对价的公允价值确定交易价格。非现金对价的公允价值不能合理估计的，企业应当参照其承诺向客户转让商品的单独售价间接确定交易价格。企业以存货换取客户的固定资产、无形资产等非货币性资产的，按照《企业会计准则第 14 号——收入》的规定进行会计处理，除此之外的其他非货币性资产交换，按照《企业会计准则第 7 号——非货币性资产交换》的规定进行会计处理。《企业会计准则第 14 号——收入》对存货以外的非货币性资产交换，以及交换不涉及或只涉及少量的货币性资产（补价占整个资产交换金额的比例低于 25%），不作为收入进行核算。

税法对非货币性资产交换是否具有商业实质，以及换入资产或换出资产的公允价值是否能够可靠地计量等无相关要求。企业发生非货币性资产交换，应当视同销售货物，但国务院财政、税务主管部门另有规定的除外。税法不以换出资产的公允价值作为确定换入资产成本的基础，而是以换入资产的公允价值和支付的相关税费作为计税基础或成本。非货币性资产交换一般要求在交易发生时确认有关资产的转让所得或者损失，相关资产应当按照交易价格重新确定计税基础。特殊情况下，如符合规定条件的企业重组，可选择特殊性税务处理，允许交易各方暂不确认有关资产转让所得或损失。

（四）应付客户对价

《企业会计准则第 14 号——收入》规定，企业应付客户对价的，应当将该应付对价冲减交易价格，并在确认相关收入与支付（或承诺支付）客户对价两者孰晚的时点冲减当期收入。企业应付客户对价是为了向客户取得其他可明确区分商品的，应当采用与本企业其他采购相一致的方式确认所购买的商品。企业应付客户对价超过向客户取得可明确区分商品公允价值的，超过金额应当冲减交易价格。向客户取得的可明确区分商品公允价值不能合理估计的，企业应当将应付客户对价全额冲减交易价格。

税法规定，销售额是纳税人发生应税销售行为取得的全部价款和价外费用。企业向客户支付对价，税法一般作为销售折扣或折让处理。

企业实际发生的与取得收入有关的、合理的支出，包括成本、费用、税金、损失和其他支出，准予在计算应纳税所得额时扣除。企业向客户支付对价，如符合生产经营活动常规，取得发票等合法有效凭证，且属于与取得收入直接相关的当期支出，允许在计算应纳税所得额时扣除。但纳税人销售货物给购货方的回扣，其支出不得在所得税前列支。

（五）将交易价格分摊至单项履约义务

《企业会计准则第14号——收入》规定，合同中包含两项或多项履约义务的，企业应当在合同开始日，按照各单项履约义务所承诺商品的单独售价的相对比例，将交易价格分摊至各单项履约义务。单独售价无法直接观察的，企业应当综合考虑其能够合理取得的全部相关信息，采用市场调整法、成本加成法、余值法等合理估计单独售价。

【例10-4】A公司是一家以空调研发、生产、销售为主的家电企业。2018年12月20日，A公司（企业）与B公司订立一项出售空调的合同。合同约定，该批空调的合同售价为1 000万元（不含税价）。A公司承诺将商品运送至B公司指定的地点（由上海运送至乌鲁木齐）。在A公司发运货物的2日内，B公司支付合同总价的30%；B公司收到空调并验收合格后的10日内，支付合同总价的70%。若B公司自提该批空调，则该批空调的市场售价为920万元。

2018年12月25日，A公司将该批空调交付某运输公司，委托其负责运输，运输里程共计4 000千米。A公司将为此支付运输费用100万元，B公司于2018年12月27日支付了合同价款300万元。

2018年12月31日，运输公司已将货物运送至距目的地2 000千米的地点。2019年1月5日，运输公司将货物运送至B公司指定地点。B公司于次日验收合格，按约定支付了700万元货款，同日A公司向B公司开具了增值税专用发票。

A公司的会计处理如下。

（1）在合同开始时，A公司确定合同存在两项承诺：一项是转让商品（空调）的承诺，另外一项是提供运输服务的承诺。

（2）A公司认为B公司能够从单独使用空调中获益，也能够从A公司提供的运输服务中获益，即A公司转让空调和提供运输服务本身能够明确区分。A公司并未提供任何重大的服务以将承诺的商品或服务整合为B公司订立合同时所要求的组合产出，即整合为一揽子商品或服务（A公司并未以该商品或服务作为投入以生产或交付B公司所要求的组合产出），并且A公司提供运输服务不会对空调形成重大修改或定制，同样，转让空调也不会对运输服务形成重大修改或定制。另外，转让空调和提供运输服务之间不具有高度关联性。因此，A公司确定向B公司转让空调的承诺可与A公司向 B 公司提供运输服务的承诺单独区分开来。因此，A 公司识别出合同中存在两项履约义务：一项是转让商品（空调）的履约义务，另外一项是提供运输服务的履约义务。

（3）A 公司认为转让空调的履约义务属于在某一时点履行的履约义务，提供运输服务的履约义务属于某一时段履行的履约义务，因为如果 A 公司仅运送该商品一段路程，而 A 公司继续承运时无须将商品运回上海再运送至乌鲁木齐，即 B 公司在 A 公司运送一段路程的过程中已经获得了 A 公司履约所带来的利益。

（4）确定交易价格。若 B 公司自提该批空调，则该批空调的市场售价为 920 万元，因此 A 公司确定该批空调的单独售价为 920 万元。在确定提供运输服务的单独售价时，A 公司采用成本加成法进行估计。假设 A 公司最终确定运输服务的单独售价为 110 万元。由于合同中各单项履约义务所承诺的商品的单独售价之和 1 030 万元高于合同交易价格 1 000 万元，因此 B 公司实际上是因购买一揽子商品和服务而获得了一项合同折扣，A 公司在各单项履约义务之间按比例分摊该项合同折扣。则空调的价格为 893（920÷1 030×1 000）万元，运输服务的价格为 107（110÷1 030×1 000）万元。

（5）确认收入。2018 年末，B 公司尚未取得空调的控制权，因此不确认转让空调的收入。12 月 31 日，运输公司已将货物运送至距目的地 2 000 千米的地点。A 公司决定采用产出法确定恰当的履约进度：运输里程共计 4 000 千米，截至 2018 年 12 月末已运送 2 000 千米，则履约进度为 50%。A 公司确认运输服务收入 53.5（107×50%）万元。

根据《国家税务总局关于确认企业所得税收入若干问题的通知》（国税函〔2008〕875 号）的规定，商品销售同时满足下列条件的，应确认收入的实现：

（1）商品销售合同已经签订，企业已将商品所有权相关的主要风险和报酬转移给购货方。

（2）企业对已售出的商品既没有保留通常与所有权相联系的继续管理权，也没有实施有效控制。

（3）收入的金额能够可靠地计量。

（4）已发生或将发生的销售方的成本能够可靠地核算。

因此，A 公司 2018 年度申报企业所得税收入应为 0 万元。但会计上 2018 年度确认运输服务收入 53.5 万元，税法与会计产生差异。

2019 年 1 月 5 日，运输公司将货物运至 B 公司指定地点。B 公司于次日验收合格，并按约定支付了 700 万元货款。A 公司应当确认运输服务收入 53.5（107×100%-53.5）万元。同时，B 公司已取得空调的控制权，A 公司确认转让空调收入 893 万元。

会计上 2019 年度确认运输服务收入 53.5 万元，商品销售收入 893 万元。但 A 公司 2019 年度申报企业所得税收入应为 1 000 万元。

第二节　特定交易的会计处理与税务处理差异分析及纳税调整

一、预收款销售

（一）会计处理

《企业会计准则第 14 号——收入》规定，企业向客户预收销售商品款项的，应当首先将该款项确认为负债，待履行了相关履约义务时再转为收入。当企业预收款项无须退回，且客户可能会放弃其全部或部分合同权利时，企业预期将有权获得与客户所放弃的合同权利相关的金额的，应当按照客户行使合同权利的模式按比例将上述金额确认为收入；否则，企业只有在客户要求其履行剩余履约义务的可能性极低时，才能将上述负债的相关余额转为收入。

（二）税务处理

税法规定的纳税义务发生时间是纳税人应当承担纳税义务的起始时间，各税种对预收款项界定的纳税义务发生时间不尽相同。

税法中收入的确认遵循权责发生制原则，一般与会计处理相同。采取预收款方式的，一般在发出商品时确认收入的实现。工程结算涉及预收款项的，如企业受托加工制造大型机械设备、船舶、飞机，以及从事建筑、安装、装配工程业务或者提供其他劳务等，持续时间超过 12 个月的，按照纳税年度内完工进度或者完成的工作量确认收入的实现。对提供劳务交易的结果能够可靠估计的，应采用完工进度（完工百分比）法确认提供劳务收入。此外，纳税人提供租赁服务的，租金收入一般按合同约定的应付日期确认。如果交易合同或协议中规定租赁期限跨年度，且租金提前一次性收取的，可根据权责发生制原则，将预收的全部租金收入，在租赁期内分期均匀计入相关年度。

二、售后回购销售

（一）会计处理

《企业会计准则第14号——收入》规定，对于售后回购交易，企业应当区分下列两种情形分别进行会计处理：

（1）企业因存在与客户的远期安排而负有回购义务或企业享有回购权利的，表明客户在销售时点并未取得相关商品控制权，企业应当作为租赁交易或融资交易进行相应的会计处理。其中，回购价格低于原售价的，应当视为租赁交易，按照《企业会计准则第21号——租赁》的相关规定进行会计处理；回购价格不低于原售价的，应当视为融资交易，在收到客户款项时确认金融负债，并将该款项和回购价格的差额在回购期间内确认为利息费用等。企业到期未行使回购权利的，应当在该回购权利到期时终止确认金融负债，同时确认收入。

（2）企业负有应客户要求回购商品义务的，应在合同开始日评估客户是否具有行使该要求权的重大经济动因。客户具有行使该要求权重大经济动因的，企业应当将售后回购作为租赁交易或融资交易，按照上一种情形进行会计处理；否则，企业应当将其作为附有销售退回条款的销售交易，按照本准则第三十二条规定进行会计处理。

因此，售后回购在会计处理方面有下列两种情况：

第一种，回购价格低于原售价时，应当按照租赁准则进行会计处理，视为租赁交易。这种租赁交易一般构成经营租赁，出售方（出租方）应在约定的期限内按合理方法分摊回购价格与原售价之间的差额，确认为当期租赁收入。

第二种，回购价格不低于原售价时，应当视为融资交易，在收到客户款项时确认金融负债，并将该款项和回购价格的差额在回购期间内确认为利息费用等。对方企业到期未行使回购权利的，应当在该回购权利到期时终止金融负债的确认，同时确认收入。

（二）税务处理

《国家税务总局关于确认企业所得税收入若干问题的通知》（国税函〔2008〕875号）第一条第（三）项规定，采用售后回购方式销售商品的，销售的商品按售价确认收入，回购的商品作为购进商品处理。有证据表明不符合销售收入确认条件的，如以销售商品方式进行融资，收到的款项应确认为负债，回购价格大于原售价的，差额应在回购期间确认为利息费用。因此，售后回购方式销售商品，一般情况下是需要直接确认收入的，只有在有证据表明不符合销售收入确认条件时，才会作为负债确认。

【例 10-5】2018 年 5 月 1 日，A 公司与 B 公司签订一项销售合同，根据合同向 B 公司销售一批商品，开出的增值税专用发票上注明的销售价格为 100 万元，增值税额为 13 万元。商品尚未发出，款项已收到。该批商品的成本为 80 万元。5 月 2 日，签订的补充合同约定，A 公司应于同年 9 月 30 日将所售商品购回，回购价为 110 万元（不含增值税额）。

B 公司在 2018 年行使了回购的权利，A 公司按约定支付回购价款 127.6 万元，并取得增值税专用发票。

（1）A 公司的会计处理如下：

① 2018 年 5 月 1 日，收到货款时：

借：银行存款　　　　　　　　　　　　　1 130 000

　　贷：应交税费——应交增值税（销项税额）　　130 000

　　　　合同负债　　　　　　　　　　　　1 000 000

②回购价格大于原售价的差额，应在回购期间计提利息，计入财务费用：

借：财务费用——售后回购融资利息　　　　100 000

　　贷：合同负债　　　　　　　　　　　　100 000

③ 9 月 30 日回购商品时，收到增值税专用发票并支付回购价款：

借：应交税费——应交增值税（进项税额）　143 000

　　其他应付款　　　　　　　　　　　　1 100 000

　　贷：银行存款　　　　　　　　　　　　1 243 000

（2）税务处理及纳税调整。本案例中的情形满足"以销售商品方式进行融资"的条件，不确认企业所得税的应税收入。会计处理与税务处理一致，不进行纳税调整。

【例 10-6】C 公司是一家钢铁制造企业，生产 Q 型设备。在 2018 年 6 月 30 日与 D 公司签订一项销售合同，根据合同向 D 公司销售一批 Q 型设备，开出的增值税专用发票上注明的销售价格为 110 万元，增值税额为 14.3 万元。当日商品发出，款项已收到。该批商品的成本为 80 万元。7 月 1 日，签订的补充合同约定，C 公司应于 2020 年 6 月 30 日将所售商品购回，回购价为 80 万元（不含增值税额），价税合计 90.4 万元。

D公司在2020年行使了回购的权利，C公司按约定支付回购价款90.4万元，并取得增值税专用发票。

假设Q型设备可以使用8年，在使用期间按平均年限法折旧，预计净残值率为10%。

在本案例中，C公司的售后回购，其回购价格低于原售价，根据收入准则规定，应当按照租赁准则进行会计处理，视为租赁交易。根据租赁准则规定，案例中售后回购形成的租赁属于经营性租赁，不构成融资性租赁。

（1）会计处理。

① 2018年6月30日收到销售款：

借：银行存款　　　　　　　　　　　　　　　　1 243 000

　　贷：合同负债　　　　　　　　　　　　　　　　　　1 100 000

　　　　应交税费——应交增值税（销项税额）　　　　　　143 000

2018年6月30日，发出商品：

借：固定资产——出租固定资产（Q型设备）　　800 000

　　贷：库存商品　　　　　　　　　　　　　　　　　　800 000

② 2018年末确认租赁收入：假定按直线法分配，则2018年度应分配确认收入为7.5万元。

借：合同负债　　　　　　　　　　　　　　　　75 000

　　贷：其他业务收入——租赁收入　　　　　　　　　　75 000

同样，2019年度应确认租赁收入15万元，2020年度应确认租赁收入为7.5万元。会计分录不再赘述。

③ 2018年度确认Q型设备折旧：

2018年度折旧额 =80×（1-10%）/（8×2）=4.5万元。

借：其他业务成本——租赁成本　　　　　　　　45 000

　　贷：累计折旧　　　　　　　　　　　　　　　　　　45 000

同样，2019年度应确认租赁成本及固定资产折旧9万元，2020年度应确认租赁成本和固定资产折旧4.5万元。会计分录不再赘述。

④ 2020年6月回购：

借：合同负债　　　　　　　　　　　　　　　　800 000

　　应交税费——应交增值税（进项税额）　　　104 000

　　贷：银行存款　　　　　　　　　　　　　　　　　　904 000

对于回购回来的Q型设备，根据C公司对其后续处理，进行恰当的会计处理。如果是继续用于出租，那么不进行会计处理，将其继续保留在"固定资产——出租固定资产"内即可。如果是折价销售处理，那么直接按照固定资产清理进行会计处理。

假定 C 公司在收回该批 Q 型设备后，在 2020 年 7 月以 75 万元（不含税价）对外出售了该批设备并收到货款，则会计处理如下：

①将固定资产的账面价值转入固定资产清理。

固定资产的账面价值 $=80-9\times2=62$（万元）。

借：固定资产清理 620 000
  贷：固定资产——出租固定资产（Q 型设备） 620 000

②出售固定资产，取得价款。

借：银行存款 847 500
  贷：固定资产清理 750 000
    应交税费——应交增值税（销项税额） 97 500

③结转固定资产清理净损益。

借：固定资产清理 130 000
  贷：资产处置损益 130 000

（2）税务处理。根据《国家税务总局关于确认企业所得税收入若干问题的通知》（国税函〔2008〕875 号）第一条第（三）项规定，有证据表明不符合销售收入确认条件的，如以销售商品方式进行融资，收到的款项应确认为负债，回购价格大于原售价的，差额应在回购期间确认为利息费用。

该项规定直接点明了回购价格大于原售价的情况，但是对于回购价格低于原售价的情况并没有详细阐明。对于"有证据表明"的证据具体是什么，后续也没有相关规定进行明确，因此实务中很多税务机关都只是在认可回购价格大于原售价的情况下，才做负债确认而不做收入确认。因此，为了避免产生税务争议以及税务风险，建议对于售后回购的回购价格低于原售价的，在税务处理时先做收入确认。

因此，C 公司 2018 年度对于 Q 型设备应确认销售收入 110 万元，销售成本 80 万元；2020 年度应确认购入资产，计税基础是 80 万元。

（3）税会差异分析。

2018 年度：会计上，确认收入 7.5 万元，确认成本 4.5 万元；税务上，需要确认收入 110 万元，确认成本 80 万元。其中差异均需要进行纳税调整。

2019 年度：会计上确认了租赁收入和成本，而税务上什么也不需要确认，因此也需要进行纳税调整。

2020 年度：会计上确认收入和成本，而税务上仍然不需要确认租赁收入和成本，仅仅是需要确认购入资产及计税基础。但是，售后回购的 Q 型设备计税基础是回购价格，因此计税基础是 80 万元；会计处理的结果，Q 型设备已经作为出租的固定资产处理，经过两年折旧，到 2020 年 6 月 30 日时，其资产的账面价值是 62（80−9×2）万元。另外，税务上回购资产仍然属于存货，与会计上计入固定资产也是存在差异的。如果后续处置，也要注意资产类别的差异。

（4）纳税调整。下面通过 C 公司企业所得税申报表填报来说明纳税调整的具体过程。

① 2018 年度填报与纳税调整。

第一步：填写 A101010《一般企业收入明细表》，如表 10-1 所示。

表10-1 一般企业收入明细表

单位：元

行次	项目	金额
1	一、营业收入（2+9）	75 000
2	（一）主营业务收入（3+5+6+7+8）	
3	1.销售商品收入	
4	其中：非货币性资产交换收入	
5	2.提供劳务收入	
6	3.建造合同收入	
7	4.让渡资产使用权收入	
8	5.其他	
9	（二）其他业务收入（10+12+13+14+15）	75 000
10	1.销售材料收入	
11	其中：非货币性资产交换收入	
12	2.出租固定资产收入	75 000
13	3.出租无形资产收入	
14	4.出租包装物和商品收入	
15	5.其他	
16	二、营业外收入（17+18+19+20+21+22+23+24+25+26）	
17	（一）非流动资产处置利得	
18	（二）非货币性资产交换利得	

行次	项目	金额
19	（三）债务重组利得	
20	（四）政府补助利得	
21	（五）盘盈利得	
22	（六）捐赠利得	
23	（七）罚没利得	
24	（八）确实无法偿付的应付款项	
25	（九）汇兑收益	
26	（十）其他	

第二步：填写 A102010《一般企业成本支出明细表》，如表 10-2 所示。

表10-2　一般企业成本支出明细表

单位：元

行次	项目	金额
1	一、营业成本（2+9）	
2	（一）主营业务成本（3+5+6+7+8）	45 000
3	1.销售商品成本	
4	其中：非货币性资产交换成本	
5	2.提供劳务成本	
6	3.建造合同成本	
7	4.让渡资产使用权成本	
8	5.其他	
9	（二）其他业务成本（10+12+13+14+15）	45 000
10	1.销售材料成本	
11	其中：非货币性资产交换成本	
12	2.出租固定资产成本	45 000
13	3.出租无形资产成本	
14	4.包装物出租成本	
15	5.其他	

续　表

行次	项目	金额
16	二、营业外支出（17+18+19+20+21+22+23+24+25+26）	
17	（一）非流动资产处置损失	
18	（二）非货币性资产交换损失	
19	（三）债务重组损失	
20	（四）非常损失	
21	（五）捐赠支出	
22	（六）赞助支出	
23	（七）罚没支出	
24	（八）坏账损失	
25	（九）无法收回的债券股权投资损失	
26	（十）其他	

第三步：填写 A105010《视同销售和房地产开发企业特定业务纳税调整明细表》，如表 10-3 所示。

表10-3　视同销售和房地产开发企业特定业务纳税调整明细表

单位：元

行次	项目	税收金额	纳税调整金额
		1	2
1	一、视同销售（营业）收入（2+3+4+5+6+7+8+9+10）	1 025 000	1 025 000
2	（一）非货币性资产交换视同销售收入		
3	（二）用于市场推广或销售视同销售收入		
4	（三）用于交际应酬视同销售收入		
5	（四）用于职工奖励或福利视同销售收入		
6	（五）用于股息分配视同销售收入		
7	（六）用于对外捐赠视同销售收入		
8	（七）用于对外投资项目视同销售收入		
9	（八）提供劳务视同销售收入		
10	（九）其他	1 025 000	1 025 000

续　表

行次	项目	税收金额	纳税调整金额
		1	2
11	二、视同销售（营业）成本 （12+13+14+15+16+17+18+19+20）	800 000	800 000
12	（一）非货币性资产交换视同销售成本		
13	（二）用于市场推广或销售视同销售成本		
14	（三）用于交际应酬视同销售成本		
15	（四）用于职工奖励或福利视同销售成本		
16	（五）用于股息分配视同销售成本		
17	（六）用于对外捐赠视同销售成本		
18	（七）用于对外投资项目视同销售成本		
19	（八）提供劳务视同销售成本		
20	（九）其他	800 000	800 000
21	三、房地产开发企业特定业务计算的纳税调整额（22-26）		
22	（一）房地产企业销售未完工开发产品特定业务计算的纳税调整额（24-25）		
23	1. 销售未完工产品的收入		*
24	2. 销售未完工产品预计毛利额		
25	3. 实际发生的税金及附加、土地增值税		
26	（二）房地产企业销售的未完工产品转完工产品特定业务计算的纳税调整额（28-29）		
27	1. 销售未完工产品转完工产品确认的销售收入		*
28	2. 转回的销售未完工产品预计毛利额		
29	3. 转回实际发生的税金及附加、土地增值税		

会计处理在2018年度已经确认收入7.5万元，所以此处调增收入金额102.5（110-7.5）万元；会计处理虽然确认了成本4.5万元，但是是通过固定资产折旧得到的，故销售成本还是应保持80万元不变，会计上多出的折旧额通过资产折旧来调整。

第四步：填写A105080《资产折旧、摊销情况及纳税调整明细表》，如表10-4所示。

表10-4 资产折旧、摊销情况及纳税调整明细表

单位：元

行次	项目	账载金额			税收金额					纳税调整金额
		资产原值	本年折旧、摊销额	累计折旧、摊销额	资产计税基础	税收折旧额	享受加速折旧政策的资产按税收一般规定计算的折旧、摊销额	加速折旧统计额	累计折旧、摊销额	
		1	2	3	4	5	6	7=5-6	8	9(2-5)
1	一、固定资产（2+3+4+5+6+7）	800 000	45 000	45 000	0	0	*	*	0	45 000
2	（一）房屋、建筑物						*	*		
3	（二）飞机、火车、轮船、机器、机械和其他生产设备						*	*		
4	（三）与生产经营活动有关的器具、工具、家具等						*	*		
5	所有固定资产（四）飞机、火车、轮船以外的运输工具						*	*		
6	（五）电子设备						*	*		
7	（六）其他	800 000	45 000	45 000	0	0	*	*	0	45 000

161

续表

项目	行次	账载金额			税收金额					纳税调整金额
		资产原值	本年折旧、摊销额	累计折旧、摊销额	资产计税基础	税收折旧额	享受加速折旧政策的资产按税收一般规定计算的折旧、摊销额	加速折旧统计额	累计折旧、摊销额	纳税调整金额
		1	2	3	4	5	6	7=5-6	8	9(2-5)
（一）重要行业固定资产加速折旧（不含一次性扣除）	8									*
（二）其他行业研发设备加速折旧	9									*
（三）允许一次性扣除的固定资产（11+12+13）	10									*
其中:享受固定资产加速折旧及一次性扣除政策的资产加速折旧额大于一般折旧额的部分　1.单价不超过100万元专用研发设备	11									*
2.重要行业小型微利企业单价不超过100万元研发生产共用设备	12									*
3.5 000元以下固定资产	13									*
（四）技术进步、更新换代固定资产	14									*
（五）常年强震动、高腐蚀固定资产	15									*
（六）外购软件折旧	16									*
（七）集成电路企业生产设备	17									*

第五步：填写 A105000《纳税调整项目明细表》，如表 10-5 所示。

表10-5　纳税调整项目明细表

单位：元

行次	项目	账载金额	税收金额	调增金额	调减金额
		1	2	3	4
1	一、收入类调整项目（2+3+…8+10+11）	*	*	1 025 000	0
2	（一）视同销售收入（填写 A105010）	*	1 025 000	1 025 000	*
3	（二）未按权责发生制原则确认的收入（填写 A105020）				
4	（三）投资收益（填写 A105030）				
5	（四）按权益法核算长期股权投资对初始投资成本调整确认收益	*	*	*	
6	（五）交易性金融资产初始投资调整	*	*		*
7	（六）公允价值变动净损益		*		
8	（七）不征税收入	*	*		
9	其中：专项用途财政性资金（填写 A105040）	*	*		
10	（八）销售折扣、折让和退回				
11	（九）其他				
12	二、扣除类调整项目（13+14+…24+26+27+28+29+30）	*	*		800 000
13	（一）视同销售成本（填写 A105010）	*	800 000	*	800 000
14	（二）职工薪酬（填写 A105050）				
15	（三）业务招待费支出				*
16	（四）广告费和业务宣传费支出（填写 A105060）	*	*		

续 表

行次	项目	账载金额	税收金额	调增金额	调减金额
		1	2	3	4
17	（五）捐赠支出（填写 A105070）				
18	（六）利息支出				
19	（七）罚金、罚款和被没收财物的损失		*		*
20	（八）税收滞纳金、加收利息		*		*
21	（九）赞助支出		*		*
22	（十）与未实现融资收益相关在当期确认的财务费用				
23	（十一）佣金和手续费支出				*
24	（十二）不征税收入用于支出所形成的费用	*	*		*
25	其中：专项用途财政性资金用于支出所形成的费用（填写 A105040）	*	*		*
26	（十三）跨期扣除项目				
27	（十四）与取得收入无关的支出		*		*
28	（十五）境外所得分摊的共同支出	*	*		*
29	（十六）党组织工作经费				
30	（十七）其他				
31	三、资产类调整项目（32+33+34+35）	*	*	45 000	0
32	（一）资产折旧、摊销（填写 A105080）	45 000		45 000	0
33	（二）资产减值准备金		*		
34	（三）资产损失（填写 A105090）				

续　表

行次	项目	账载金额	税收金额	调增金额	调减金额
		1	2	3	4
35	（四）其他				
36	四、特殊事项调整项目（37+38+…+42）	*	*		
37	（一）企业重组及递延纳税事项（填写 A105100）				
38	（二）政策性搬迁（填写 A105110）	*	*		
39	（三）特殊行业准备金				
40	（四）房地产开发企业特定业务计算的纳税调整额（填写 A105010）	*			
41	（五）合伙企业法人合伙人应分得的应纳税所得额				
42	发行永续债利息支出				
43	（七）其他	*	*		
44	五、特别纳税调整应税所得	*	*		
45	六、其他	*	*		
46	合计（1+12+31+36+43+44）	*	*		

通过以上步骤的纳税调整，纳税申报的最终结果体现的就是税务处理的结果。应税收入 = 会计收入 7.5 万元 + 纳税调增 102.5 万元 =110 万元；销售成本 = 纳税调增 80 万元；资产折旧 = 会计折旧额 4.5 万元 − 纳税调整 4.5 万元 =0 万元。

② 2019 年度填报与纳税调整。在 2019 年度，会计上继续确认了租赁收入与租赁成本，而税务上都不予认可，因此对于租赁收入和租赁成本都应进行纳税调整，将其调整后最终体现为 0 万元，具体调整过程不再赘述。

③ 2020 年度填报与纳税调整。假定 2020 年回购后直接折价处理，销售价格为 75 万元，即前述"会计处理"环节最后的会计分录。

第一步：填写 A101010《一般企业收入明细表》，如表 10-6 所示。

表10-6　一般企业收入明细表

单位：元

行次	项目	金额
1	一、营业收入（2+9）	75 000
2	（一）主营业务收入（3+5+6+7+8）	
3	1.销售商品收入	
4	其中：非货币性资产交换收入	
5	2.提供劳务收入	
6	3.建造合同收入	
7	4.让渡资产使用权收入	
8	5.其他	
9	（二）其他业务收入（10+12+13+14+15）	75 000
10	1.销售材料收入	
11	其中：非货币性资产交换收入	
12	2.出租固定资产收入	75 000
13	3.出租无形资产收入	
14	4.出租包装物和商品收入	
15	5.其他	
16	二、营业外收入（17+18+19+20+21+22+23+24+25+26）	130 000
17	（一）非流动资产处置利得	130 000
18	（二）非货币性资产交换利得	
19	（三）债务重组利得	
20	（四）政府补助利得	
21	（五）盘盈利得	
22	（六）捐赠利得	
23	（七）罚没利得	
24	（八）确实无法偿付的应付款项	

行次	项目	金额
25	（九）汇兑收益	
26	（十）其他	

第二步：填写 A102010《一般企业成本支出明细表》，如表 10-7 所示。

表10-7　一般企业成本支出明细表

单位：元

行次	项目	金额
1	一、营业成本（2+9）	45 000
2	（一）主营业务成本（3+5+6+7+8）	
3	1.销售商品成本	
4	其中:非货币性资产交换成本	
5	2.提供劳务成本	
6	3.建造合同成本	
7	4.让渡资产使用权成本	
8	5.其他	
9	（二）其他业务成本（10+12+13+14+15）	45 000
10	1.销售材料成本	
11	其中:非货币性资产交换成本	
12	2.出租固定资产成本	45 000
13	3.出租无形资产成本	
14	4.包装物出租成本	
15	5.其他	
16	二、营业外支出（17+18+19+20+21+22+23+24+25+26）	
17	（一）非流动资产处置损失	
18	（二）非货币性资产交换损失	
19	（三）债务重组损失	
20	（四）非常损失	
21	（五）捐赠支出	

续　表

行次	项目	金额
22	（六）赞助支出	
23	（七）罚没支出	
24	（八）坏账损失	
25	（九）无法收回的债券股权投资损失	
26	（十）其他	

第三步：填写 A105010《视同销售和房地产开发企业特定业务纳税调整明细表》，如表 10-8 所示。

表10-8　视同销售和房地产开发企业特定业务纳税调整明细表

单位：元

行次	项目	税收金额	纳税调整金额
		1	2
1	一、视同销售（营业）收入（2+3+4+5+6+7+8+9+10）	750 000	750 000
2	（一）非货币性资产交换视同销售收入		
3	（二）用于市场推广或销售视同销售收入		
4	（三）用于交际应酬视同销售收入		
5	（四）用于职工奖励或福利视同销售收入		
6	（五）用于股息分配视同销售收入		
7	（六）用于对外捐赠视同销售收入		
8	（七）用于对外投资项目视同销售收入		
9	（八）提供劳务视同销售收入		
10	（九）其他	750 000	750 000
11	二、视同销售（营业）成本（12+13+14+15+16+17+18+19+20）	800 000	800 000
12	（一）非货币性资产交换视同销售成本		
13	（二）用于市场推广或销售视同销售成本		
14	（三）用于交际应酬视同销售成本		
15	（四）用于职工奖励或福利视同销售成本		

行次	项目	税收金额	纳税调整金额
		1	2
16	（五）用于股息分配视同销售成本		
17	（六）用于对外捐赠视同销售成本		
18	（七）用于对外投资项目视同销售成本		
19	（八）提供劳务视同销售成本		
20	（九）其他	800 000	800 000
21	三、房地产开发企业特定业务计算的纳税调整额（22-26）		
22	（一）房地产企业销售未完工开发产品特定业务计算的纳税调整额（24-25）		
23	1.销售未完工产品的收入		*
24	2.销售未完工产品预计毛利额		
25	3.实际发生的税金及附加、土地增值税		
26	（二）房地产企业销售的未完工产品转完工产品特定业务计算的纳税调整额（28-29）		
27	1.销售未完工产品转完工产品确认的销售收入		*
28	2.转回的销售未完工产品预计毛利额		
29	3.转回实际发生的税金及附加、土地增值税		

　　Q型设备回购后折价销售，会计上没有确认销售收入，而是作为固定资产清理处理的，故应进行视同销售纳税调整，视同销售收入就是收到的不含税金额，而Q型设备在回购时的计税基础是80万元，故视同销售成本就应该是80万元。

　　第四步：填写A105080《资产折旧、摊销情况及纳税调整明细表》，如表10-9所示。

表10-9 资产折旧、摊销情况及纳税调整明细表

单位：元

行次	项目	账载金额			税收金额					纳税调整金额
		资产原值	本年折旧、摊销额	累计折旧、摊销额	资产计税基础	税收折旧额	享受加速折旧政策的资产按税收一般规定计算的折旧、摊销额	加速折旧统计额	累计折旧、摊销额	
		1	2	3	4	5	6	7=5-6	8	9(2-5)
1	一、固定资产（2+3+4+5+6+7）	800 000	45 000	180 000	0	0	*	*	0	45 000
2	（一）房屋、建筑物						*	*		
3	（二）飞机、火车、轮船、机器、机械和其他生产设备						*	*		
4	（三）与生产经营活动有关的器具、工具、家具等						*	*		
5	（四）飞机、火车、轮船以外的运输工具						*	*		
6	（五）电子设备						*	*		
7	（六）其他						*	*		
	所有固定资产	800 000	45 000	180 000	0	0	*	*	0	45 000

续表

行次	项目	账载金额			税收金额					纳税调整金额
		资产原值	本年折旧、摊销额	累计折旧、摊销额	资产计税基础	税收折旧额	享受加速折旧政策的资产按税收一般规定计算的折旧、摊销额	加速折旧统计额	累计折旧、摊销额	
		1	2	3	4	5	6	7=5-6	8	9(2-5)
8	其中：享受固定资产加速折旧及一次性扣除政策的资产折旧额大于一般折旧额的部分 （一）重要行业固定资产加速折旧（不含一次性扣除）									*
9	（二）其他行业研发设备加速折旧									*
10	（三）允许一次性扣除的固定资产（11+12+13）									*
11	1.单价不超过100万元专用研发设备									*
12	2.重要行业小型微利企业研发生产共用设备									*
13	3.5 000元以下固定资产									*
14	（四）技术进步、更新换代固定资产									*
15	（五）常年强震动、高腐蚀固定资产									*
16	（六）外购软件折旧									*
17	（七）集成电路企业生产设备									*

第五步：填写 A105000《纳税调整项目明细表》，如表 10-10 所示。

表10-10 纳税调整项目明细表

单位：元

行次	项目	账载金额	税收金额	调增金额	调减金额
		1	2	3	4
1	一、收入类调整项目（2+3+…8+10+11）	*	*	750 000	130 000
2	（一）视同销售收入（填写 A105010）	*	750 000	750 000	*
3	（二）未按权责发生制原则确认的收入（填写 A105020）				
4	（三）投资收益（填写 A105030）				
5	（四）按权益法核算长期股权投资对初始投资成本调整确认收益	*	*	*	
6	（五）交易性金融资产初始投资调整	*	*		*
7	（六）公允价值变动净损益		*		
8	（七）不征税收入	*	*		
9	其中：专项用途财政性资金（填写 A105040）	*	*		
10	（八）销售折扣、折让和退回				
11	（九）其他	130 000			130 000
12	二、扣除类调整项目（13+14+…+24+26+27+28+29+30）	*	*		800 000
13	（一）视同销售成本（填写 A105010）	*	800 000	*	800 000
14	（二）职工薪酬（填写 A105050）				
15	（三）业务招待费支出				*
16	（四）广告费和业务宣传费支出（填写 A105060）	*	*		
17	（五）捐赠支出（填写 A105070）				
18	（六）利息支出				
19	（七）罚金、罚款和被没收财物的损失		*		*
20	（八）税收滞纳金、加收利息		*		*
21	（九）赞助支出		*		*
22	（十）与未实现融资收益相关在当期确认的财务费用				

续　表

行次	项目	账载金额	税收金额	调增金额	调减金额
		1	2	3	4
23	（十一）佣金和手续费支出（保险企业填写 A105060）				*
24	（十二）不征税收入用于支出所形成的费用	*	*		*
25	其中：专项用途财政性资金用于支出所形成的费用（填写 A105040）	*	*		*
26	（十三）跨期扣除项目				
27	（十四）与取得收入无关的支出		*		*
28	（十五）境外所得分摊的共同支出	*	*		*
29	（十六）党组织工作经费				
30	（十七）其他				
31	三、资产类调整项目（32+33+34+35）	*	*	45 000	0
32	（一）资产折旧、摊销（填写 A105080）	45 000		45 000	0
33	（二）资产减值准备金		*		
34	（三）资产损失（填写 A105090）				
35	（四）其他				
36	四、特殊事项调整项目（37+38+…+43）	*	*		
37	（一）企业重组及递延纳税事项（填写 A105100）				
38	（二）政策性搬迁（填写 A105110）	*	*		
39	（三）特殊行业准备金				
40	（四）房地产开发企业特定业务计算的纳税调整额（填写 A105010）	*			
41	（五）合伙企业法人合伙人应分得的应纳税所得额				
42	（六）发行永续债利息支出				
43	（七）其他	*	*		
44	五、特别纳税调整应税所得	*	*		
45	六、其他	*	*		
46	合计（1+12+31+36+43+44）	*	*		

由于会计上确认了固定资产清理的"非流动资产处置利得"13万元，而税务上应确认 Q 型设备的商品销售额，所以此处应调减收入 13 万元。

三、分期收款销售

(一)会计处理

分期收款销售商品可分为具有融资性的分期收款销售商品和不具有融资性质的分期收款销售商品。一般来说,付款期限超过1年的是具有融资性质的分期收款销售商品。当然,付款期限不是判断是否具有融资性质的唯一标准。分期收款销售不具有融资性质的,应在发出商品、购货方取得商品控制权时确认收入;如果采用递延方式分期收款,具有融资性质的销售商品满足收入确认条件的,以商品公允价值为销售收入(一次性确认),而合同约定收款金额和公允价值之间的差额确认为未实现融资收益。未实现融资收益在收款期限内按合理方法进行分摊,冲减财务费用。会计处理充分体现了权责发生制原则和实质重于形式原则。

(二)税务处理与税会差异分析

《企业所得税法实施条例》第二十三条规定,以分期收款方式销售货物的,按照合同约定的收款日期确认收入的实现。税法的规定中,对分期收款的差异计量较为简单,并不确认相关的合同的形式,而仅仅是采用分期进行相应的收入确定,并按照合同所约定的金额和时间进行相关的收入确认等。

税务处理按照合同约定的价款和收款时间分期确认收入,而不是会计处理的一次性确认。同时,税务处理不会将收款金额分解为公允价值和未实现融资收益。税务处理更多体现了"收付实现制"。当然,到了收款时间实际未收到款也是需要确认收入的,这也是税收法定原则的体现。

【例10-7】E公司是一家大型机械设备制造企业,增值税税率为13%。2019年1月1日,E公司与C公司签订了一项销售合同,采用分期收款方式向C公司销售一台设备。合同规定:合同总额是450万元(不含税),付款期限是3年,C公司每年末支付150万元(不含税),E公司每月收到货款后开具增值税发票。2019年的价款已经全部收到。已知该设备是为E公司生产制造并用于对外出售的,现销价格为386.565万元(不含税),其成本为300万元。假定3年期银行借款年利率为8%。已知3年期、8%年利率的年金现值系数为2.577 1。假定不考虑其他相关税费。

(1)E公司的会计处理如下:

① 2019年1月1日发出商品时:

借:长期应收款　　　　　　　　　　　5 085 000

贷：主营业务收入	3 865 650
应交税费——待转销项税额	585 000
未实现融资收益	634 350

由于是分期收取货款，增值税纳税义务的产生时间为合同或协议约定收款时间，因此在纳税义务未产生前将增值税销项税额按照财税〔2016〕22 号规定暂时计入"应交税费——待转销项税额"。

同时，结转商品销售成本：

借：主营业务成本	3 000 000
贷：库存商品	3 000 000

②年末收取货款时：

借：银行存款	1 695 000
贷：长期应收款	1 695 000

同时，确认增值税纳税义务：

借：应交税费——待转销项税额	195 000
贷：应交税费——应交增值税（销项税额）	195 000

③ 2019 年末确认融资收益。该案例中的"未确认融资收益"金额较大，应采用实际利率法进行摊销，不可按照直线法摊销。由于增值税在约定收款时才产生纳税义务，因此不需要考虑折现，所以确认融资收益时，应按照不含税价款进行计算。未实现融资收益计算结果如表 10-11 所示。

表10-11 未实现融资收益计算表

单位：元

日期	未收本金 ①	收现金额 ②	确认融资收益 ③＝①×8%	已收本金 ④＝②－③
2019/1/1	3 865 650.00			
2019/12/31	3 865 650.00	1 500 000.00	309 252.00	1 190 748.00
2020/12/31	2 674 902.00	1 500 000.00	213 992.16	1 286 007.84
2021/12/31	1 388 894.16	1 500 000.00	111 105.84*	1 388 894.16
合计	—	4 500 000.00	634 350.00	3 865 650.00

注：* 此项金额采用倒挤法，634 350.00－309 252.00－213 992.16 ＝ 111 105.84（元）。

确认融资收益的会计处理如下：

借：未确认融资收益　　　　　　　309 252

　　贷：财务费用　　　　　　　　　　　　　　309 252

④ 2020 年末收取货款时：

借：银行存款　　　　　　　　　1 695 000

　　贷：长期应收款　　　　　　　　　　　　1 695 000

同时，确认增值税纳税义务：

借：应交税费——待转销项税额　　195 000

　　贷：应交税费——应交增值税（销项税额）　195 000

⑤确认融资收益的会计处理如下。

借：未确认融资收益　　　　　　213 992.16

　　贷：财务费用　　　　　　　　　　　　　213 992.16

⑥ 2021 年末收取货款时：

借：银行存款　　　　　　　　　1 695 000

　　贷：长期应收款　　　　　　　　　　　　1 695 000

同时，确认增值税纳税义务：

借：应交税费——待转销项税额　　195 000

　　贷：应交税费——应交增值税（销项税额）　195 000

⑦确认融资收益的会计处理如下：

借：未确认融资收益　　　　　　111 105.84

　　贷：财务费用　　　　　　　　　　　　　111 105.84

（2）税务处理与税会差异分析。

①2019 年度采用分期收款销售货物的，应根据合同约定的收款日期确认收入实现，所以 2019 年度应当确认计税收入为 1 500 000 元，确认计税成本为 1 000 000（3 000 000÷3）元，应当确认应纳税所得额为 500 000（1 500 000-1 000 000）元，会计收入为 3 865 650 元，成本为 3 000 000 元，融资收益为 309 252 元，会计所得额为 1 174 902（3 865 650-3 000 000+309 252）元，所以应当调减应纳税所得额 674 902 元。

②2020 年度应当确认计税收入为 1 500 000 元，确认计税成本为 1 000 000（3 000 000÷3）元，应当确认应纳税所得额为 500 000（1 500 000-1 000 000）元，同时应当调减应纳税所得额 213 922.16 元，两者综合起来，应纳税所得额为 286 077.84 元。

③2021 年度应当确认计税收入为 1 500 000 元，确认计税成本为

1 000 000（3 000 000÷3）元，应当确认应纳税所得额为 500 000（1 500 000－
1 000 000）元，同时应当调减应纳税所得额 111 105.84 元。总计应纳税所得
额应当调增 388 894.16 元。

E 公司该项分期收款销售业务各年度会计收入与税法收入的差异如表
10-12 所示。

表10-12　会计收入与税法收入的差异分析表

单位：元

年份	会计			税法			纳税调整		
	营业收入	营业成本	财务费用	营业收入	营业成本	财务费用	营业收入	营业成本	财务费用
2019	3 865 650	3 000 000	−309 252	1 500 000	1 000 000	0	−2 365 650	−2 000 000	309 252
2020			−213 992.16	1 500 000	1 000 000	0	1 500 000	1 000 000	213 992.16
2021			−111 105.84	1 500 000	1 000 000	0	1 500 000	1 000 000	111 105.84
合计	3 865 650	3 000 000	−634 350	4 500 000	3 000 000	0	634 350	0	634 350

（3）纳税申报。分期收款销售商品是指在商品销售过程中，商品一次
性交付，而货款却按照合同约定的时间分次支付。分期收款销售商品的会
计处理和税务处理有很多不一致的地方，因此企业所得税纳税申报表有专
门填报栏目。具体填报如下：

①填写 A105020《未按权责发生制确认收入纳税调整明细表》，具体内
容如表 10-13 所示。

表10-13　未按权责发生制确认收入纳税调整明细表

单位：元

行次	项目	合同金额（交易金额）	账载金额		税收金额		纳税调整金额
			本年	累计	本年	累计	
		1	2	3	4	5	6（4−2）
1	一、跨期收取的租金、利息、特许权使用费收入（2+3+4）						

续　表

行次	项目	合同金额（交易金额）	账载金额 本年	账载金额 累计	税收金额 本年	税收金额 累计	纳税调整金额
		1	2	3	4	5	6（4-2）
2	（一）租金						
3	（二）利息						
4	（三）特许权使用费						
5	二、分期确认收入（6+7+8）	4 500 000	3 865 650	3 865 650	1 500 000	1 500 000	-2 365 650
6	（一）分期收款方式销售货物收入	4 500 000	3 865 650	3 865 650	1 500 000	1 500 000	-2 365 650
7	（二）持续时间超过12个月的建造合同收入						
8	（三）其他分期确认收入						
9	三、政府补助递延收入（10+11+12）						
10	（一）与收益相关的政府补助						
11	（二）与资产相关的政府补助						
12	（三）其他						
13	四、其他未按权责发生制确认收入						
14	合计（1+5+9+13）	4 500 000	3 865 650	3 865 650	1 500 000	1 500 000	-2 365 650

②填写 A105000《纳税调整项目明细表》，如表 10-14 所示。

表10-14　纳税调整项目明细表

单位：元

行次	项目	账载金额	税收金额	调增金额	调减金额
		1	2	3	4
1	一、收入类调整项目（2+3+…+8+10+11）	*	*	0.00	2 365 650

续 表

行次	项目	账载金额 1	税收金额 2	调增金额 3	调减金额 4
2	（一）视同销售收入（填写 A105010）	*			*
3	（二）未按权责发生制原则确认的收入（填写 A105020）	3 865 650	1 500 000		2 365 650
4	（三）投资收益（填写 A105030）				
5	（四）按权益法核算长期股权投资对初始投资成本调整确认收益	*	*	*	
6	（五）交易性金融资产初始投资调整	*	*		*
7	（六）公允价值变动净损益		*		
8	（七）不征税收入	*	*		
9	其中：专项用途财政性资金（填写 A105040）	*	*		
10	（八）销售折扣、折让和退回				
11	（九）其他				
12	二、扣除类调整项目（13+14+…+24+26+27+28+29+30）	*	*		
13	（一）视同销售成本（填写 A105010）	*		*	
14	（二）职工薪酬（填写 A105050）				
15	（三）业务招待费支出				*
16	（四）广告费和业务宣传费支出（填写 A105060）	*	*		
17	（五）捐赠支出（填写 A105070）				
18	（六）利息支出				
19	（七）罚金、罚款和被没收财物的损失		*		*
20	（八）税收滞纳金、加收利息		*		*
21	（九）赞助支出		*		*
22	（十）与未实现融资收益相关在当期确认的财务费用	-309 252			309 252
23	（十一）佣金和手续费支出（保险企业填写 A105060）				*
24	（十二）不征税收入用于支出所形成的费用	*	*		*
25	其中：专项用途财政性资金用于支出所形成的费用（填写 A105040）	*	*		*
26	（十三）跨期扣除项目				

行次	项目	账载金额 1	税收金额 2	调增金额 3	调减金额 4
27	（十四）与取得收入无关的支出		*		*
28	（十五）境外所得分摊的共同支出	*	*		*
29	（十六）党组织工作经费				
30	（十七）其他	3 000 000	1 000 000	2 000 000	0
31	三、资产类调整项目（32+33+34+35）	*	*		
32	（一）资产折旧、摊销（填写 A105080）				
33	（二）资产减值准备金		*		
34	（三）资产损失（填写 A105090）				
35	（四）其他				
36	四、特殊事项调整项目（37+38+…+42）	*	*		
37	（一）企业重组及递延纳税事项（填写 A105100）				
38	（二）政策性搬迁（填写 A105110）	*	*		
39	（三）特殊行业准备金（填写 A105120）				
40	（四）房地产开发企业特定业务计算的纳税调整额	*			
41	（五）有限合伙企业法人合伙方应分得的应纳税所得额				
42	（六）发行永续债利息支出				
43	（七）其他	*	*		
44	五、特别纳税调整应税所得	*	*		
45	六、其他	*	*		
46	合计（1+12+31+36+43+44）	*	*	2 000 000	2 674 902

四、附有销售退回条款销售

　　附有销售退回条款的销售是指客户按照有关合同有权退货的销售方式。企业将商品转让给客户以后，可能会因为各种原因允许客户选择退货。例如，商品的质量或款式等不符合客户的要求时，客户可以选择退货。有关退货权的条款可以在合同中明确约定，也可以是隐含的。例如，企业在销售商品时向客户作出的承诺或者是企业过去的习惯做法等都可能隐含退货选择权。

（一）会计处理

企业销售商品应当在客户取得商品控制权时确认收入，客户取得商品控制权以前退回该商品不属于销售退回业务。企业销售商品后，应当在允许客户退货的期间内随时准备接受客户退货，这虽然不构成单项履约义务，但可能会影响收入确认的金额，企业应当按照可变对价的处理原则来确定预期有权收取的对价金额，即交易金额不应包括可能会被退回的商品的对价金额。对于附有销售退回条款的销售业务，企业应当在客户取得相关商品控制权时，依据因向客户转让商品而预期有权收取的对价金额确认收入，预期因销售退回将退还的金额不能确认为收入，应当确认为一项负债。同时，按照预期将退回商品转让时的账面价值扣除收回该商品预计将发生的成本后的余额确认为一项资产，按照所转让商品转让时的账面价值，扣除上述资产成本的净额结转成本。在资产负债表日，企业应当重新估计未来销售退回情况，并对上述资产和负债进行重新计量。如果发生变化，应作为会计估计变更处理。

（二）税务处理

企业应纳税所得额的计算，以权责发生制为原则。而在税法上无论附有销售退回条款售出的商品是否退回，均在满足税法规定确认收入条件时全额确认收入，并按其计算应缴纳增值税和所得税应税收入，而不是按扣除预计退货金额后的余额确认。只有当退货实际发生时，才冲减增值税和企业所得税应税收入。

【例10-8】W公司为增值税一般纳税人，增值税税率为13%，企业所得税税率为25%。W公司于2018年12月10日将一批商品销售给P公司，销售价格为200万元（不含增值税），商品销售成本为160万元。根据双方签订的协议，P公司在收到商品后1个月内不满意有权退货，按以往的经验估计退货的可能性为10%。截至2018年12月31日商品已发出，款项尚未收到，已开具增值税专用发票。假定退货发生不会对商品价值产生减损。

（1）会计处理。

①发出商品时：

借：应收账款　　　　　　　　　　2 260 000

　　贷：主营业务收入　　　　　　　　　　　　　　1 800 000

　　　　预计负债——预计退货款　　　　　　　　　　200 000

　　　　应交税费——应交增值税（销项税额）　　　　260 000

②同时结转成本：

借：主营业务成本   1 440 000

  应收退货成本   160 000

  贷：库存商品   1 600 000

（2）税务处理及税会差异分析。无论是或有负债，还是销售退回的估计，在没有实际发生时税务一律不予认可。因此，会计处理确认的销售收入冲减需要通过纳税调整来进行修正。因此，案例中 W 公司 2018 年应确认收入为 200 万元，销售成本为 160 万元。会计处理与税务处理的差异需要进行纳税调整。

五、售后回租

（一）会计处理

售后回租是销售方将自制或外购的资产出售的同时，再向购买方租回使用。会计准则规定，采用售后回租方式销售商品的，销售方应当根据合同或协议判断购买方是否取得了商品的控制权，如果有确凿证据表明认定为经营租赁的售后回租交易是按照公允价值达成的，销售方按照商品售价确认收入，否则销售方收到的款项不确认销售商品收入，应确认为负债。售后回租的会计处理方法有两种：

（1）如果该项售后回租交易被认定为经营租赁，资产售价与其账面价值之间的差额应当予以递延，在资产租赁期内进行分摊，其分摊方法与租金费用分配方法相一致，将其作为租金费用的一种调整。如果有确凿证据表明认定为经营租赁的售后回租交易是按照公允价值达成的，那么应当按商品售价确认收入，并按照其账面价值结转成本。

（2）如果该项售后回租交易被认定为融资租赁，那么该项交易实质是一项融资行为，资产的控制权并未转移给购买方。按照实质重于形式的要求，出售的资产不能确认为收入，收到的款项应当确认为负债，资产售价与其账面价值的差额应当予以递延，并按照资产的折旧进度进行分摊，将其作为折旧费用的一种调整。

（二）税务处理

《国家税务总局关于融资性售后回租业务中承租方出售资产行为有关税收问题的公告》（国家税务总局公告 2010 年第 13 号）提出，根据现行企业所得税法及有关收入确定规定，融资性售后回租业务中，承租人出售资产的行为，不确认为销售收入，对融资性租赁的资产，仍按承租人出售前原账面价值作为计税基础计提折旧。租赁期间，承租人支付的属于融资利息的部分，作为企业财务费用在税前扣除。对于非融资性售后回租交易应视同销售商品和租赁两项经济业务，在销售商品时确认收入。

六、附有客户额外购买选择权销售

（一）会计处理

对于附有客户额外购买选择权的销售，企业应当评估该选择权是否向客户提供了一项重大权利。企业提供重大权利的，应当作为单项履约义务，按照规定将交易价格分摊至该履约义务，在客户未来行使购买选择权取得相关商品控制权时，或者该选择权失效时，确认相应的收入。客户额外购买选择权的单独售价无法直接观察的，企业应当综合考虑客户行使和不行使该选择权所能获得的折扣的差异、客户行使该选择权的可能性等全部相关信息后，予以合理估计。客户虽然有额外购买商品选择权，但客户行使该选择权购买商品时的价格反映了这些商品单独售价的，不应被视为企业向该客户提供了一项重大权利。附有客户额外购买选择权的情况包括销售激励、客户奖励积分、未来购买商品的折扣券以及合同续约选择权等。比较常见的有商场超市促销送积分、航空公司累计里程送机票、餐饮企业消费返券、信用卡积分兑换礼品等。

（二）税务处理

目前，税法方面并没有发布关于附有客户额外购买选择权的销售业务相关规定，但对于不同情况下的销售奖励（积分）可以依照相关规定进行处理。

1. 积分兑换礼物

积分兑换礼物包括兑换实物和免费服务（如航空公司积分兑换机票等），根据《中华人民共和国增值税暂行条例实施细则》，将自产、委托加工或者购进的货物无偿赠送其他单位或者个人，视同销售货物。根据《国家税务总局关于企业处置资产所得税处理问题的通知》（国税函〔2008〕828号），因资产所有权属已发生改变而不属于内部处置资产，应按规定视同销售确定收入。《财政部 国家税务总局关于全面推开营业税改征增值税试点的通知》（财税〔2016〕36号）附件1第十四条规定，下列情形视同销售服务、无形资产或者不动产：①单位或者个体工商户向其他单位或者个人无偿提供服务，但用于公益事业或者以社会公众为对象的除外。②单位或者个人向其他单位或者个人无偿转让无形资产或者不动产，但用于公益事业或者以社会公众为对象的除外。

如果销售（消费）的同时，即赠送礼物，只要将赠送礼物价值与原商品（服务）开具在同一张发票上并将礼物价值在"金额"栏以折扣体现，可以按照折扣处理。

2. 现金券或打折券

现金券在未来消费或者购物时，可以充当现金使用。打折券是指未来消费时，持券可以给予高于一般消费者的折扣比例。现金券或打折券性质比较接近，现金券相当于固定金额的折扣，而打折券是固定比例的折扣。如果企业能做到，当消费者拿着现金券或打折券来消费时，销售的商品和折扣额同时开在一张发票上，"金额"栏注明折扣额，那么可以按商业折扣处理。

【例10-9】2019年12月，新玛特商场以500元的价格向客户销售一款电压力锅，购买该电压力锅的客户可得到一张100元的现金券，顾客可以在未来的30天内使用该现金券购买该商场原价不超过100元的任意一款商品，现金券不找零，不兑换现金。根据历史经验，新玛特商场预计有100%的顾客会使用该现金券，额外购买的商品的金额平均为80元。上述金额均不包含增值税，增值税税率为13%。2019年12月，该商场共销售电压力锅400个，送出现金券400张，面值40 000元。截至12月31日，顾客使用现金券共计300张，面值30 000元，还有10 000元现金券未使用。

本例中，购买电压力锅的顾客能够得到100元的现金券，用于购买商场单价不超过100元的任意一款商品，因此新玛特商场认为该现金券向顾客提供了重大权利，应当作为单项履约义务。

新玛特商场考虑到顾客使用该现金券的可能性以及额外购买商品的金额，估计该现金券的单独售价为80元。

新玛特商场按照电压力锅和现金券单独售价的相对比例对交易价格进行分摊：

电压力锅分摊的交易价格 = ［500÷（500+80）×500］≈ 431.03（元）。

现金券分摊的交易价格 = ［80÷（500+80）×500 ≈ 68.97（元）。

本月销售电压力锅的收入 ≈ 431.03×400=172 412（元）。

本月发放的现金券应确认的合同负债 ≈ 68.97×400=27 588（元）。

新玛特商场 2019 年 5 月销售电压力锅并发放现金券的账务处理如下：

借：银行存款　　　　　　　　　　226 000

　　贷：主营业务收入　　　　　　　　　　　　172 412

　　　　合同负债　　　　　　　　　　　　　　 27 588

　　　　应交税费——应交增值税（销项税额）　26 000

截至 2019 年 12 月 31 日，现金券使用了 300 张，抵扣了 24 000 元，因此应以顾客使用率占预期将使用的现金券的比例为基础确认收入。

使用的 300 张现金券应当确认的收入 ≈ 24 000÷32 000×27 588=20 691（元）。

剩余未使用的现金券 ≈ 27 588−20 691=6 897（元）（仍然作为负债）。

截至 2019 年 12 月 31 日估计的会在生效前使用的现金券与初始预计相符，不调整剩余未使用现金券的合同负债价值。

借：合同负债　　　　　　　　　　20 691

　　贷：主营业务收入　　　　　　　　　　　　20 691

按税法规定进行上述业务处理时，销售电压力锅应当按照原售价 200 000（400×500）元确认收入，在现金券使用时企业需要做好折扣的形式要件，方可避免视同销售。会计截至年底确认的"合同负债"余额为 6 897 元，在企业所得税纳税申报时调增为收入。

第十一章 政府补助的会计处理与税务处理差异分析及纳税调整

政府补助是企业从政府无偿取得货币性资产或非货币性资产，但不包括政府以投资者身份向企业投入资本。政府补助的主要形式包括政府对企业的无偿拨款税收返还、财政贴息，以及无偿划拨非货币性资产。直接免征、增加计税抵扣额、抵免部分税额等不涉及资产直接转移的经济资源不适用《企业会计准则第16号——政府补助》，增值税出口退税不属于政府补助。但对部分减免税款需要按照《企业会计准则第16号——政府补助》进行会计处理，如一般纳税人的加工型企业根据税法规定招用自主就业退役士兵，并按规定扣减的增值税，应借记"应交税费——应交增值税（减免税额）"科目，贷记"其他收益（减征的税额）"科目。

第一节 政府补助的会计处理

一、政府补助的基本特征

政府补助具有下列特征：

（1）政府补助是来源于政府的经济资源。

（2）政府补助是无偿的。

企业从政府取得的经济资源，如果与企业销售商品或提供劳务等活动密切相关，且是企业商品或服务的对价或是对价的组成部分，应当按照《企业会计准则第14号——收入》进行会计处理，不适用政府补助准则。

二、政府补助的分类

（一）与资产相关的政府补助

与资产相关的政府补助是指企业取得的、用于购建或以其他方式形成长期资产的政府补助。

（二）与收益相关的政府补助

与收益相关的政府补助是指除与资产相关的政府补助之外的政府补助。

三、政府补助的会计处理

政府补助的无偿性决定了其应当最终计入损益而非直接计入所有者权益。其会计处理方法有两种：①总额法，将政府补助全额确认为收益；②净额法，将政府补助作为相关资产账面价值或补偿费用的扣减。

与企业日常活动相关的政府补助应当按照经济业务实质，计入其他收益或冲减相关的成本费用。与企业日常活动无关的政府补助计入营业外收支。通常情况下，若政府补助补偿的成本费用是营业利润之中的项目，或该补助与日常行为密切相关，如增值税即征即退等，则认为该政府补助与日常活动相关。

（一）与资产相关的政府补助

1.总额法

取得时：

借：银行存款（×× 资产）

　　贷：递延收益

若企业先收到资金再购建，则应在开始对相关资产计提折旧或摊销时将递延收益分期计入损益。若企业先购建再收到资金，则应在相关资产剩余使用寿命内按合理、系统的方法将递延收益分期计入损益。相关资产在使用寿命期结束时或结束前被处置（出售、转让、投资、报废等）的，尚未分摊的递延收益余额应当一次性转入资产处置当期损益，不再递延。

2.净额法

将补助冲减相关资产账面价值。企业对某项经济业务选择总额法或净额法应当对该项业务一贯地运用该方法，不得随意变更。

实务中存在政府无偿给予企业长期非货币性资产的情况，如无偿给予的土地使用权和天然林等。对无偿给予的非货币性资产，企业应当按照公允价值或名义金额（1元）对此类补助进行计量。企业在收到非货币性资产时，应当借记资产类科目，贷记"递延收益"科目。在相关资产使用寿命内按合理、系统的方法分期计入损益，借记"递延收益"科目，贷记"其他收益"科目。对以名义金额计量的政府补助，在取得时计入当期损益。

（二）与收益相关的政府补助

与收益相关的政府补助应当分别按以下情况进行会计处理。

（1）用于补偿企业以后期间的相关成本费用或损失的，企业收到补助时，若能够满足政府补助所附条件，则应当确认为递延收益，并在确认相关成本费用或损失的期间，计入当期损益或冲减相关成本。

（2）用于补偿企业已发生的相关成本费用或损失的，直接计入当期损益或冲减相关成本。

（三）政府补助的退回

政府补助的退回应当分别按下列情况进行会计处理。

（1）初始确认时冲减相关资产成本的，应当调整资产账面价值。

（2）存在相关递延收益的，冲减相关递延收益账面余额，超出部分计入当期损益。

（3）属于其他情况的，直接计入当期损益。

（四）特殊政府补助

1.综合性项目政府补助

综合性项目政府补助同时包含与资产相关的政府补助和与收益相关的政府补助，企业需要将其进行分解并分别进行会计处理；难以区分的，应当将其整体归类为与收益相关的政府补助进行会计处理。

2.政策性优惠贷款贴息

企业取得政策性优惠贷款贴息的，应当区分财政将贴息资金拨付给贷款银行和财政将贴息资金直接拨付给企业两种情况，分别进行会计处理。

（1）财政将贴息资金拨付给贷款银行，由贷款银行以政策性优惠利率向企业提供贷款的，企业可以选择下列方法之一进行会计处理：

①以实际收到的借款金额作为借款的入账价值，按照借款本金和该政策性优惠利率计算相关借款费用。

②以借款的公允价值作为借款的入账价值并按照实际利率法计算，实际收到的金额与借款公允价值之间的差额确认为递延收益。递延收益在借款存续期内采用实际利率法摊销，冲减相关借款费用。

企业选择了上述两种方法之一后，应当一致地运用，不得随意变更。

（2）财政将贴息资金直接拨付给企业的，企业应当将对应的贴息冲减相关借款费用。

第二节　政府补助的税务处理

《财政部 国家税务总局关于财政性资金 行政事业性收费 政府性基金有关企业所得税政策问题的通知》（财税〔2008〕151号）规定，财政性资金是指企业取得的来源于政府及其有关部门的财政补助、补贴、贷款贴息，以及其他各类财政专项资金，包括直接减免的增值税和即征即退、先征后退、先征后返的各种税收，但不包括企业按规定取得的出口退税款。

一、应税收入与不征税收入

财税〔2008〕151号文规定，企业取得的各类财政性资金，除属于国家投资和资金使用后要求归还本金的以外，均应计入企业当年收入总额。对企业取得的由国务院财政、税务主管部门规定专项用途并经国务院批准的财政性资金，准予作为不征税收入，在计算应纳税所得额时从收入总额中减除。纳入预算管理的事业单位、社会团体等组织按照核定的预算和经费报领关系收到的由财政部门或上级单位拨入的财政补助收入，准予作为不征税收入，在计算应纳税所得额时从收入总额中减除，但国务院和国务院财政、税务主管部门另有规定的除外。

《财政部 国家税务总局关于专项用途财政性资金企业所得税处理问题的通知》（财税〔2011〕70号）规定，企业从县级以上各级人民政府财政部门及其他部门取得的应计入收入总额的财政性资金，凡同时符合下列条件的，可以作为不征税收入，在计算应纳税所得额时从收入总额中减除。

（1）企业能够提供规定资金专项用途的资金拨付文件。

（2）财政部门或其他拨付资金的政府部门对该资金有专门的资金管理办法或具体管理要求。

（3）企业对该资金以及以该资金发生的支出单独进行核算。

上述不征税收入用于支出所形成的费用不得在计算应纳税所得额时扣除，用于支出所形成的资产，其计算的折旧、摊销不得在计算应纳税所得额时扣除。专项用途的财政性资金进行不征税收入处理后，在5年（60个月）内未发生支出且未缴回财政部门或其他拨付资金的政府部门的部分，应计入取得该资金第六年的应税收入总额；计入应税收入总额的财政性资金发生的支出，允许在计算应纳税所得额时扣除。

此外，《国家税务总局关于企业研究开发费用税前加计扣除政策有关问题的公告》（国家税务总局公告 2015 年第 97 号）规定，企业取得作为不征税收入处理的财政性资金用于研发活动所形成的费用或无形资产，不得计算加计扣除或摊销。鉴于会计准则对政府补助的会计处理可以计入当期损益，也可以冲减成本费用，《国家税务总局关于研发费用税前加计扣除归集范围有关问题的公告》（国家税务总局公告 2017 年第 40 号）规定，企业取得的政府补助，会计处理时采用直接冲减研发费用方法且税务处理时未将其确认为应税收入的，应按冲减后的余额计算加计扣除金额。对于政府补助用于研发活动的，纳税人如果将不征税收入改按应税收入处理，将享受更多的加计扣除。

二、免征企业所得税

有些政府补助，税法明文规定免征企业所得税的，在申报所得税时，应将计入损益的金额进行纳税调减处理。例如，《财政部 国家税务总局关于非营利组织企业所得税免税收入问题的通知》（财税〔2009〕122 号）规定的非营利组织取得的除《企业所得税法》第七条规定的财政拨款以外的其他政府补助收入，但不包括因政府购买服务取得的收入为免税收入。《财政部 国家税务总局关于中国清洁发展机制基金及清洁发展机制项目实施企业有关企业所得税政策问题的通知》（财税〔2009〕30 号）对清洁基金取得CDM 项目温室气体减排量转让收入上缴国家的部分免征企业所得税。

三、名义金额计量的所得税

会计上政府补助为非货币性资产且公允价值不能可靠取得时，按名义金额计量，而税法上必须按评估价确认，相应地，该项资产的计税基础也应按评估价确定。

第三节　政府补助的税会差异分析

一、应税收入的税会差异分析

与收益相关的政府补助，会计上一次性或分期计入其他收益或营业外收入。与资产相关的政府补助，会计上同样分期计入其他收益或冲减资产成本并以折旧、摊销方式影响损益。以上两类补助在计算企业所得税时，均应于实际收到政府补助的当年确认收入，企业只需针对收入确认时间的差异进行纳税调整即可。

二、不征税收入的税会差异分析

（一）与收益相关的政府补助

与收益相关的政府补助，其一次性或分期确认的其他收益或营业外收入进行纳税调减处理，与之相对应的费用进行纳税调增处理。

（二）与资产相关的政府补助

与资产相关的政府补助，采用总额法核算的，自相关资产达到预定可使用状态时起，在该资产使用寿命内平均分配，分次计入其他收益；采用净额法核算的，一次性计入成本并以减少折旧、摊销方式影响损益。计算企业所得税时采用总额法核算的企业将计入其他收益科目的金额进行纳税调减处理，并对当期相关资产折旧、摊销进行纳税调增处理。资产折旧、摊销调增金额以不征税收入额为限。采用净额法核算的企业，为在纳税申报时体现不征税收入，应于会计上确认政府补助的当年，先将其并入收入总额进行纳税调增处理，同时按照不征税收入进行等额的纳税调减处理，以后期间与不征税收入相关的折旧、摊销不在税前扣除，但因会计上已减少了折旧、摊销，故不再进行纳税调整。

无论是与收益相关的政府补助，还是与资产相关的政府补助，凡政府补助已按不征税收入进行处理的，如果从取得政府补助的次月起连续60个月未发生相关支出，也未缴回财政部门或其他拨付资金的政府部门，应于第61个月的当年将递延收益一次性调增所得，为避免重复征税，当年及以后期间将递延收益结转其他收益或营业外收入的金额应进行纳税调减处理。以后期间发生的相关费用或相关资产的折旧、摊销额，允许在税前扣除，不进行纳税调整。

【例11-1】2011年1月5日，政府拨付D企业450万元财政拨款（同日到账），要求用于购买大型科研设备1台。2011年1月31日，D企业购入大型设备（假设不需安装）。实际成本为480万元，其中30万元以自有资金支付，使用寿命是10年，采用直线法计提折旧（假设无残值），2019年2月1日，D企业出售了这台设备，取得价款120万元。企业采用总额法核算政府补助，假定不考虑设备购进及转让过程中的其他税费等因素，现区分应税收入和不征税收入两种情形，分别进行纳税调整。

（1）2011年1月5日实际收到财政拨款，确认政府补助。

借：银行存款　　　　　　　　　　　4 500 000

　　贷：递延收益　　　　　　　　　　　　4 500 000

应税收入的处理：企业应于年度申报所得税时通过"未按权责发生制确认收入纳税调整明细表"一次性调增应纳税所得额450万元。

不征税收入的处理：因政府补助不影响本期损益，故不进行纳税调整。

（2）2011年1月31日购入设备。

借：固定资产　　　　　　　　　　　4 800 000

　　贷：银行存款　　　　　　　　　　　　4 800 000

（3）自2011年2月起每个资产负债表日，计提折旧，同时分摊递延收益。

①分摊递延收益37 500（4 500 000÷120）元。

借：递延收益　　　　　　　　　　　37 500

　　贷：其他收益　　　　　　　　　　　　37 500

应税收入的处理：由于政府补助已于收到时一次性调增应纳税所得额，为避免重复征税，后期财务上确认的其他收益3.75万元应进行纳税调减处理。

不征税收入的处理：因符合不征税收入确认的三个条件，故财务上分期确认的其他收益3.75万元，进行纳税调减处理。

②计提折旧40 000（4 800 000÷120）元。

借：研发支出　　　　　　　　　　　40 000

　　贷：累计折旧　　　　　　　　　　　　40 000

应税收入的处理：设备折旧允许在税前扣除，不进行纳税调整。

不征税收入的处理：设备折旧不得在税前扣除，各月研发支出中3.75万元在年度申报所得税时需通过《资产折旧、摊销及纳税调整明细表》进行纳税调增处理。

（4）2019年2月1日出售设备，同时转销递延收益余额（假设不考虑增值税）。

①转销递延收益余额。

借：递延收益　　　　　　　　　　　900 000

　　货：其他收益　　　　　　　　　　　　900 000

应税收入的处理：由于政府补助已于收到年度调增了应纳税所得额，为避免重复征税，本期其他收益 90 万元进行纳税调减处理。

不征税收入的处理：因符合不征税收入确认的三个条件，故本期其他收益 90 万元进行纳税调减处理。

②出售设备。

借：固定资产清理　　　　　　　960 000
　　累计折旧　　　　　　　　　3 840 000
　　　贷：固定资产　　　　　　　　　　　　4 800 000
借：银行存款　　　　　　　　　1 200 000
　　　贷：固定资产清理　　　　　　　　　　960 000
　　　　　资产处置损益　　　　　　　　　　240 000

应税收入的处理：固定资产净值 96 万元允许在税前扣除，不进行纳税调整。

不征税收入的处理：固定资产净值 96 万元中 90 万元不得在税前扣除，调增应纳税所得额 90 万元。

通过比较不难发现，应税收入在政府补助收到年度并入收入总额征税，后期固定资产折旧允许在税前扣除，而与不征税收入对应的后期固定资产折旧不得在税前扣除。在不涉及定期减免税、税率调整、弥补亏损等政策性因素下，两者的唯一区别就是前者提前纳税，后者递延纳税。

第十二章 借款费用的会计处理与税务处理差异分析及纳税调整

借款费用是指企业因借款而发生的利息、折价或溢价的摊销和辅助费用，以及因外币借款而发生的汇兑差额等。本章的借款费用不涉及与融资租赁有关的融资费用，与融资租赁有关的融资费用根据《企业会计准则第21号——租赁》的规定进行会计处理，也不涉及房地产商品开发过程中发生的借款费用，以及筹建期间和清算期间发生的借款费用。房地产商品开发过程中发生的借款费用，以及筹建期间和清算期间发生的借款费用，按照相关规定处理。

第一节 借款费用确认的会计处理与税务处理差异分析及纳税调整

一、借款费用确认的会计处理

（一）借款费用的范围

1.因借款而发生的利息

因借款而发生的利息包括企业向银行或其他金融机构等借入资金发生的利息、发行债券发生的利息以及承担带息债务应计的利息等。

2.因借款而发生的折价或溢价的摊销

因借款而发生的折价或溢价主要是发行债券发生的折价或溢价。折价或溢价的摊销实质上是对借款利息的调整，因而构成了借款费用的组成部分。企业应在借款的存续期间对折价或溢价进行分期摊销。折价或溢价的摊销可以采用实际利率法，也可以采用直线法。

3.因借款而发生的辅助费用

因借款而发生的辅助费用是指企业在借款过程中发生的诸如手续费、

佣金、印刷费、承诺费等费用。由于这些费用是因安排借款而发生的，也是借入资金的一部分代价，因而这些费用构成了借款费用的组成部分。

4. 因外币借款而发生的汇兑差额

因外币借款而发生的汇兑差额是指由于汇率变动而对外币借款本金及其利息的记账本位币金额产生的影响金额。由于这部分汇兑差额是与外币借款直接相联系的，因而也构成借款费用的组成部分。

（二）应予资本化的资产范围和借款范围

1. 应予资本化的资产范围

借款费用应予资本化的资产范围是固定资产。只有发生在固定资产购置或建造过程中的借款费用，才能在符合条件的情况下予以资本化；发生在其他资产（如存货、无形资产）上的借款费用，不能予以资本化。关于应予资本化的资产范围，有几点需要说明：

（1）这里所指的固定资产，既包括企业自己购买或建造的固定资产，也包括委托其他单位建造的固定资产。

（2）固定资产一旦达到预定可使用状态，就应停止借款费用资本化。购入不需要安装的固定资产，在购入时就视为已经达到预定可使用状态。

2. 应予资本化的借款范围

应予资本化的借款范围为专门借款，即为购建固定资产而专门借入的款项，不包括流动资金借款等。

（三）具体确认原则

在企业发生的各项借款费用中，利息、折价或溢价的摊销和汇兑差额的确认原则与辅助费用有所不同。分述如下：

1. 利息、折价或溢价的摊销和汇兑差额的确认

借款利息、折价或溢价的摊销和汇兑差额的确认原则如下：因专门借款而发生的利息、折价或溢价的摊销和汇兑差额，在符合《企业基本准则第 17 号——借款费用》规定的资本化条件的情况下，应当予以资本化，计入该项资产的成本；其他的借款利息、折价或溢价的摊销和汇兑差额，应当于发生当期确认为费用。这里所说的"符合《企业基本准则第 17 号——借款费用》规定的资本化条件"是指符合关于借款费用允许资本化的期间和资本化金额的确定方法等方面的规定。

2. 辅助费用的确认

辅助费用确认原则如下：因安排专门借款而发生的辅助费用，属于在所购建固定资产达到预定可使用状态之前发生的，应当在发生时予以资本

化；以后发生的辅助费用应当于发生当期确认为费用。如果辅助费用的金额较小，也可以于发生当期确认为费用。因安排其他借款而发生的辅助费用应当于发生当期确认为费用。具体解释如下：

（1）因安排专门借款而发生的辅助费用，在所购建固定资产达到预定可使用状态之前发生的，应当在发生时予以资本化。具体来说，不论是一次性支付的辅助费用，如发行债券手续费，还是分期支付的辅助费用，如为已借入未划拨款项而按期支付的承诺费，均应在所购建固定资产达到预定可使用状态之前，于实际发生时予以资本化；在所购建固定资产达到预定可使用状态之后发生的辅助费用，应当于发生当期确认为费用。

（2）因安排专门借款而发生的辅助费用，如果金额较小，根据重要性原则，也可以于发生当期确认为费用。

（3）因安排除专门借款外的其他借款而发生的辅助费用，应当于发生当期确认为费用。例如，安排为生产产品而借入款项所发生的辅助费用，应当于发生当期确认为费用；安排为开发软件借入款项而发生的辅助费用等，也应于发生当期确认为费用。

（四）开始资本化时间

因专门借款而发生的利息、折价或溢价的摊销和汇兑差额，应当在以下三个条件同时具备时开始资本化。

1. 资产支出已经发生

这里所指的资产支出只包括为购建固定资产而以支付现金、转移非现金资产或者承担带息债务形式而发生的支出。具体来说：

（1）支付现金是指用货币资金支付固定资产的购置或建造支出，如用现金、银行存款或其他货币资金等购买工程用材料，用现金支付建造固定资产的职工工资等。

（2）转移非现金资产是指将非现金资产用于固定资产的建造与安装，如将企业自己生产的产品用于固定资产的建造，或以企业自己生产的产品向其他企业换取用于固定资产建造所需要的物资等。

（3）承担带息债务是指因购买工程用材料等而承担的带息应付款项（如带息应付票据）。企业以赊购方式向供货单位购买工程用物资，由此产生的债务可能带息，也可能不带息。如果是不带息债务，就不计入资产支出，因为在该债务偿付前不需承担利息，企业不会因这部分未偿付债务承担借款费用，亦即没有任何借款费用是应当归属于这部分未偿付债务的。直到企业偿付债务实际发生了资源流出时，才能作为资产的支出。而对于带息债务来说，情况就不同了，由于企业要为这笔债务付出代价，承担利息，与企业用银行借款支付资产支出的性质是一样的。因此，带息债务应当作为资产支出，用以计算应予资本化的借款费用金额。例如，企业于2019年3月1日采用带息应付票据方式购买了10万元的工程用材料，票据期限为3个月，年利率为6%，到期还本付息。3月31日编制当月会计报表时，应付票据尚未偿付，则该笔应付票据本金10万元应作为当月资产支出。如果这10万元是不带息的应付票据或应付账款，则3月31日编制当月会计报表并计算应予资本化的借款费用金额时，不将其作为资产支出。

需要注意的是，如果企业委托其他单位建造固定资产，则企业向受托单位支付第一笔预付款或第一笔进度款时，即认为资产支出已经发生。

2. 借款费用已经发生

这一条件是指已经发生了因购建固定资产而专门借入款项的利息、折价或溢价的摊销、辅助费用或汇兑差额。例如，企业以发行债券的方式筹集资金来建造一项固定资产，在债券本身可能还没有开始计息时，就为发行债券向承销机构支付了一笔承销费，即发生了专门借款的辅助费用。此时，应当认为借款费用已经发生。

3. 为使资产达到预定可使用状态所必要的购建活动已经开始

"为使资产达到预定可使用状态所必要的购建活动"主要是指资产的实体建造活动，如主体设备的安装、厂房的实际建造等。但是，"为使资产达到预定可使用状态所必要的购建活动已经开始"不包括仅仅持有资产，但没有发生为改变资产状态而进行建造活动的情况。例如，只购置了建筑用地但未发生有关房屋建造活动就不包括在内。

在上述三个条件同时满足的情况下，因专门借款而发生的利息、折价或溢价的摊销或汇兑差额应当开始资本化，只要其中有一个条件没有满足，就不能开始资本化。例如，企业为购置或建造某项固定资产借入的专门借款已经划入企业账户，即借款费用已经发生，固定资产的实体建造工作也已经开始，但由于为建造该项资产所购买的工程物资款项均未支付，而且这些应付款项都是不带息债务，也没有发生其他与固定资产购建有关的支出，因而已发生的专门借款的借款费用，尽管是为建造该项固定资产而专门借入的款项所发生的，也不能计入该项资产的成本，只能确认为当期费用，因为不符合开始资本化的第一个条件。又如，企业已经使用银行存款购买了建造某项固定资产所需的工程物资，固定资产的实体建造工作也已经开始，但为建造该项资产专门借入的款项还没有到位，因此没有发生相应的借款费用，此时也不能开始资本化，因为不符合开始资本化的第二个条件。再如，企业为了建造一项固定资产已经使用银行存款购买了工程所需物资，发生了资产支出，为购建该项固定资产专门借入的款项也已经开始计息，即借款费用已经发生，此时已经符合了开始资本化的第一、二个条件，但固定资产的实体建造还没有开始，即为使资产达到预定可使用状态所必要的购建活动还没有开始，不符合开始资本化的第三个条件，在这种情况下，专门借款发生的借款费用也不能开始资本化。

需要注意的是，因安排专门借款而发生的一次性支付的辅助费用一般不考虑开始资本化的三个条件，应当在发生时予以资本化，如发行债券的手续费、初始借款手续费应当在实际支付时予以资本化。

（五）暂停资本化期间

如果固定资产的购置或建造由于某些不可预见或管理决策等方面的因素发生非正常中断，并且中断时间连续超过 3 个月的，中断期间的借款费用应暂停资本化，将其计入当期费用，直至购置或建造活动重新开始。但如果中断是使购置或建造固定资产达到预定可使用状态所必要的程序，那么所发生的借款费用应当继续资本化。

"非正常中断"包括由于劳动纠纷、发生安全事故、改变设计图纸、资金周转困难等而导致的工程中断，不包括为使所购置或建造的固定资产达到预定可使用状态所必要的程序而发生的中断，或由可预见的不可抗力因素导致的中断。

"中断时间连续超过 3 个月"是指从固定资产的购建活动中断开始到恢复购建活动为止的时间，连续超过 3 个月（含 3 个月）。

需要注意的是，如果中断是使固定资产达到预定可使用状态所必要的程序，或者中断是由可预见的不可抗力因素造成的，那么不需停止借款费用的资本化。例如，某企业在建造厂房期间，恰逢连绵雨季，妨碍了工程的进行，工程施工不得不中断，待雨季过后再继续施工。由于该地区该季节出现连绵雨季是正常情况，因此在这种由于雨季而耽搁施工的持续期间内，借款费用资本化应继续进行。

（六）停止资本化期间

1. 停止资本化的一般原则

当所购置或建造的固定资产达到预定可使用状态时，应当停止其借款费用的资本化，以后发生的借款费用计入当期损益。

所谓"达到预定可使用状态"，是指资产已经达到购买方或建造方预先设想的可以使用的状态。确定借款费用停止资本化的时点需要较多方面的判断。为了便于实际操作，可以从以下几个方面来加以判断：①固定资产的实体建造（包括安装）工作已经全部完成或者实质上已经完成，即应认为资产的购置或建造工作已经完成；②所购置或建造的固定资产与设计或合同要求相符合或基本相符合，即使有极个别与设计或合同要求不相符合的地方，也不会影响其正常使用；③继续发生在固定资产上的支出金额很少或几乎不再发生。符合上述几个条件之一，即应认为资产达到预定可使用状态。

若所购建固定资产需要试生产或试运行，则在试生产结果表明资产能够正常运行或能够生产出合格产品时，或试运行结果表明能够正常运转或营业时，就应当认为资产已经达到预定可使用状态，并应停止借款费用的资本化。

2. 在资产分别建造、分别完工情况下的停止资本化

对于分别建造、分别完工的资产，企业应区别以下不同情况，来界定借款费用停止资本化的时点。

（1）在资产分别建造、分别完工的情况下，其任何一部分在其他部分建造期间可以独立使用。对于这种情况，若已完工部分达到了预定可使用状态，其所必需的建造、安装等活动实质上已经完成，则该部分资产的借款费用资本化应当停止。例如，由若干幢建筑物构成的工厂厂房，每幢厂房在其他厂房继续建造期间均可单独使用，那么当其中的一幢厂房完工并达到预定可使用状态时，应停止该幢厂房借款费用的资本化。

（2）在资产分别建造、分别完工的情况下，其任何一个部分都必须在固定资产总体完成后才能投入使用。对于这种情况，即使资产的各部分分别完工，也应在该资产整体完工时才停止借款费用的资本化。已经完工部分的借款费用仍应继续资本化。例如，涉及几项工程的钢铁厂，只有每项工程都建造完成后，整个钢铁厂才能正常运转，因而每一个单项工程完工后不停止资本化，须等到整个钢铁厂完工，达到预定可使用状态时才停止资本化。

二、借款费用确认的税务处理

《企业所得税法实施条例》第三十七条规定，企业在生产经营活动中发生的合理的不需要资本化的借款费用，准予扣除。企业为购置、建造固定资产、无形资产和经过 12 个月以上的建造才能达到预定可销售状态的存货

发生借款的，在有关资产购置、建造期间发生的合理的借款费用，应当作为资本性支出计入有关资产的成本，并依照本条例的规定扣除。

如果企业发生非正常中断且中断时间较长的，其中断期间发生的借款费用不予以资本化，直接在发生当期扣除。购置、建造活动发生中断，但若中断是使资产达到预定可使用状态所必要的程序，则中断期间发生的借款费用仍应予以资本化。企业筹建期间发生的长期借款费用，除购置固定资产发生的长期借款费用外，计入开办费，按照长期待摊费用进行税务处理。

借款费用是否资本化与借款期间长短无直接关系。若某纳税年度企业发生长期借款，并且没有指定用途，当期也没有发生购置固定资产支出，则其借款费用全部可直接扣除。在为使资产达到预定可使用或可销售状态而进行的必要准备工作中断期间可能发生的借款费用，属于持有部分完工资产发生的费用，可以不予资本化。在使相关资产达到预定可使用或可销售状态所必要的工作实际完成时，应停止借款费用资本化。若相关资产的各部分是分别完工的，每部分在其他部分建造过程中可供使用，并且为该部分达到预定可使用或可销售状态所必要的准备工作实际上已完成，则借款费用的资本化应停止。若资产的任何一部分都必须在所有组成部分全部完工后才能交付使用，则应在整个资产全部交付使用时停止借款费用资本化。

三、借款费用确认的税会差异分析

对于企业发生的借款费用是资本化还是费用化，会计和税法的规定是一致的。在资本化期间及购置、建造期间发生的借款费用，会计和税法都允许资本化，计入资产的成本，其他的借款费用都计入当期损益，在当期税前扣除。

对于资本化期间的确定，会计具体明确地界定了借款费用开始资本化的时点、借款费用停止资本化的时点，以及特殊情况下暂停资本化的条件，而税法上并没有对此作出明确的规定，只是提到在有关资产购置、建造期间发生的合理借款费用予以资本化，对于企业会计准则有规定，而税法没有规定的总体处理原则是，按照已有的会计规定处理，即借款费用开始资本化的时点、暂停资本化的时间、停止资本化的时点等都依照会计准则规定的原则和方法确定。在资本化中断期间发生的借款费用计入当期损益，在当期税前扣除。

第二节　借款费用计量的会计处理与税务处理差异分析及纳税调整

一、借款费用计量的会计处理

企业每期应予资本化的借款费用包括当期应予资本化的利息、借款折价或溢价的摊销、辅助费用和汇兑差额。

（一）利息资本化金额的确定

利息资本化金额的确定应与发生在固定资产购建活动上的支出挂钩。在应予资本化的每一会计期间，因购置或建造某项固定资产而发生的利息，其资本化金额应为至当期末止购置或建造该项资产的累计支出加权平均数乘以资本化率；如果借款存在折价或溢价，还应当将每期应摊销的折价或溢价金额作为利息的调整额，对资本化率进行相应调整。利息资本化金额的计算公式为每一会计期间利息的资本化金额＝至当期末止购建固定资产累计支出加权平均数 × 资本化率。

1. 累计支出加权平均数的确定

上述公式中的累计支出加权平均数应按每笔资产支出金额乘以每笔资产支出占用的天数与会计期间涵盖的天数之比加总计算确定。其计算公式为累计支出加权平均数＝∑每笔资产支出金额 ×（每笔资产支出占用的天数 / 会计期间涵盖的天数）。

上述公式中的"每笔资产支出占用的天数"是指发生在固定资产上的支出所应承担借款费用的时间长度。"会计期间涵盖的天数"是指计算应予资本化的借款费用的会计期间的长度。时间长度一般应以天数计算，有时考虑到资产支出发生笔数较多，而且发生比较均衡，为简化计算，也可以按月数计算，具体可根据借款费用资本化金额的计算期和发生的资产支出笔数的多寡和均衡情况而定。

（1）如果企业按月计算应予资本化的借款费用，那么应当以该月中每笔资产支出金额乘以每笔支出所需要承担借款费用的天数与当月天数之比，加总计算确定该月累计支出加权平均数；如果每月资产支出的笔数较多，支出发生比较均衡，为简化计算，也可以将每月月初资产支出余额和当月资产支出的算术平均数之和作为当月的累计支出加权平均数，即累计支出加权平均数 = 月初资产支出余额 + 当月资产支出算术平均数。

上述公式中的"当月资产支出算术平均数"按如下公式计算：当月资产支出算术平均数 = 当月资产支出总额 /2。

（2）如果企业按季、半年或年计算应予资本化的借款费用，应当以每笔资产支出金额乘以每笔支出所需要承担借款费用的天数与该季（半年或年）天数之比，加总计算确定该季（半年或年）累计支出加权平均数；如果资产支出笔数较多，支出发生比较均衡，为简化计算，也可以将月数作为计算累计支出加权平均数的权数，即以月数作为确定承担借款费用的时间长度的最小单位。此时可以根据每月月初资产支出余额和每月资产支出算术平均数之和除以会计期间涵盖的月数，加总计算确定该季（半年或年）累计支出加权平均数。

需要注意的是，在这种情况下，企业应按照该累计支出加权平均数乘以相应会计期间的利率（季利率、半年利率或者年利率），求该期应予资本化的利息。企业也可以首先按照每月累计支出加权平均数乘以月利率计算出每月应予资本化的利息，然后加总得到该季（半年或年度）应予资本化的利息。

下面举例说明上述情况下累计支出加权平均数的计算方法。

【例 12-1】A 公司为增值税一般纳税企业，从 2019 年 1 月 1 日开始建造一项固定资产，并为建造该项资产专门从银行借入了 500 万元的 3 年期借款，年利率为 6%。该资产于 2019 年 4 月 1 日建造完工。为简化计算，假设每月均为 30 天。

公司在 2019 年 1 月—3 月间发生的资产支出如下：

1 月 1 日，支付购买工程用物资款项 140.40 万元。

2 月 10 日，支付建造资产的职工工资 9 万元。

3 月 15 日，支付建造工程设备租赁费 68.5 万元。

公司如按月计算应予资本化的借款费用，应根据每月每笔资产支出金额和每笔支出所需要承担借款费用的天数与当月天数之比，计算每月累计支出加权平均数：

1 月份累计支出加权平均数 =140.40 ×（30/30）=140.40（万元）。

2 月份累计支出加权平均数 =140.40 ×（30/30）+9 ×（20/30）=146.40（万元）。

3 月份累计支出加权平均数 =140.40 ×（30/30）+9 ×（30/30）+68.50 ×（15/30）=183.65（万元）。

【例 12-2】承例 12-1，假设其他条件不变，公司按季计算应予资本化的借款费用。公司应根据 2019 年第一季度每笔资产支出金额和每笔支出所需要承担借款费用的天数与当季天数之比，计算第一季度累计支出加权平均数：公司第一季度累计支出加权平均数 $=140.40 \times （90/90）+9 \times （50/90）+ 68.50 \times （15/90）\approx 156.82（万元）$。

2. 资本化率的确定

资本化率应当区分不同情况，按下列原则确定。

（1）一般来说，在为购建某项固定资产只借入一笔专门借款的情况下，该项借款的利率即为资本化率，如果这一项专门借款为采用面值发行的债券，那么债券的票面利率即为资本化率。当为购建固定资产专门折价或溢价发行了一笔债券时，即使只存在这一笔专门借款，也不能直接将债券的票面利率作为资本化率，而应将重新计算的债券实际利率作为资本化率。

（2）为购建固定资产借入一笔以上的专门借款，则资本化率应为这些专门借款的加权平均利率。在这些借款都没有折价或溢价的情况下，加权平均利率的计算公式为加权平均利率 = 专门借款当期实际发生的利息之和 / 专门借款本金加权平均数 ×100%。

上述公式中的"专门借款当期实际发生的利息之和"是指企业因借入款项在当期实际发生的利息金额。

上述公式中的"专门借款本金加权平均数"是指各专门借款的本金余额在会计期间内的加权平均数，其计算应根据每笔专门借款的本金乘以该借款在当期实际占用的天数与会计期间涵盖的天数之比加总确定。计算公式为专门借款本金加权平均数 = Σ 每笔专门借款本金 ×（每笔专门借款实际占用的天数 / 会计期间涵盖的天数）。为简化计算，也可以将月数作为计算专门借款本金加权平均数的权数。

【例 12-3】企业为建造某项固定资产于 2019 年 1 月 1 日专门借入了 100 万元，3 月 1 日又专门借入了 100 万元，资产的建造工作从 1 月 1 日开始。假定企业按季计算资本化金额。在 3 月 31 日，企业的第一笔专门借款占用了 3 个月，第二笔专门借款占用了 1 个月，则第一季度"专门借款本金加权平均数"为 $100 \times （3/3）+100 \times （1/3）=133.3（万元）$。

如果这些专门借款存在折价或溢价的情况，还应当将每期应摊销折价或溢价的金额作为利息的调整额，对加权平均利率即资本化率进行相应调整。折价或溢价的摊销可以采用实际利率法，也可以采用直线法。

需要注意的是，如果上述专门借款中存在折价或溢价的债券，那么该债券的本金应将每期期初债券的账面价值作为基数进行加权平均，为简化工作量，也可将每年年初债券的账面价值作为这一年中每期期初的账面价值。

3. 利息资本化金额的限额

会计上规定，在应予资本化的每一会计期间，利息和折价或溢价摊销的资本化金额，不得超过当期专门借款实际发生的利息和折价或溢价的摊销金额。如果根据累计支出加权平均数乘以资本化率计算得出的利息资本化金额超过当期专门借款实际发生的利息与折价或溢价的摊销金额之和（或差），以当期实际发生的利息与折价或溢价的摊销金额之和（或差）作为当期应予资本化的利息金额。

（二）辅助费用资本化金额的确定

应予资本化的辅助费用仅包括为购置或建造某项固定资产的专门借款发生的辅助费用，即因其他借款而发生的辅助费用，均应在发生时计入财务费用。对于某些金额不大的专门借款辅助费用，根据重要性原则，也可以在发生时直接计入当期财务费用，不予资本化。

简单地说，辅助费用的资本化金额就是辅助费用的实际发生金额，不与发生在所购建的固定资产上的支出挂钩。

【例 12-4】某企业为建造一幢厂房于 2019 年 1 月 1 日按面值发行了 1 亿元的 5 年期债券，年利率为 8%，按债券面值的 2% 支付中介机构手续费 200 万元，已用银行存款支付完毕。厂房的建造工作从 2019 年 1 月 1 日开始，建造期为 3 年。

应予资本化的辅助费用金额为 200 万元。

企业支付发行债券手续费的账务处理如下：

借：在建工程——借款费用

　　贷：银行存款

（三）外币专门借款汇兑差额资本化金额的确定

会计上规定，如果专门借款为外币借款，那么在每一个应予资本化的会计期间，汇兑差额的资本化金额为当期外币专门借款本金及利息所发生的汇兑差额，不与发生在所购建的固定资产上的支出挂钩。在所购建的固定资产达到预定可使用状态之后所发生的，外币专门借款本金及利息的汇兑差额应当计入当期损益。

【例 12-5】某企业 2019 年 1 月 1 日借入 120 万美元用于某项固定资产的建造，年利率为 8%，期限为 3 年。企业从 1 月 1 日开始进行资产建造，当日发生支出 60 万美元，当日美元对人民币的汇率为 $ 1= ¥6.20。1 月 31 日，汇率为 $ 1= ¥6.25，2 月 28 日，汇率为 $ 1= ¥6.27。企业按月计算应予资本化的借款费用金额，对外币账户采用业务发生时的汇率作为折算汇率。由于 1 月份的利息费用是在 1 月 31 日才计算的，因此 1 月 31 日没有产生利息上的汇兑差额。1 月 31 日，应予资本化的汇兑差额计算如下：

外币专门借款本金及其利息的汇兑差额 =120×（6.25−6.20）=6（万元）。

本期外币借款汇兑差额的资本化金额 =6（万元）。

账务处理如下：

借：在建工程——借款费用　　　　　　　　　60 000

　　贷：长期借款——美元户　　　　　　　　　　　60 000

2 月 28 日，2 月份应予资本化的汇兑差额计算如下：

外币专门借款本金及其利息的汇兑差额 =120×（6.27−6.25）+120×8%/12×（6.27−6.25）=2.416（万元）。

账务处理如下：

借：在建工程——借款费用　　　　　　　　　24 160

　　贷：长期借款——美元户　　　　　　　　　　　24 160

二、借款费用计量的税务处理

《企业所得税法实施条例》第三十八条规定，企业在生产经营活动中发生的下列利息支出，准予扣除：①非金融企业向金融企业借款的利息支出、金融企业的各项存款利息支出和同业拆借利息支出、企业经批准发行债券的利息支出；②非金融企业向非金融企业借款的利息支出，不超过按照金融企业同类同期贷款利率计算的数额的部分。

《企业所得税法》第四十六条规定，企业从其关联方接受的债权性投资与权益性投资的比例超过规定标准而发生的利息支出，不得在计算应纳税所得额时扣除。

《财政部 国家税务总局关于企业关联方利息支出税前扣除标准有关税收政策问题的通知》（财税〔2008〕121 号）规定，在计算应纳税所得额时，企业实际支付给关联方的利息支出，不超过以下规定比例和税法及其实施条例有关规定计算的部分，准予扣除，超过的部分不得在发生当期和以后年度扣除。企业实际支付给关联方的利息支出，除符合本通知第二条规定外，其接受关联方债权性投资与其权益性投资比例：金融企业为 5 ：1，其他企业为 2 ：1。

企业如果能按照税法及其实施条例的有关规定提供相关资料，并证明相关交易活动符合独立交易原则的；或者该企业的实际税负不高于境内关联方的，其实际支付给境内关联方的利息支出，在计算应纳税所得额时准予扣除。

《国家税务总局关于企业向自然人借款的利息支出企业所得税税前扣除问题的通知》（国税函〔2009〕777号）第一条规定，企业向股东或其他与企业有关联关系的自然人借款的利息支出，应根据《中华人民共和国企业所得税法》第四十六条及《财政部 国家税务总局关于企业关联利息支出税前扣除标准有关税收政策问题的通知》（财税〔2008〕121号）规定的条件，计算企业所得税扣除额。

企业向除第一条规定以外的内部职工或其他人员借款的利息支出，其借款情况同时符合以下条件的，其利息支出在不超过按照金融企业同期同类贷款利率计算数额的部分，根据《企业所得税法》第八条和《企业所得税法实施条例》第二十七条规定，准予扣除。①企业与个人之间的借贷是真实、合法、有效的，并且不具有非法集资目的或其他违反法律、法规的行为；②企业与个人之间签订了借款合同。

《国家税务总局关于企业投资者投资未到位而发生的利息支出所得税前扣除问题的批复》（国税函〔2009〕312号）规定，凡企业投资者在规定期限内未缴足其应缴资本额的，该企业对外借款所发生的利息，相当于投资者实缴资本额与在规定期限内应缴资本额的差额应计付的利息，其不属于企业合理的支出，应由企业投资者负担，不得在计算企业应纳税所得额时扣除。

三、借款费用计量的税会差异分析

（一）借款费用计量的税会差异分析

企业在生产经营期间向金融机构借款或经批准发行债券而发生的利息支出，会计核算和税法的计量一致，不需要进行纳税调整。企业在生产经营期间向非金融机构借款发生的利息支出，若高于金融机构同类同期贷款利率计算的数额，则无论税收上是进行资本化处理还是费用化处理，超过计税标准的部分都不得计入资产价值进行资本化处理，也不得计入财务费用在税前直接扣除。会计核算和税法在借款费用的计量上出现的差异为永久性差异。

（二）借款费用资本化计量的税会差异分析

（1）若企业向非金融机构借款，借款利率高于金融机构同类同期贷款利率，则会计确定的借款费用资本化的金额大于税法确定的借款费用资本化金额。税法和会计在借款费用资本化金额确定上的差异为永久性差异。

（2）闲置的专门借款存入银行取得的利息收入或进行暂时性投资取得的投资收益，会计上减少借款费用资本化金额，税法上确认为利息收入。

（3）如果从金融企业借款或经批准发行债券，同时专门借款未存入银行或短期投资，会计和税法对借款费用资本化的计量一致，由于企业所得税法及其实施条例对借款费用资本化计量未作出专门规定，在企业从金融企业借款或经批准发行债券，同时专门借款未存入银行或短期投资的前提下，企业为购建或者生产符合资本化条件的资产而借入专门借款费用资本化金额的确定及一般借款费用资本化金额的确定，税法应按会计处理确定。

（4）税法对用于资本化资产产生的借款费用处理没有具体规定，所以可以按照会计计量结果对此进行处理，会计和税法没有差异。

【例12-6】甲公司以出包方式建造一幢厂房，2019年1月1日开工，工期为18个月。甲公司分别于2019年1月1日、2019年7月1日和2020年1月1日支付工程款。甲公司为建造该厂房的支出金额如表12-1所示。

表12-1 厂房支出明细表

单位：万元

日期	每期资产支出金额	累计资产支出金额
2019 年 1 月 1 日	1 500	1 500
2019 年 7 月 1 日	2 500	4 000
2020 年 1 月 1 日	1 500	5 500

在厂房建造过程中，相关借款如下：

专门借款：甲公司于2019年1月1日，专门借款3 000万元，借款期限为三年，年利率为6%。

一般借款：向A银行长期借款2 000万元，期限为2018年12月1日至2021年12月1日，年利率为6%，按年支付利息。

发行公司债券10 000万元，于2018年1月1日发行，期限为五年，年利率为8%，按年支付利息。

假定一般借款除了用于厂房建设外，没有用于其他符合资本化条件的资产的购建或者生产活动。闲置借款资金均用于固定收益债券短期投资，该短期投资月收益率为 0.5%，假定全年按 360 天计算。

（1）会计处理。

①计算专门借款利息资本化金额。

2019 年专门借款利息资本化金额 =3 000×6%−1 500×0.5%×6=135（万元）。

2020 年专门借款利息资本化金额 =3 000×6%×（180/360）=90（万元）。

②计算一般借款利息资本化金额。在建造厂房过程中，自 2019 年 7 月 1 日起已有 1 000 万元占用了一般借款，另外 2020 年 1 月 1 日支出 1 500 万元也占用了一般借款。计算这两笔资产支出的加权平均数如下：

一般借款利息资本化率 =（2 000×6%+10 000×8%）/（2 000+10 000）≈7.67%。

2019 年占用一般借款的资产支出加权平均数 =1 000×（180/360）=500（万元）。

2019 年应资本化的一般借款利息金额 ≈ 500×7.67%=38.35（万元）。

2020 年占用一般借款的资产支出加权平均数 =（1 000+1 500）×（180/360）=1 250（万元）。

2020 年应资本化的一般借款利息金额 ≈ 1 250×7.67%=95.875（万元）。

③根据上述计算结果，甲公司建造厂房应资本化的利息金额如下：

2019 年利息资本化金额 ≈ 135+38.35=173.35（万元）。

2020 年利息资本化金额 ≈ 90+95.875=185.875（万元）。

④ 2019 年 12 月 31 日，会计分录如下：

2019 年实际借款利息 =3 000×6%+2 000×6%+10 000×8%=1 100（万元）。

借：在建工程	1 733 500
财务费用	8 816 500
应收利息	450 000
贷：应付利息	11 000 000

⑤ 2020 年 6 月 30 日，会计分录如下：

2020 年上半年实际借款利息 =1 100/2=550（万元）。

借：在建工程	1 858 750
财务费用	3 641 250
贷：应付利息	5 500 000

（2）税务处理。

①2019年税务处理。专门借款利息资本化金额为180（3 000×6%）万元，企业将闲置借款资金用于固定收益债券短期投资，取得的投资收益45（1 500×0.5%×6）万元，应调增应纳税所得额45万元。

一般借款利息资本化金额与会计金额一致，都为38.35万元。

税务上利息资本化金额合计218.35（180+38.35）万元，比会计上的利息资本化金额173.35万元，多了45万元，即计税基础比账面价值多45万元，产生可抵扣暂时性差异，将来通过对厂房计提折旧进行转回。

②2020年税务处理。专门借款利息资本化金额90[3 000×6%×（180/360）]万元，一般借款利息资本化金额与会计金额一致，都为95.875万元，税务上利息资本化支出金额合计185.875（90+95.875）万元，与会计上的利息资本化金额一致。

第十三章　金融工具的会计处理与税务处理差异分析及纳税调整

金融工具是指形成一方的金融资产，并形成其他方的金融负债或权益工具的合同。金融工具包括金融资产、金融负债和权益工具。为了规范金融工具的会计处理，提高会计信息质量，中华人民共和国财政部颁发了《企业会计准则第22号——金融工具确认和计量》。准则中将企业的金融资产划分为三大类：①以摊余成本计量的金融资产；②以公允价值计量且其变动计入其他综合收益的金融资产；③以公允价值计量且其变动计入当期损益的金融资产。本章主要分析各类金融资产的会计处理与税务处理的差异及其纳税调整。

第一节　以摊余成本计量的金融资产的会计处理与税务处理差异分析及纳税调整

一、会计处理

根据《企业会计准则第22号——金融工具确认和计量》，金融资产同时符合下列条件的，应当分类为以摊余成本计量的金融资产：①企业管理该金融资产的业务模式以收取合同现金流量为目标；②该金融资产的合同条款规定，在特定日期产生的现金流量，仅为对本金和以未偿付本金金额为基础的利息的支付。

企业一般应当设置"债权投资""贷款""应收账款""银行存款"等科目，用来核算以摊余成本计量的金融资产。"债权投资"科目，应按照债权投资的类别和品种，分别设置"成本""利息调整""应计利息"等明细科目进行明细核算。其中，"成本"科目反映债权投资的面值；"利息调整"科目反映债权投资的初始确认金额与其面值的差额，以及按照实际利率法分期摊销后该差额的摊余金额；"应计利息"科目反映企业计提的到期一次还本付息的债权投资应计未收的利息。

以摊余成本计量的金融资产的会计处理主要应解决该金融资产实际利率的计算、摊余成本的确定、持有期间的收益确认以及处置损益的处理等。下面以债权投资为例说明该类金融资产的具体会计处理方法。

（一）取得以摊余成本计量的金融资产

企业取得以摊余成本计量的金融资产时，应按该投资的面值，借记"债权投资——成本"科目，按实际支付的价款中包含的已到付息期但尚未领取的利息借记"应收利息"科目，按实际支付的金额，贷记"银行存款"等科目，按其差额，借记或贷记"债权投资——利息调整"科目。

（二）持有期间

企业应在持有期间，采用实际利率法，按照期初摊余成本和实际利率计算确认利息收入，计入投资收益。金融资产的摊余成本应当以该金融资产的初始确认金额经下列调整后的结果确定：

（1）扣除已偿还的本金。

（2）加上或减去采用实际利率法将该初始确认金额与到期日金额之间的差额进行摊销形成的累计摊销额。

（3）扣除累计计提的减值准备。

实际利率是指将金融资产在预计存续期的估计未来现金流量，折现为该金融资产账面价值所使用的利率。

资产负债表日，以摊余成本计量的金融资产为分期付息、一次还本债券的，应按票面利率计算确定的应收未收利息，借记"应收利息"科目，按投资摊余成本和实际利率计算确定的利息收入，贷记"投资收益"科目，按其差额，借记或贷记"债权投资——利息调整"科目。

（三）重分类

企业将一项以摊余成本计量的金融资产重分类为以公允价值计量且其变动计入当期损益的金融资产的，应当按照该金融资产在重分类日的公允价值进行计量，原账面价值与公允价值之间的差额计入当期损益。企业将一项以摊余成本计量的金融资产重分类为以公允价值计量且其变动计入其他综合收益的金融资产的，应当按照该资产在重分类日的公允价值进行计量。原账面价值与公允价值之间的差额计入其他综合收益。该金融资产重分类不影响其实际利率和预期信用损失的计量。

（四）出售以摊余成本计量的金融资产

出售以摊余成本计量的金融资产时，按实际收到的金额，借记"银行存款"等科目，按其账面余额，贷记"债权投资——成本、应计利息"科目，贷记或借记"债权投资——利息调整"科目，按其差额，贷记或借记"投资收益"科目。已计提减值准备的，还应同时结转已计提的减值准备。

二、税务处理与税会差异分析

（1）企业取得以摊余成本计量的金融资产的计税基础是指实际支付的价款，包括与该项投资有关的税费。通常情况下，以摊余成本计量的金融资产取得时的计税基础与其账面价值是一致的。

（2）依据《中华人民共和国企业所得税法实施条例释义及适用指南》，考虑到实际利率法与现行税法规定的名义利率法（合同利率法）的处理结果差异较小，且它能够反映有关资产的真实报酬率，所以税法也认同企业采用实际利率法来确认利息收入。因此，"以摊余成本计量的金融资产——利息调整"也允许冲减以摊余成本计量的金融资产的计税基础。由此可见，以摊余成本计量的金融资产在初始计量（计税基础）、利息调整（计税基础调整）、利息收入的确认方面，会计处理与税务处理一致。

（3）如果以摊余成本计量的金融资产是到期一次还本付息的债券投资，会计上按照权责发生制原则，在每个资产负债表日均需确认利息收入，而税法要求按照合同约定的付息日期确认计税收入，两者确认收入的时间不同，会产生差异，需要进行纳税调整。

（4）将以摊余成本计量的金融资产重分类为以公允价值计量且其变动计入其他综合收益的金融资产时，其计税基础为重分类前的计税基础，而会计上的账面价值要求按公允价值计量，两者之间很可能会产生暂时性差异，计算应纳税所得额时需要进行纳税调整。

（5）以摊余成本计量的金融资产如果计提减值准备，其账面价值会减少。但其计税基础不变，因此两者之间会形成可抵扣暂时性差异，在计算应纳税所得额时需要进行纳税调整。

（6）出售以摊余成本计量的金融资产计算资产转让所得，应按计税基础扣除。账面价值与计税基础的差额应进行纳税调整。

（7）根据《企业所得税法》第二十六条，企业持有国债取得的利息收入免征企业所得税。免税的国债利息收入仅指企业持有我国政府发行的国债至期满取得的利息收入。如果持有期未满，通过二级市场转让取得的价差收入不得享受免税优惠。

（8）根据税法规定，企业的应收款项计提的坏账准备不得在税前扣除，企业实际发生的坏账损失，根据《企业资产损失所得税税前扣除管理办法》等规定，可作资产损失扣除。本期收到的已作坏账损失在税前扣除的应收款项，应当并入应纳税所得额征税。但前期会计上已作坏账损失处理未税前扣除的坏账损失，实际收回时无须确认所得。其纳税调整方法如下：

本期按税法规定允许扣除的金额 = 本期允许扣除的坏账损失 - 本期收回前期已作为坏账损失在税前扣除的应收款项

应调整应纳税所得额 = 年末坏账准备余额 - 年初坏账准备余额 - 本期按税法规定允许扣除的金额。

若计算结果大于零，则调增应纳税所得额；若计算结果小于零，则调减应纳税所得额。

（9）根据《财政部 国家税务总局关于金融企业贷款损失准备金企业所得税税前扣除有关政策的通知》（财税〔2015〕9号）等规定，金融企业允许按照相关资产余额的规定比例计提呆账准备（贷款损失准备）。金融企业符合规定核销条件的呆账损失，应先冲减已经扣除的呆账准备，呆账准备不足冲减的部分，准予直接扣除。金融企业收回已扣除的呆账损失时，应计入当期应纳税所得额。具体纳税调整方法如下：

本年度允许扣除的呆账准备（A）= 本年末允许提取呆账准备的资产余额 × 税法规定的比例 -（上年末已经扣除的呆账准备余额 - 金融企业符合规定核销条件允许在当期扣除的呆账损失 + 金融企业收回以前年度已扣除的呆账损失）。

若（年末贷款损失准备余额 - 年初贷款损失准备余额）> A，则应按其差额调增应纳税所得额，并确认递延所得税资产。

若（年末贷款损失准备余额 - 年初贷款损失准备余额）< A，应首先在前期已调增的应纳税所得额范围内，调减应纳税所得额，并相应转回可抵扣暂时性差异，减少递延所得税资产；当递延所得税资产余额为零时，说明企业实际计提数没有超过税法规定的标准，只能按照计提数扣除，不再调减应纳税所得额。

【例13-1】2017年1月1日，甲公司支付价款620 000元（含交易费用）从上海交易所购入乙公司同日发行的公司债券，面值是600 000元，票面利率是5%，期限是5年，2021年末一次性还本付息。合同约定，该债券的发行方在遇到特定情况时可以将债券赎回，且不需要为提前赎回支付额外款项。甲公司在购买该债券时，预计发行方不会提前赎回。甲公司根据其管理该债券的业务模式和该债券的合同现金流量特征，将该债券分类为以摊余成本计量的金融资产。

债券的实际利率 r 计算如下：

（ $30\,000 \times 5 + 600\,000$ ）×（ P/F , R , 5 ）= $620\,000$ ，由此得出 r = 3.88%。

采用实际利率法确认利息收入，如表 13-1 所示。

表13-1　利息收入与摊余成本计算表（实际利率法）

单位：元

日期	期初摊余成本（ a ）	实际利息（ b ）（3.88%计算）	应计利息（ c ）	利息调整摊销（ $c-b$ ）	期末摊余成本（ $d=a+b$ ）
2017 年 12 月 31 日	620 000	24 056	30 000	5 944	644 056
2018 年 12 月 31 日	644 056	24 989	30 000	5 011	669 045
2019 年 12 月 31 日	669 045	25 959	30 000	4 041	695 004
2020 年 12 月 31 日	695 004	26 966	30 000	3 034	721 970
2021 年 12 月 31 日	721 970	28 012	30 000	1 988	0
合　计		129 982	150 000	20 018	

根据表 13-1 的计算结果，甲公司有关的账务处理如下：

（1）2017 年 1 月 1 日，购入债券。

借：债权投资——成本　　　　　　600 000

　　　　——利息调整　　　　　20 000

　　贷：银行存款　　　　　　　　　　　　620 000

（2）2017 年 12 月 31 日，确认实际利息收入。

借：债权投资——应计利息　　　　30 000

　　贷：债权投资——利息调整　　　　　　5 944

　　　　投资收益　　　　　　　　　　　　24 056

（3）2018 年 12 月 31 日，确认实际利息收入。

借：债权投资——应计利息　　　　30 000

　　贷：债权投资——利息调整　　　　　　5 011

　　　　投资收益　　　　　　　　　　　　24 989

（4）2019 年 12 月 31 日，确认实际利息收入。

借：债权投资——应计利息　　　　　　30 000

　　贷：债权投资——利息调整　　　　　　　　　4 041

　　　　投资收益　　　　　　　　　　　　　　25 959

（5）2020 年 12 月 31 日，确认实际利息收入。

借：债权投资——应计利息　　　　　　30 000

　　贷：债权投资——利息调整　　　　　　　　　3 034

　　　　投资收益　　　　　　　　　　　　　　26 966

（6）2021 年 12 月 31 日，确认实际利息收入，收到本金和票面利息。

借：债权投资——应计利息　　　　　　30 000

　　贷：债权投资——利息调整　　　　　　　　　1 988

　　　　投资收益　　　　　　　　　　　　　　28 012

借：银行存款　　　　　　　　　　　　750 000

　　贷：债权投资——成本　　　　　　　　　600 000

　　　　　　——应计利息　　　　　　　　150 000

税务处理。税法要求按照合同约定的付息日期确认计税收入，本例中 2017 年至 2020 年会计上确认的利息收益均可暂不征收企业所得税，应当于 2021 年确认利息收入 150 000 元，而 2017 年应调减应纳税所得额 24 056 元，2018 年调减应纳税所得额 24 989 元，2019 年调减应纳税所得额 25 959 元，2020 年调减应纳税所得额 26 966 元，2021 年应调增应纳税所得额 121 970 元。

第二节　以公允价值计量且其变动计入当期损益的金融资产的会计处理与税务处理差异分析及纳税调整

一、会计处理

以公允价值计量且其变动计入当期损益的金融资产的利得或损失，应当计入当期损益。具体会计处理方法如下：

（一）设置会计科目

企业应设置"交易性金融资产"科目，核算为交易目的而持有的债券投资、股票投资、基金投资等交易性金融资产的公允价值，并按交易性金融资产的类别和品种，分别设置"成本""公允价值变动"明细科目进行明细核算。其中，"成本"明细科目反映初始确认金额；"公允价值变动"明细科目反映持有期间的公允价值变动金额。企业持有的直接指定为以公允价值计量且其变动计入当期损益的金融资产，也通过"交易性金融资产"科目核算。

（二）初始计量

交易性金融资产应当按照取得时的公允价值作为初始确认金额，计入"交易性金融资产——成本"科目，相关的交易费用在发生时计入"投资收益"科目。企业取得交易性金融资产所支付的价款中，包含已宣告但尚未发放的现金股利或已到付息期但尚未领取的债券利息，应计入"应收股利"或"应收利息"科目，不计入交易性金融资产的成本。

（三）持有收益确认

在持有交易性金融资产期间取得的现金股利或债券利息，应当确认为投资收益。被投资单位宣告发放的现金股利，或在资产负债表日按分期付息、一次还本债券投资的票面利率计算的利息，借记"应收股利"或"应收利息"科目，贷记"投资收益"科目。

（四）期末计量

资产负债表日，交易性金融资产应按公允价值计量，公允价值的变动计入当期损益。按公允价值高于其账面余额的差额，增加交易性金融资产的账面余额，同时确认公允价值变动的收益，借记"交易性金融资产——公允价值变动"科目，贷记"公允价值变动损益"科目；公允价值低于其账面余额的差额应确认公允价值变动损失，进行相反的账务处理。

（五）处置交易性金融资产

处置交易性金融资产时，该金融资产的公允价值与其账面余额之间的差额确认为投资收益，借记"银行存款"或"其他货币资金"科目，贷记"交易性金融资产——成本"科目，贷记或借记"交易性金融资产——公允价值变动"科目，按其差额贷记或借记"投资收益"科目。

二、税务处理与税会差异分析

（1）取得交易性金融资产时支付的交易费用，税法要求将其计入该项投资的计税基础，会计上将其直接计入当期损益，会导致该金融资产的账面价值小于其计税基础，形成可抵扣暂时性差异，计算当期应纳税所得额时应进行调增处理。

（2）股息所得的确认时间为被投资方宣告分配的当天，红利所得的确认时间为被投资方用留存收益转增股本的当天，利息收入为合同或协议约定的应付利息日期的当天。因此，已到付息期但尚未领取的利息或已宣告但尚未发放的现金股利，不应当确认所得，而应冲减应收股利，作为企业垫付款项的收回，其税务处理与会计处理相同。

（3）交易性金融资产持有期间被投资单位宣告发放的现金股利应当计入当期损益，按税法规定，此现金股息应当确认股息所得，但该股息所得可享受免税优惠，因此应进行纳税调减处理。但如果属于持有期未满12个月的股票投资，在持有期间取得的股息应当计入应纳税所得额征税，不进行纳税调整。

（4）交易性金融资产在资产负债表日按分期付息、一次还本债券投资的票面利率计算的利息，应当确认当期损益，由于交易性金融资产约定的付息日期与实际付息日期一致，因此税法确认利息收入的日期和金额与会计处理一致，不进行纳税调整。

（5）被投资方发放股票股利，投资方进行备查登记，不进行账务处理。但税法要求视同分配处理，相当于"先分配再投资"，应确认红利所得，同时追加投资计税基础。对红利所得还应区分情况处理。通常情况下，红利所得可以享受免税优惠，这与会计上不进行账务处理的核算结果是一致的，因此无须进行纳税调整。但如果属于持有期未满12个月的股票投资，在持有期间取得的红利所得（送股），应当按其面值调增应纳税所得额。

（6）资产负债表日，会计上将交易性金融资产的公允价值与其账面余额的差额计入"公允价值变动损益"科目，税法上则不确认所得或损失，不改变其计税基础，会形成暂时性差异，计算应纳税所得额时应进行纳税调整。

（7）出售交易性金融资产，会计上按账面价值结转，税法上在计算资产转让所得时，应扣除其计税基础，若交易性金融资产账面价值与其计税基础不一致，则需要将交易性金融资产账面价值与计税基础的差额进行纳税调整。

【例13-2】2018年1月1日，甲公司从二级市场上购入乙公司发行的债券，支付价款102 500元（含已到付息期但尚未领取的利息2 500元），另支付交易费用3 000元。该债券于2017年1月1日发行，面值是100 000元，期限是5年，票面利率是5%，每半年付息一次。甲公司将其划分为交易性金融资产。

甲公司的其他相关资料如下：

2018 年 1 月 6 日，收到该债券 2017 年下半年利息 2 500 元。

2018 年 6 月 30 日，该债券的公允价值为 110 000 元。

2018 年 7 月 5 日，收到该债券半年利息。

2018 年 12 月 31 日，该债券的公允价值为 106 000 元。

2019 年 1 月 5 日，收到该债券 2018 年下半年利息。

2019 年 3 月 1 日，甲公司将该债券出售，取得价款 108 000 元。

假定不考虑其他因素，甲公司上述交易性金融资产的会计处理、税务处理如下。

（1）2018 年 1 月 1 日，购入乙公司债券：

甲公司从二级市场购入债券，将其划分为交易性金融资产。交易性金融资产的初始成本为 100 000 元，已到付息期但尚未领取的债券利息 2 500 元，应计入"应收利息"科目，支付的交易费用 3 000 元应计入"投资收益"科目。

借：交易性金融资产——成本　　　　　　100 000

　　应收利息　　　　　　　　　　　　　　2 500

　　投资收益　　　　　　　　　　　　　　3 000

　　　贷：银行存款　　　　　　　　　　　　　　　105 500

税会差异分析。会计上交易性金融资产的账面价值为 100 000 元，税法上该项债券投资的计税基础为 103 000 元。

（2）2018 年 1 月 6 日，收到该债券 2017 年下半年利息：

借：银行存款　　　　　　　　　　　　　2 500

　　　贷：应收利息　　　　　　　　　　　　　　　2 500

会计处理与税务处理一致。

（3）2018 年 6 月 30 日，确认该债券公允价值变动和利息收入：

借：交易性金融资产——公允价值变动　　10 000

　　　贷：公允价值变动损益　　　　　　　　　　　10 000

借：应收利息　　　　　　　　　　　　　2 500

　　　贷：投资收益　　　　　　　　　　　　　　　2 500

税务处理。公允价值变动收益或损失不予确认，其计税基础为 100 000 元，此时该交易性金融资产的账面价值为 110 000 元，公允价值变动收益 10 000 元在计算应纳税所得额时应当进行调减处理。

（4）2018年7月5日，收到该债券2018年上半年利息：

借：银行存款　　　　　　　　　　　2 500

　　贷：应收利息　　　　　　　　　　　　　　　　2 500

（5）2019年12月31日，确认该债券公允价值变动4 000（110 000-106 000）元和利息收入：

借：公允价值变动损益　　　　　　　4 000

　　贷：交易性金融资产——公允价值变动　　　　4 000

借：应收利息　　　　　　　　　　　2 500

　　贷：投资收益　　　　　　　　　　　　　　　　2 500

税务处理与税会差异分析。该债券投资的计税基础为103 000元，其中3 000元（债券购入时支付的交易费用）会计上作为投资损失计入当期损益，所以需要调增当期应纳税所得额；公允价值变动在税法上不确认收益或损失，会计上该项投资确认的公允价值变动收益6 000（10 000-4 000）元，计算应纳税所得额时应进行调减处理；该交易性金融资产的账面价值为106 000元，大于其计税基础103 000元，形成3 000元应纳税暂时性差异，应确认递延所得税负债。

（6）2019年1月5日，收到该债券2018年下半年利息：

借：银行存款　　　　　　　　　　　2 500

　　贷：应收利息　　　　　　　　　　　　　　　　2 500

（7）2019年3月1日，甲公司将该债券出售：

借：银行存款　　　　　　　　　　　108 000

　　贷：交易性金融资产——成本　　　　　　　　100 000

　　　　　　　　　　　——公允价值变动　　　　　6 000

　　　投资收益　　　　　　　　　　　　　　　　　2 000

税务处理与税会差异分析。该债券转让所得＝转让收入－计税基础＝108 000-103 000=5 000（元），其中包含该债券2019年度的利息收益。会计上确认该项交易性金融资产处置收益为2 000元，应当调增应纳税所得额3 000元。至此，2018年末确认的应纳税暂时性差异全部转回。

【例13-3】2018年5月8日，甲公司从二级市场购入乙公司股票20万股，每股市价15.3元（含已宣告尚未发放的现金股利0.3元），另支付手续费10 000元。甲公司根据其管理乙公司股票的业务模式和乙公司股票的合同现金流量特征，将乙公司股票分类为以公允价值计量且其变动计入当期损益的金融资产。

2018 年 5 月 12 日，甲公司收到乙公司发放现金股利 6 万元。

2018 年 6 月 30 日，该股票市价每股为 17 元。

2018 年 12 月 31 日，该股票市价每股为 16 元。

2019 年 5 月 10 日，乙公司宣告发放现金股利每股 0.5 元。

2019 年 5 月 20 日，甲公司收到乙公司发放现金股利 10 万元。

2019 年 5 月 25 日，甲公司将该股票出售，每股为 14.8 元。

甲公司的账务处理、税务处理如下。

（1）2018 年 5 月 8 日，购入股票：

借：交易性金融资产——成本　　　　　3 000 000

　　应收股利　　　　　　　　　　　　　60 000

　　投资收益　　　　　　　　　　　　　10 000

　　　贷：银行存款　　　　　　　　　　　　　3 070 000

税务处理。该项股票投资的计税基础为 301 万元，购入股票时支付的交易费用计入计税基础，不得在本期税前扣除，计算本期应纳税所得额时应当调增 1 万元。

（2）2018 年 5 月 12 日，收到现金股利：

借：银行存款　　　　　　　　　　　　60 000

　　　贷：应收股利　　　　　　　　　　　　　60 000

税务处理与会计处理一致。

（3）2018 年 6 月 30 日，确认股票价格变动：

借：交易性金融资产——公允价值变动　400 000

　　　贷：公允价值变动损益　　　　　　　　　400 000

税务处理。公允价值变动收益不予确认，该项投资的计税基础仍为 301 万元，会计上该项交易性金融资产的账面价值为 340 万元。

（4）2018 年 12 月 31 日，确认股票价格变动：

借：公允价值变动损益　　　　　　　　200 000

　　　贷：交易性金融资产——公允价值变动　　200 000

税务处理。公允价值变动损失不予确认，不计入应纳税所得额，在计算本期应纳税所得额时应当调增 20 万元。会计上，该项股票投资的账面价值为 320 万元，其计税基础为 301 万元，形成 19 万元应纳税暂时性差异，应确认递延所得税负债。

（5）2019 年 5 月 10 日，确认应收现金股利：

借：应收股利　　　　　　　　　　　　100 000

　　贷：投资收益　　　　　　　　　　　　　　　　100 000

（6）2019 年 5 月 20 日，收到现金股利：

　　借：银行存款　　　　　　　　　100 000

　　　　贷：应收股利　　　　　　　　　　　　　　　100 000

税务处理与会计处理一致。

（7）2019 年 5 月 25 日，出售股票：

　　借：银行存款　　　　　　　　　2 960 000

　　　　投资收益　　　　　　　　　　240 000

　　　　贷：交易性金融资产——成本　　　　　　　3 000 000

　　　　　　　　　　　　——公允价值变动　　　　　200 000

　　税务处理。资产转让所得＝转让收入－计税基础＝296–301＝－5（万元）。股票投资处置损失 5 万元，会计上确认投资损失 24 万元，所以应调增应纳税所得额 19 万元。至此，该项股票投资的应纳税暂时性差异全部转回。

第三节　以公允价值计量且其变动计入其他综合收益的金融资产的会计处理与税务处理差异分析及纳税调整

一、会计处理

（一）以公允价值计量且其变动计入其他综合收益的金融资产的会计处理

（1）以公允价值计量且其变动计入其他综合收益的金融资产所产生的所有利得或损失，除减值损失或利得和汇兑损益之外，均应当计入其他综合收益，直至该金融资产终止确认或被重分类。但是，采用实际利率法计算的该金融资产的利息应当计入当期损益。该金融资产计入各期损益的金额应当与视同其一直按摊余成本计量而计入各期损益的金额相等。该金融资产终止确认时，之前计入其他综合收益累计利得或损失应当从其他综合收益中转出，计入当期损益。

（2）指定为以公允价值计量且其变动计入其他综合收益的非交易性权益工具投资，除了获得的股利（明确代表投资成本部分收回的股利除外）计入当期损益外，其他相关的利得和损失（包括汇兑损益）均应当计入其他综合收益，且后续期间不得转入当期损益。当其终止确认时，之前计入其他综合收益的累计利得或损失应当从其他综合收益中转出，计入留存收益。

（二）其他债权投资的会计处理

（1）企业应当设置"其他债权投资"科目，核算企业持有的以公允价值计量且其变动计入其他综合收益的其他债权投资的公允价值及其变动情况，并按其他债权投资类别和种类，分别按"成本""利息调整""应计利息""公允价值变动"等设置明细科目，进行明细分类核算。其中，"成本"科目反映债权投资的面值；"利息调整"科目反映其他债权投资的初始确认金额与其面值的差额，以及按照实际利率法分期摊销后该差额的摊余金额；"应计利息"科目反映企业计提的到期一次还本付息的其他债权投资应计未付的利息；"公允价值变动"科目反映其他债权投资公允价值变动金额。

（2）其他债权投资应当将取得该金融资产的公允价值和相关交易费用之和作为初始确认金额，如果支付的价款中包含已到付息期但尚未领取的债券利息或已宣告但尚未发放的现金股利，应单独确认为应收项目，不构成其他债权投资的初始成本。

企业取得的其他债权投资应按债券的面值，借记"其他债权投资——成本"科目，按实际支付的已到付息期但尚未领取的债券利息，借记"应收利息"科目，按实际支付的金额，贷记"银行存款"科目，按其差额，借记或贷记"其他债权投资——利息调整"科目。

（3）在持有期间取得的债券利息（不包括取得该金融资产时支付的价款中包含的已到付息期但尚未领取的债券利息），应当计入投资收益。

资产负债表日，其他债权投资应按票面利率计算确定的应收未收利息，借记"应收利息"科目（其他债权投资为分期付息、一次还本债券投资）或"其他债权投资——应计利息"科目（其他债权投资为到期一次还本付息债券投资）；按其他债权投资的摊余成本和实际利率计算确定的利息收入，贷记"投资收益"科目，按其差额，借记或贷记"其他债权投资——利息调整"科目。

（4）资产负债表日，其他债权投资应当以公允价值计量，且公允价值变动计入"其他综合收益——其他债权投资公允价值变动"科目。公允价值高于其账面余额的差额，借记"其他债权投资——公允价值变动"科目，贷记"其他综合收益——其他债权投资公允价值变动"科目；公允价值低于其账面余额的差额进行相反的账务处理。

（5）处置其他债权投资时，应将取得的价款与该金融资产的账面价值之差，计入投资收益；同时，将原直接计入其他综合收益的公允价值变动累计额转入投资损益。

（三）其他权益工具投资的会计处理

（1）企业应当设置"其他权益工具投资"科目，核算企业持有的以公允价值计量且其变动计入其他综合收益的权益性投资的公允价值及其变动情况，并分别设置"成本""其他权益工具投资公允价值变动"等明细科目进行明细核算。其中，"成本"科目反映权益性投资的初始确认金额；"其他权益工具投资公允价值变动"科目反映其他权益工具投资公允价值变动金额。

（2）其他权益工具投资应当按取得该金融资产的公允价值和相关交易费用之和作为初始确认金额，如果支付的价款中包含已宣告但尚未发放的现金股利，应单独确认为应收项目，不构成其他权益工具投资的初始成本。

企业取得以公允价值计量且其变动计入其他综合收益的投资时，应按其公允价值和相关交易费用之和，借记"其他权益工具投资——成本"科目，按支付的价款中包含的已宣告但尚未发放的现金股利，借记"应收股利"科目，按实际支付的金额，贷记"银行存款"科目。

（3）其他权益工具投资在持有期间取得的现金股利（不包括取得金融资产时支付的价款中包含的已宣告但尚未发放的现金股利），应当计入投资收益。

（4）资产负债表日，其他权益工具投资应当以公允价值计量，且公允价值变动计入其他综合收益（其他权益工具投资公允价值变动）。公允价值高于其账面余额的差额，借记"其他权益工具投资——公允价值变动"科目，贷记"其他综合收益——其他权益工具投资公允价值变动"科目；公允价值低于其账面余额的差额进行相反的账务处理。

（5）处置其他权益工具投资时，应将取得的价款与该金融资产的账面价值之差，计入投资收益；同时，将原计入其他综合收益的公允价值变动累计额转出，计入留存收益。

二、以公允价值计量且其变动计入其他综合收益的金融资产的税务处理与税会差异分析

（1）以公允价值计量且其变动计入其他综合收益的金融资产的初始计量与计税基础相同，均按照实际支付的价款（公允价值及交易费用之和）

确认，但不含已到付息期尚未领取的利息，或已宣告分配尚未支付的现金股利。

（2）取得以公允价值计量且其变动计入其他综合收益的金融资产时，支付的价款中包含的已到付息期而尚未支付的利息，或者已宣告分配尚未支付的现金股利，应作为应收利息或应收股利处理，不计入投资成本，实际收到时冲减应收利息或应收股利，税务处理与会计处理一致，不存在差异。

（3）以公允价值计量且其变动计入其他综合收益的金融资产公允价值变动，税法上不确认收益或损失，投资的计税基础不变。会计上将该类金融资产以公允价值计量，两者之间会产生差异，导致其账面价值与计税基础存在差异。但是，该类金融资产的公允价值变动金额直接计入其他综合收益，不影响当期损益，所以无须进行纳税调整。

（4）以公允价值计量且其变动计入其他综合收益的金融资产发生的减值，会计上计入了企业当期损益，所以对"信用减值损失"科目的金额，应进行纳税调增或调减处理。

（5）以公允价值计量且其变动计入其他综合收益的金融资产在持有期间，被投资方宣告分配的股息红利，免征企业所得税。申报所得税时，应将"投资收益"科目的金额进行纳税调减处理。

（6）转让以公允价值计量且其变动计入其他综合收益的金融资产时，资产转让所得按照转让收入扣除计税基础确定。会计上按账面价值结转计算损益，同时将公允价值变动金额由"其他综合收益"科目转入"投资收益"科目。会计处理与税务处理的差额应进行纳税调整处理。

（7）以摊余成本计量的金融资产重分类为以公允价值计量且其变动计入其他综合收益的金融资产时，计税基础按照以摊余成本计量的金融资产的计税基础结转。公允价值与账面价值之间的差额计入所有者权益，不涉及当期损益，故不进行纳税调整。

【例 13-4】承例 13-3。

（1）2018 年 5 月 8 日，购入股票：

借：其他权益工具投资——成本　　　　　3 010 000
　　应收股利　　　　　　　　　　　　　　60 000
　　贷：银行存款　　　　　　　　　　　　　　　3 070 000

税务处理与会计处理一致，该项投资的计税基础与账面价值均为 301 万元。

（2）2018 年 5 月 12 日，收到现金股利：

借：银行存款　　　　　　　　　　　　　　　　　　60 000

　　贷：应收股利　　　　　　　　　　　　　　　　　　60 000

税务处理：收到现金股利作为暂付款项的收回，不确认股息所得。

（3）2018 年 6 月 30 日，确认股票价格变动：

借：其他权益工具投资——公允价值变动　　　　　　390 000

　　贷：其他综合收益——其他权益工具投资公允价值变动　390 000

税务处理：股票持有期间公允价值上升不确认收益，其他权益工具投资的计税基础不变，仍为 301 万元。由于该类金融资产公允价值变动计入其他综合收益，不影响当期损益，所以不需要进行纳税调整。

（4）2018 年 12 月 31 日，确认股票价格变动：

借：其他综合收益——其他权益工具投资公允价值变动　200 000

　　贷：其他权益工具投资——公允价值变动　　　　　200 000

税务处理：股票持有期间公允价值下跌不确认损失，其他权益工具投资的计税基础不变，仍为 301 万元。由于该类金融资产公允价值变动计入其他综合收益，不影响当期损益，所以不需要进行纳税调整。

（5）2019 年 5 月 10 日，确认应收现金股利：

借：应收股利　　　　　　　　　　　　　　　　　　100 000

　　贷：投资收益　　　　　　　　　　　　　　　　　100 000

税务处理：被投资方宣告分配现金股利，投资方应当确认股息所得，由于该股票持有期超过 12 个月，所以该股息所得免征企业所得税。在申报企业所得税时，先将其计入收入总额，然后再将免税收入从收入总额中扣除。会计上已经将分得现金股利 100 000 元计入投资收益，所以计算应纳税所得额时应当调减 100 000 元。

（6）2019 年 5 月 20 日，收到现金股利：

借：银行存款　　　　　　　　　　　　　　　　　　100 000

　　贷：应收股利　　　　　　　　　　　　　　　　　100 000

（7）2019 年 5 月 25 日，出售股票：

借：银行存款　　　　　　　　2 960 000

　　其他综合收益——其他权益工具投资公允价值变动　190 000

　　盈余公积　　　　　　　　　　　　　　　　　　　5 000

　　利润分配——未分配利润　　　　　　　　　　　　45 000

贷：其他权益工具投资——成本   3 010 000

           ——公允价值变动   190 000

税务处理：资产转让所得 = 资产转让收入 − 计税基础 =296−301= −5（万元）。会计上将该项投资损失计入了留存收益，不影响当期损益，所以在计算应纳税所得额时应当调减 5 万元。

【例 13-5】2017 年 1 月 1 日，甲公司按面值从债券二级市场购入 W 公司公开发行的债券 10 000 张，每张面值是 100 元，票面利率是 3%，甲公司将其指定为以公允价值计量且其变动计入其他综合收益的交易性权益工具投资。

2017 年 12 月 31 日，该债券的市场价格为每张 100 元。

2018 年，W 公司因投资决策失误，发生严重财务困难，但仍可支付债券当年的票面利息。2018 年 12 月 3 日，该债券的公允价值下降为每张 80 元，甲公司预计，如 W 公司不采取措施，该债券的公允价值预计会持续下跌。

假定甲公司初始确认该债券时计算确定的债券实际利率为 3%，且不考虑其他因素，则甲公司有关的账务处理、税务处理如下：

（1）2017 年 1 月 1 日购入债券。

借：其他债权投资——成本   1 000 000

    贷：银行存款   1 000 000

税务处理：该项债权投资计税基础为 100 万元，与会计初始投资成本一致，没有差异。

（2）2017 年 12 月 31 日确认利息收益和公允价值变动。

借：应收利息   30 000

    贷：投资收益   30 000

借：银行存款   30 000

    贷：应收利息   30 000

该债券的公允价值没有变动，所以不需要进行账务处理。

税务处理：2017 年确认利息收入 3 万元，与会计处理一致，不存在差异。

（3）2018 年 12 月 31 日确认利息收入及减值损失。

借：应收利息   30 000

    贷：投资收益   30 000

借：银行存款   30 000

    贷：应收利息   30 000

　　由于该债券的公允价值预计会持续下跌，甲公司应确认减值损失。

借：资产减值损失　　　　　　　　　　200 000

　　贷：其他综合收益　　　　　　　　　　　　200 000

　　税务处理：2018年确认利息收入3万元，资产减值损失20万元不得在税前扣除，其他债权投资账面价值为120万元，而计税基础仍为100万元，形成应纳税暂时性差异20万元。

参考文献

[1] 中华人民共和国财政部.企业会计准则2022年版[M].上海：立信会计出版社，2021.

[2] 中华人民共和国财政部.企业会计准则应用指南2022年版[M].上海：立信会计出版社，2021.

[3] 企业会计准则编审委员会.企业会计准则案例讲解2022年版[M].上海：立信会计出版社，2021.

[4] 国家税务总局.中华人民共和国企业所得税法[EB/OL].（2019-01-07）.http：//www.chinatax.gov.cn/chinatax/n810341/n810825/c101434/c28479830/content.html.

[5] 国家税务总局.中华人民共和国企业所得税法实施条例[EB/OL].（2019-04-23）.http：//www.chinatax.gov.cn/chinatax/n810341/n810825/c101434/c28479831/content.html.

[6] 国家税务总局.企业财产损失所得税前扣除管理办法[EB/OL].（2005-08-09）.http：//www.chinatax.gov.cn/chinatax/n810341/n810765/n812188/200508/c1199764/content.html.

[7] 国家税务总局.财政部 国家税务总局关于企业关联方利息支出税前扣除标准有关税收政策问题的通知[EB/OL].（2008-09-19）.http：//www.chinatax.gov.cn/chinatax/n362/c4150/content.html.

[8] 国家税务总局.财政部 国家税务总局关于企业资产损失税前扣除政策的通知[EB/OL].（2009-04-16）.http：//www.chinatax.gov.cn/chinatax/n362/c24634/content.html.

[9] 国家税务总局. 国家税务总局关于发布《企业资产损失所得税税前扣除管理办法》的公告 [EB/OL].（2011-03-31）.http：//www.chinatax.gov.cn/chinatax/n362/c155916/content.html.

[10]国家税务总局. 国家税务总局关于商业零售企业存货损失税前扣除问题的公告 [EB/OL].（2014-01-10）. http：//www.chinatax.gov.cn/chinatax/n362/c469808/content.html.

[11]国家税务总局. 国家税务总局关于企业国债投资业务企业所得税处理问题的公告 [EB/OL].（2011-06-22）.http：//www.chinatax.gov.cn/chinatax/n362/c157468/content.html.

[12]国家税务总局. 国家税务总局关于金融企业贷款利息收入确认问题的公告 [EB/OL].（2010-11-05）.http：//www.chinatax.gov.cn/chinatax/n362/c111045/content.html.

[13]国家税务总局. 财政部 国家税务总局关于企业重组业务企业所得税处理若干问题的通知 [EB/OL].（2009-04-30）.http：//www.chinatax.gov.cn/chinatax/n362/c25375/content.html.

[14]国家税务总局. 财政部 国家税务总局关于企业手续费及佣金支出税前扣除政策的通知 [EB/OL].（2009-03-19）.http：//www.chinatax.gov.cn/chinatax/n362/c10175/content.html.

[15]国家税务总局. 国家税务总局关于贯彻落实企业所得税法若干税收问题的通知 [EB/OL].（2010-02-22）.http：//www.chinatax.gov.cn/chinatax/n362/c76605/content.html.

[16]国家税务总局. 国家税务总局关于企业股权投资损失所得税处理问题的公告 [EB/OL].（2010-07-28）.http：//www.chinatax.gov.cn/chinatax/n362/c80643/content.html.

[17]国家税务总局. 国家税务总局关于企业所得税若干问题的公告 [EB/OL].（2011-06-09）.http：//www.chinatax.gov.cn/chinatax/n362/c157470/content.html.

[18]国家税务总局. 国家税务总局关于印发《企业研究开发费用税前扣除管理办法（试行）》的通知 [EB/OL].（2008-12-10）. http：//www.chinatax.gov.cn/chinatax/n810341/n810765/n812171/200812/c1190645/content.html.

[19]国家税务总局.国家税务总局关于企业所得税应纳税所得额若干税务处理问题的公告 [EB/OL].（2012-04-24）.http：//www.chinatax.gov.cn/chinatax/n362/c204522/content.html.

[20]国家税务总局.国家税务总局关于企业工资薪金及职工福利费扣除问题的通知 [EB/OL].（2009-01-04）.http：//www.chinatax.gov.cn/chinatax/n362/c5136/content.html.

[21]中华人民共和国财政部.关于企业加强职工福利费财务管理的通知 [EB/OL].（2009-11-12）.http：//zcgls.mof.gov.cn/zhengcefabu/200911/t20091124_235827.htm.

[22]国家税务总局.国家税务总局关于企业处置资产所得税处理问题的通知 [EB/OL].（2008-10-09）.http：//www.chinatax.gov.cn/chinatax/n810341/n810765/n812171/200810/c1191057/content.html.

[23]国家税务总局.国家税务总局关于确认企业所得税收入若干问题的通知 [EB/OL].（2008-10-30）.http：//www.chinatax.gov.cn/chinatax/n362/c4331/content.html.

[24]国家税务总局.财政部 国家税务总局关于非货币性资产投资企业所得税政策问题的通知 [EB/OL].（2014-12-31）.http：//www.chinatax.gov.cn/chinatax/n810341/n810765/n1465977/201501/c1671795/content.html.

[25]国家税务总局.国家税务总局关于我国居民企业实行股权激励计划有关企业所得税处理问题的公告 [EB/OL].（2012-05-23）.http：//www.chinatax.gov.cn/chinatax/n810341/n810765/n812151/201205/c1083505/content.html.

[26]国家税务总局.国家税务总局关于印发《中华人民共和国企业所得税年度纳税申报表》的通知 [EB/OL].（2008-11-14）.http：//www.chinatax.gov.cn/n810341/n810765/n812171/200811/c1190896/content.html.

[27]国家税务总局.财政部 税务总局关于扩大固定资产加速折旧优惠政策适用范围的公告 [EB/OL].（2019-04-23）.http：//www.chinatax.gov.cn/chinatax/n810341/c101340/c101376/c101377/c5006128/content.html.

[28]国家税务总局.财政部 税务总局关于进一步完善研发费用税前加计扣除政策的公告 [EB/OL].（2021-03-31）.http：//www.chinatax.gov.cn/chinatax/n810341/n810825/c101434/c5163160/content.html.

[29]国家税务总局.财政部 税务总局 科技部关于提高研究开发费用税前加计扣除比例的通知 [EB/OL].（2018-09-20）.http：//www.chinatax.gov.cn/chinatax/n810341/n810825/c101434/c18353158/content.html.

[30]国家税务总局.财政部 国家税务总局关于进一步完善固定资产加速折旧企业所得税政策的通知 [EB/OL].（2015-09-17）.http：//www.chinatax.gov.cn/chinatax/n810341/n810765/n1465977/201510/c1967307/content.html.

[31]高金平.新企业所得税法与新会计准则差异分析 [M].北京：中国财政经济出版社，2008.

[32]张炜.新企业所得税法与会计准则比较分析 [M].北京：中国财政经济出版社，2008.

[33]于芳芳.企业所得税与会计准则差异分析及案例讲解 [M].上海：立信会计出版社，2017.

[34]臧红文，张园园.企业会计准则和税法的差异分析与纳税调整 [M].北京：人民邮电出版社，2014.